새벽을 깨우리로다

믿음이란
한 알의 밀알이 땅에 떨어져 죽음으로 많은 열매를 맺음과 같이
진리의 열매를 위하여 스스로 죽는 것을 뜻합니다.
눈으로 볼 수는 없으나 영원히 살아 있는 진리와
목숨을 맞바꾸는 자들을 우리는 믿는 이라고 부릅니다.
「믿음의 글들」은 평생, 혹은 가장 귀한 순간에
진리를 위하여 죽거나 죽기를 결단하는
참 믿는 이들의, 참 믿는 이들을 위한, 참 믿음의 글들입니다.

# 새벽을
# 깨우리로다

김진홍 지음

홍성사.

# 100쇄 출간을 기념하며

1982년에 《새벽을 깨우리로다》가 발간된 이래 100쇄에 이르렀습니다. 아무도 이 책을 출간할 뜻을 갖지 않았던 때에 원고를 발탁하고 출간하여 100쇄에 이르기까지 키워 주신 이재철 목사님과 홍성사 일꾼들께 깊은 감사를 드립니다. 저는 개인적으로 홍성사에 큰 빚을 졌다고 생각하여 이 빚을 어떤 방법으로든 갚을 수 있었으면 하는 마음 절실합니다.

《새벽을 깨우리로다》는 손으로 쓴 책이 아닙니다. 발로 쓴 책입니다. 삼십여 년 전 제 나이 삼십대 초반이었을 때, 청계천 빈민촌 인간 이하의 삶의 조건 속에서 하루하루 살아가기 숨가빴던 빈민들과 함께하며 '살아서 나갈 생각 하지 말고 여기서 죽자'는 마음을 품고 열심히 골목골목을 다니며 발로 쓴 글이 바로 이 책입니다. 그런 뜻에서 《새벽을 깨우리로다》는 머리에서 나온 글이 아닙니다. 가슴으로 쓴 제 영혼의 고백입니다.

이제 저는 예순다섯에 이르렀습니다. 이 나이가 되어 자주 지난날을 돌아보며 '청계천 빈민촌에서 《새벽을 깨우리로다》를 쓰던 그 시절의 초심으로 돌아가야지' 하는 다짐을 하곤 합니다. 분명히 삼십년 전 그때는 온 나라가 가난했던 시절입니다. 그래서 그 가난만 극복하면 좋은 세상이 올 줄로 알았습니다. 그간 하나님이 도우시고 많은 분들의 수고와 헌신이 열매를 맺어 경제가 많이 좋아졌습니다. 그리고 이제는 세계 10위의 경제국이 되었습니다.

그러나 돌이켜 보면 그때보다 더 잘살게 된 것만큼 행복해진 것은 아닙니다. 분명히 경제도 발전하고 민주주의도 많이 진척되었으나 백성들의 삶은 갈수록 고단하고 복잡해지는 것만 같습니다. 게다가 자라나는 청소년들의 방황과 갈등은 날이 갈수록 더욱 깊어만 가고 있습니다.

그 이유가 무엇이겠습니까? 다름 아니라 모두가 함께 바라보고 나갈 비전(Vision)이 없고 함께 신명을 바쳐 나갈 꿈(Dream)이 없기 때문입니다. 우리 기독교 신앙의 아름다운 점이 바로 여기에 있지 않겠습니까?

이 땅에 오신 하나님 예수 그리스도는 우리에게 생명을 주셨고 진리의 기준이 되셨으며, 온 겨레가 함께 바라보고 나아갈 비전이 되시고 7천만 동족이 함께 행복해질 수 있는 꿈을 주신 분입니다. 제가 삼십대 나이에 빈민촌에서 《새벽을 깨우리로다》를 발로 가슴으로 쓰던 때나, 지금 구리시와 지리산에서 두레교회와 두레마을의 이름으로 교회와 겨레 이웃과 세계를 위해 일하고 있는 때나 변함없는 사실은, 예수님이 저와 우리 모두의 주인이 되신다는 것입니다.

그동안 《새벽을 깨우리로다》를 읽어 주신 독자들과 앞으로 이 책을 읽을 독자 여러분 모두가 한 주인 예수님 안에서 교회와 겨레를 사랑하고 섬겨 나가는 일에 동지가 되고 한 가족이 되기를 바라며 이만 글을 줄입니다.

2006년 6월 14일
두레마을/두레교회
목사 김진홍

참된 선을 추구하다가

괴로움에 지쳐 버림은 좋은 일이다.

결국은 구주에게 구원을 바라게 될 터이므로.

**파스칼, 팡세 422**

## | 차례 |

# 고뇌와 방황

32세.

이 수기는 내 영혼이 진실을 찾아 헤맨 자취를 기록한 것이다. 이 수기의 기록은 대학 시절부터 시작함이 좋을 것 같다.

부모님으로부터 물려받은 기독교 신앙이 대학에 들어가서 흔들리기 시작했다. 성경의 내용이 미신과 과장에 차 있는 것 같고 교회는 위선자들의 모임 같았다. 예수가 처녀에게서 태어났다는 이야기, 물위를 걸었다는 이야기, 죽었다가 다시 살아났다는 이야기, 모세가 바다를 지팡이로 갈랐다는 이야기, 하나님이 인간을 창조한 이야기 등등이 모두 미신이거나 단순한 신화에 지나지 않는다고 생각되기 시작했다.

굳이 신화를 신앙으로 받아들여야 한다면 구태여 이스라엘의 신화를 신앙으로 택할 이유가 없지 않은가?

우리 한민족(韓民族)에게도 훌륭한 신화가 있다. 천제(天帝) 환인의 아들 환웅이 천계에서 지상으로 내려왔다. 환웅이 곰인 웅녀(熊女)와 혼인하여 아들을 낳으니 단군(檀君)이라 불렀다. 단군이 자라 널리 인간을 유익하게 한다는 '홍익인간'의 기치를 걸고 개국하니 이것이 우리나라 최초의 고대국가인 고조선의 시작이다. 이것이 단군신화의 줄거리이다.

우리 조상이 남긴 신화가 다른 어느 민족의 신화보다 더 극적이고 의미심장하지 않은가! 우리에게 종교가 필요하다면 서양의 종교인 기독교를 택할 것이 아니라 한민족의 민족 종교를 형성함이 바람직하다는 생각을 했다.

그러나 어려서부터 습관화되고, 온 가족이 열심히 다니고 있는 교회를 선뜻 청산하지는 못하고 회의와 갈등 속에서 지내는 날들이 계속되었다.

대학 2학년 때이던 여름 어느 날, 영국의 철학자인 버트란드 러셀의《나는 왜 기독교인이 아닌가》라는 책을 읽고, 그가 지적한 기독교의 허구성과 교회가 역사에 끼친 해독에 대해 깊이 공감하게 되었다.

러셀의 판단에 공감을 한 그날, 나는 기독교 신앙을 과감히 버릴 결단을 내렸다. 미성숙한 종교인에서 성숙한 자유인이 되기로 결심한 것이다.

나는 성경을 연탄아궁이에 집어 넣고 뚜껑을 덮어 버렸다. 얼마 후 성경이 타는 냄새가 방 안에까지 들어오자 나는 미신에서 벗어나 비로소 자유인이 되는 해방감이 들었다. 그러나 한편으로는 불안감이 생기기도 했으니, 신서(神書)를 불태우고서 어떤 앙화가 미칠지도 모르겠다는 생각에서였다.

그 후로 나는 무신론자 내지 불가지론자가 되었다. '신은 없다. 설사 신이 있더라도 인식할 수 없다. 신을 인식할 수 있더라도 설명할 수 없다. 그러므로 신은 없다'라고 한 희랍 철학자의 말을 교조처럼 외우게 되었다. 회의론자는 무신론자로 변하고 무신론자는 점차 허무주의자로 성장해 갔으며, 허무주의자는 염세주의자로 발전해 갔다.

내가 다니던 대구 계명대학교의 대명동 캠퍼스 앞에는 화장터가 있었다. 강의 시간에 창문으로 내다보노라면 화장터 굴뚝에서 회색 연기가 뿜어 나오곤 했다. 바람이 학교 쪽으로 불어 오면 사람 타는 메케한 냄새가 나기도 했다.

봄날 휴강이 있을 때면 화장터로 건너가 사자(死者)를 슬퍼하는 유족들의 모습을 보다가 불을 때는 장소로 들어갔다.

'출입금지구역'이라는 팻말이 걸린 문을 열고 들어가, '수고하십니다'하며 미리 준비해 간 담배를 일하는 사람에게 상납하면 시청권(視聽權)을 얻을 수 있었다. 한 구의 시체가 들어와 타서 그것이 한 줌의 재로 남을 때까지 가만히 지켜보는 동안에 나 자신이 갑자기 철이 들어 성장하는 것 같았고 삶의 비결을 터득한 도사가 되는 것도 같았다.

화장터를 물러서면서 어느 구도자의 시를 읊곤 했다.


생야일편 부운기(生也一片 浮雲起)

사야일편 부운멸(死也一片 浮雲滅)

부운자체 본무실(浮雲自體 本無實)

인생생사 역여연(人生生死 亦如然)

삶이 무엇인가?
한 편의 구름이 일어남이요
죽음이 무엇인가?
한 편의 구름이 사라짐이다.
뜬구름 자체는 본래 알맹이 없는
헛된 것임같이
인생 삶도 죽음도 역시 그와 같은 것이니라.


삶이란 것이 뜬구름같이 그렇고 그런 것이거늘 왜 아귀다툼을 할
까 보냐. 학문이란 무엇이며 철학이란 또 무엇인가? 한갓 부질없는
공리공론일 따름이다. 진리를 탐구하여 인생의 오묘한 의미를 터득
한다고? 깨달으면 무엇을 얼마나 깨달을 것이며 터득하면 얼마나 터
득할 것인가? 다 헛된 몸짓일 따름이다.

이런 생각에 몰두하게 되면서 나는 살아가는 것이 시들해지고 만
사를 시큰둥하게 보는 철학도가 되어 갔다. 군복을 염색한 옷에 워커
를 신고, 자르지 않은 수염에 빗지 않은 머리 모양으로 다니며 쇼펜
하우어의 《삶과 죽음의 번뇌》를 들고 다녔다.

어느 날 대구 시내의 보현사(普賢寺)란 절을 찾아갔다. 주지 스님
앞에 단정히 무릎 꿇고 앉아 도(道)를 물었다.

"스님, 불도를 알고자 찾아왔습니다. 가르쳐 주시기 바랍니다."

"불법의 심오함을 그렇게 한마디로 이야기할 수 있겠소이까. 대체

어디서 온 젊은이오?"

"시내 모 대학에서 철학을 공부하고 있는 학생입니다. 지금까지 교회를 다녔는데 기독교의 거짓됨을 깨닫고 이제 불도를 공부하려 합니다."

"교회를 다니다가 그만두었다니 잘했소이다. 나도 불가에 몸을 담기 전에는 기독교도였소. 기독교 신자라도 보통 신자가 아닌 전도사였다오. 청년도 알겠소이다만 시내 제일교회(영남지방 제일의 장로교회)에서 해방 전에 십 년을 전도사로 있었소이다. 지금도 성경을 거의 외우다시피 하지요."

"아, 그렇습니까! 훌륭한 스님을 뵙게 되니 저의 복인 것 같습니다. 앞으로 특별한 지도를 받고 싶습니다."

"청년의 자세가 진지하고 열의가 있으니 내 힘닿는 대로 도우리다."

"감사합니다. 기독교에 대해선 어려서부터 듣고 본 것이 있지만 불도에 대해서는 전혀 생소합니다. 초보부터 지도하여 주십시오."

"기독교와 불교를 비교한다면 마치 초등학교와 대학을 비교하는 거와 같지요. 기독교가 초등학교라면 대학은 불교인 셈이지요. 불교의 심오한 진리들을 하나하나 깨쳐 나가면 그야말로 무궁무진하외다. 청년은 이제 초등학교를 졸업하고 대학으로 들어오는 것이외다. 우선 내가 책을 한 권 드릴 테니 읽어 보시오."

그날 나는 주지 스님에게서 《능엄경》이란 책을 받아 와서 밤새워 읽었다.

삼 일 후에 다시 가서《능엄경》을 다 읽었다고 드리니 주지 스님은 열의가 있어 크게 발전하겠다고 격려하시면서《금강경》이란 책을 주셨다.《능엄경》에 비해《금강경》은 훨씬 어렵고 또 깊이가 있는 것 같았다.《금강경》중에 1절이 특히 마음에 들어 읽고 또 읽었다.

凡所有像의 皆是虛妄
若見諸像非像이면 卽見如來니라

무릇 상 있는 모든 것이 더불어 허망하니 만약 여러 상 있는 것들 중에서 상 아닌 상을 보면 이것이 곧 여래를 본 것이니라.

'돈, 여자, 지위 등의 상을 가진 보이는 모든 것이 허망한 것이다. 눈에 보이는 것들 중에 보이지 않는 참된 것을 봄이 여래인 진리를 보는 것이다'는 정도로 이해하고 그때부터 여래를 보려고 애썼다.

산사를 다니며 수도를 하고 경을 읽으며 참선을 했다. 그러나 무언가 깊은 진리가 잡힐 듯 잡힐 듯 하면서도 잡히지 않았다. 법회가 있을 때면 나는 목청이 좋대서 선창을 했다.

衆生無邊 誓願度
煩惱無盡 誓願斷
法文無量 誓願學
佛道無上 誓願成

중생이 아무리 많을지라도 건져 구원하기를 서원하나이다.

번뇌가 아무리 많을지라도 끊어 벗어나기를 서원하나이다.

부처님의 가르치심이 한량없이 많을지라도 배우기를 서원하
나이다.

부처님의 길이 끝없을지라도 이루기를 서원하나이다.

　

깊은 산사에서 불제자들이 모여 나의 선창으로 이 '사홍서원'(四
弘誓願)을 송(頌)할 때면 몰아의 경지에서 득도에 거의 다다른 것 같
았다. 그러나 하산하여 속세의 세간에 임하면 모든 것이 도로아미타
불이었다. 다시 삶이 무미건조해지고 세상만사가 시들해지는 것이었
다.

그러던 차에 불도에의 미련을 끊어 버릴 때가 왔다. 해방 후 불교
계의 지도자로 생불이라 추앙받으시던 효봉(曉峰) 스님이 입적(入寂)
하셨다.

효봉 스님은 일제시에 조선인으로는 따기 어려운 판사이시었다.
어느 때 한 살인범에게 사형을 선고하여 형을 집행한 뒤에 진범이 나
타났다. 오판하여 무고한 사람을 죽게 한 것이다. 효봉 스님은 이 일
이 양심에 가책이 되어 견딜 수 없었다. 끝내는 판사직에 사표를 내
고 삼천리 유람을 떠나셨다. 드디어 묘향산에서 삭발을 하고 승이 되
셨다. 그 후 불도수업에 일취월장하시어 득도하시고 생불이라 칭송
받게까지 되시었다.

이 효봉 스님이 입적하실 때의 마지막 말씀이 '무'(無)라는 외마디
내뱉음이었다. 함께 불도수련에 정진하던 친구들은 그 말을 듣고 무

룹들을 치며 과연 큰어른의 마지막 말씀이 다르다고들 찬탄하였다.

그러나 성미가 유달리 까다로워 따지기 좋아하는 나는 그 '무(無)'란 말을 거듭 되씹으며 따져 보았다. 나는 무언가 '있는' 것을 찾으려 애쓰고 있다. 그런데 아무것도 없다는 것은 곤란하지 않는가? 내가 고뇌하고 회의하며 방황하는 이 자체가 있기 때문이다. 내가 존재하기에 문제가 일어나는 것이다. 그런데 '무(無)'라는 경지는 어떤 경지인가? 우리네 범인과는 달리 높은 경지에 도달하면 그런 외마디 소리를 토하고 죽을 수 있는가?

그러나 나는 '아무것도 없다'고 말할 경지에 오를 마음은 애초에 없다. 나 자신을 포함한 많은 젊은이들이 의미와 가치를 찾아 헤매고 있다. 뭇 중생들이 자기 일생을 바칠 만한 값어치 있는 일을 찾아 방황하고 있다. 그러나 그들에게 '살았을 때는 고해요, 죽었을 때는 무(無)니라'고 가르칠 수 있겠는가? 나사렛 예수는 그 말의 진위는 제쳐 두고 '내가 곧 길이요 진리요 생명이니' '나에게 오는 자는 죽어도 살고 살아도 영원히 죽지 않으리라'고 화끈하게 말해 버리지 않았던가? 나는 좀더 확실하고 강렬한 것, 인생 전체를 태워 불사를 수 있는 신념이 필요하다고 생각했다.

그 후로 절을 찾는 발걸음이 점차 뜸해지고 몇 달 후에는 아주 끊어졌다. 지금에 생각하면 효봉 스님의 말씀도 다른 각도에서 그 깊이를 이해할 것 같으나 당시의 나로서는 소화하기 어려운 말씀이었다.

수석 입학에 수석 졸업을 한 덕분에 대학을 졸업하고는 모교에 조교로 남게 되었다. 교수님께서 내게 대강(代講)을 부탁하시는 시간이 종종 있어 나는 강의할 기회가 제법 있었다.

1966년 5월 어느 날 영문학과 1학년 교실에서 철학개론을 강의하고 있었다. 수업 도중에 한 학생이 질문해도 좋겠느냐고 정중하게 물었다. 질문하라고 했더니 그는 일어나서 "선생님, 진리가 무엇입니까?"라고 물었다. 햇병아리 교수인 나에게는 너무나 큰 질문이었다. 나는 대답을 망설이다가 독일 철학자 임마누엘 칸트가 말한 진리 개념을 설명했다.

칸트는 《순수이성비판》이란 저서에서 진리에 대해 논하고 있다. 칸트가 위의 책에서 정의한 바에 의하면 '어떤 사건이나 사물에 대해 나의 머릿속에 있는 그것에 대한 개념과 실제의 그 사물이나 사건이 일치할 때에 그것이 진리이다'라고 한다. 예를 들어 내가 지금 쓰고 있는 만년필에 대해 내가 머릿속으로 생각하고 있는 만년필과 내가 손에 쥐고 있는 실제의 만년필이 일치할 때 이것이 진리이다. 이러한 진리 개념은 인식론상의 진리이다.

열을 올려 설명을 한 후 그 학생의 얼굴을 내려다보았더니 그는 픽 웃으면서 말했다.

"교수님, 그러한 진리는 내가 묻는 질문에 해당되는 진리가 아닙니다. 그런 진리가 나와 무슨 상관이 있습니까? 내가 그것을 위해 살다가 그것을 위해 죽을 수 있는 진리를 말씀해 주십시오."

나는 당황했다. 나의 가장 큰 약점을 그가 찌른 것이다.

"그러한 진리는 나도 아직 찾지 못하고 있습니다. 나도 지금 그런 진리를 열렬히 찾고 있습니다"고 했더니 그 학생은 다시 벌떡 일어나서 "선생님께서 지난 시간에 철학이란 진리를 찾는 학문이라고 말씀하셨습니다. 그런데 오늘 선생님의 말씀은 선생님께서도 아직 진리가 무엇인지 모른다고 하시니 그렇다면 수업을 더 이상 계속할 필요가 없지 않겠습니까? 선생님 자신이 아직 모르고 계시는 것을 저희에게 가르치신다는 것은 서로 간에 시간 낭비가 아니겠습니까? 그러니 이만 종강하시는 것이 어떻겠습니까?"라고 단숨에 말하고는 앉았다. 이 말에 교실에 있던 전 학생들이 '와!' 하고 웃었다. 나는 얼굴이 홍당무가 된 채 말할 바를 잃고 그 시간을 어물어물 넘겼다. 시간을 알리는 벨 소리가 날 때까지가 어쩌면 그렇게도 길게 느껴졌던가.

나는 그날 밤늦게까지 연구실에 앉아 생각했다. 그 학생이 제기한 이의는 타당하다. 알지 못하는 것을 가르친다는 것은 장님이 장님을 인도하는 난센스다. 그렇다면 어떻게 할 것인가? 확고한 진리를 터득할 때까지 가르치기를 중단해야 하는가?

석가는 생로병사에 대한 의문이 깊어지자 왕궁을 떠나 설산에서 7년을 사색한 후 도를 깨쳤다. 그는 도를 깨우친 후에야 가르치기 시작했다. 예수도 벽촌에서 목수로 업을 삼고 살다가 서른이 지나서야 자기가 하나님의 아들임을 깨우치고는 '때가 찼고 하나님의 나라가 가까웠으니 회개하고 복음을 믿으라'고 가르치기 시작했다.

나도 석가나 예수와 같이 결론에 도달한 후에 가르쳐야 하는가? 다른 선배 교수님들은 어떤가? 나와 오십보백보의 차이다. 물론 그 지식의 폭이나 인간 이해의 깊이는 나 같은 풋내기 조교에게는 비할 바 아니겠지만 '모르고 가르치고 있기'는 역시 일반이다.

철학과의 선배 교수님들은 자기가 터득한 삶의 의미나 진리를 강의하는 것이 아니라 서양 철학자들의 책을 번역 소개하는 정도에 머무르고 있는 것 같다. 모 대학 철학과의 모 박사는 칸트 전공이다. 모

대학의 누구는 하이데거 전공이다 하여 자기가 전공하는 서양 철학자의 책을 읽고 번역하고 논문을 낸다. 외국에 가서 학위를 얻고 해가 지나면 권위가 붙는다. 학생들에게 자기의 인생관을 이야기하는 것이 아니라 자기가 이해한 칸트나 니체를 말한다. 자기가 고뇌를 거쳐 체득한 삶의 지혜를 말하는 것이 아니라 다른 사람의 것을 소개한다.

나도 선배님들과 같은 과정으로 일생을 살아갈 수 있을까?

그해에 나는 모교의 특별 배려로 교비 미국 유학생으로 선발되어 출국 수속을 준비 중이었다. 미국에 가서 공부하고 귀국하여 모국의 강단에 다시 섰을 때 후배들에게 진리를 자신 있게 가르칠 수 있을 것인가?

자신 없는 일이었다.

계획된 과정을 밟아 나가는 중에서는 근본적인 문제에의 접근과 해결은 거리가 멀 것 같았다.

그 과정대로 밟아 간 훗날에, 학생들의 절실한 문제에 대한 해답을 주지 못하고 또한 나 자신의 지적인 방황과 인텔리겐치아(intelligentsia)의 나약함에서 벗어나지 못하게 된다면 얼마나 후회스런 인생이 되겠는가? 인생은 단 한 번으로 주어진 것이다. 좀더 의미 있고 알차게 살아야 하지 않겠는가? 훗날에 학생들에게는 물론 나 자신에게 '이러한 삶이 진리의 삶이요, 참된 가치를 창출하는 삶이다'라고 자신 있게 말할 수 있어야 한다. 생계수단으로서의 직업은 이발사이건 농부이건 간에 자기가 확신하는 것을 말하고 자기가 생체험 속에서 터득한 가치를 생활 속에서 구체화하는 생을 살아야 할 것이다.

그런데 일언이폐지(一言以蔽之)하여 내가 그것을 위해 전체를 걸 수 있고 그것을 위해 죽을 수 있는 진리는 무엇인가?

그러한 진리에 도달하는 과정은 어떤 과정일까?

그러한 삶은 어떻게 성취되는 것일까?

다만 지금의 나에게 분명한 것은 이 과정을 밟아 나가서는 그러한 결론에 도달하지 못할 것이라는 사실뿐이었다.

나는 원효대사를 생각했다.

신라 땅의 청년 구도자였던 원효는 불도를 탐구하기 위해 당나라로 향했다. 만주 벌판에 닿은 어느 날 밤에 그는 한 초옥(草屋)에 지친 몸을 뉘었다. 그는 한밤중 갈증에 깨어나 물을 찾았다. 더듬거리던 손에 한 물 항아리가 잡혔다. 그는 반갑게 여겨 그 물을 마셨다. 물 맛의 시원하고 달기가 꿀 같았다. 다시 잠이 든 원효는 다음 날 아침 햇살이 비친 후에 깨어났다. 일어나 또 하루의 여장을 꾸리는 그에게 해골 바가지 하나가 눈에 띄었다. 그 해골에는 시체 썩은 물이 반이나 고여 있었다.

그제서야 그는 어제 저녁 잠결에 갈증을 축인 물 항아리를 생각하고, 그 항아리가 바로 해골 바가지였으며 그렇게도 달고 시원했던 물은 송장 썩은 물이었음을 알게 되었다. 사실을 알게 되자 원효는 속이 뒤틀려 먹었던 물을 뒤늦게야 토해 내었다. 그러던 그에게 홀연히 한 깨달음이 왔다.

도는 당나라에 있는 것이 아니라 내 마음속에 있는 것이로구나. 물은 같은 물이었으되 어제 저녁 내 마음이 단물이라 생각하였을 때는 달았고 지금 썩은 물이다 생각할 때는 역겨워 토해 낸 것이다. 모든 것이 나 자신의 마음속에 들어 있다. 나의 마음을 살펴 다스리고 다듬음이 도에 이르는 길이로다.

그리하여 원효는 당나라로 가던 발길을 되돌려 신라로 돌아왔다. 그 후 그는 수도에 수도를 더하여 걸출한 진리인이 되었다.

나도 참다운 철학을 하려면 책을 읽고 유학을 하고 논리학 연구에 매여 있을 것이 아니라 나의 마음을 닦아야 하지 않을까? 삶의 의미를 터득하는 길이 미국에 있는 것이 아니라 내 부근 가깝고 소박한 곳에 깃들어 있지 않을까? 우리 조상들의 얼과 숨결이 배인 이 땅의 어딘가에 내 삶의 뜻을 깨우쳐 줄 터전이 있을 것이다.

생각이 여기에까지 미치자 나는 그때까지 계획했던 모든 것을 중단하고 백지에서 인생수업에 나서기로 결심했다.

여름방학이 시작되기가 바쁘게 나는 약간의 돈을 마련하여 서울로 올라왔다. 얼마 후 서울역 뒤편 만리동 고개에서 아이스케키 장사를 시작했다.

아이스케키 하나에 2원 70전에 받아서 5원에 파는데 하루 종일 팔면 3백 개 정도를 팔았다. 만리동 고갯마루에 소의초등학교가 있었다. 교문 옆에 케키통을 놓고 앉아 밀짚모자를 눌러쓰고 "케키가 두 개 십 원!" 하고 소리 지르다가 통을 둘러메고 서울역 쪽으로 내려온다. 서울역 광장을 돌아 남대문을 거쳐 명동으로 갔다가 시청으로 돌아 다시 소의초등학교로 돌아간다.

이 코스를 하루에 몇 번씩 돌며 아이스케키를 팔러 다니는 것이다. 열심히 팔면 하루 세 끼 밥값과 잠자리값을 벌 수 있었지만 게으름을 피우거나 날씨가 흐려지는 날은 끼니도 마련하지 못했다.

소의초등학교 담벼락의 그늘을 의지하고 앉아 있노라면 온갖 행상인들이 만리동 고개의 가파른 고갯길을 오고 가며 생명을 부지하려 애쓰는 것을 볼 수 있었다. 나는 지나가는 행상인들을 불러 아이스케키 하나씩을 주고 그들에게 쉬었다 가라고 권했다. 처음에는 서먹서먹해하고 의심쩍어했으나 며칠 지나니 친숙해져서 그곳을 지날 때는 으레 아이스케키 하나를 얻어먹고 쉬어 가는 것으로 생각하게끔 되었다.

나는 그들이 쉬는 동안에 이런저런 이야기를 나누는 것으로 낙을 삼았다.

당시의 초등학교에는 급식빵이라는 것이 있었다. 학교에서 매일 아이들에게 빵 한 개씩을 지급했는데 아이들은 강냉이와 밀가루를 섞어 만든 빵이 맛이 없다 하여 즐기지 않았다. 어느 날 아이들이 나에게로 와서 빵과 아이스케키를 바꾸어 먹자고 제안해 왔다.

나는 하루 세 끼의 해결이 숨 가쁘던 터라 이 물물교환 제의에 응하기로 했다. 빵 하나에 아이스케키 두 개씩으로 교환이 성립되었다. 저녁때가 되면 나의 케키통은 급식빵으로 가득 차게 되었다. 나는 그 빵을 남대문 노동자 합숙소로 가져가서 잠자리 동료들과 함께 나누어 먹었다. 자연히 노동자 합숙소에서는 나의 인기가 날로 높아 갔다.

어느 날도 평소처럼 소의초등학교 담벼락에 기대어 앉아 있으려니 젊은 나이의 빈 병 수집 장수가 손수레를 끌고 고갯길을 올라왔다. 손수레 위에 강냉이 튀긴 자루를 싣고 가위를 짤랑짤랑거리고 다니면서 빈 병이나 삼베옷, 고물 등을 수집하는 사람이었다.

나는 버릇처럼 그에게 "여보, 더운데 여기 좀 쉬어 가시오. 내 케이크 하나 선사하겠수다" 하며 그를 불러 세웠다. 그는 담 그늘로 피해와서 손수레를 길가에 세우고 앉았다.

"야, 이거 더워서 못해 먹겠는걸. 고맙소. 그러나 케이크값은 내가 드리리다" 하며 내가 주는 케이크를 받아 쥐었다. 나는 그에게 "원 별말씀을. 그냥 하나 드리는 거니 신경 쓰지 말아요. 어때요, 요새 더워서 병 장사가 힘들 텐데요?" 하고 물으니 "그냥 그냥 밥이나 먹지요"라고 대답했다.

그때 그의 손수레 위 강냉이를 담은 자루 곁에 놓인 외국 책의 제목을 보니 독일의 실존철학자 하이데거의 저서인 《형이상학이란 무엇인가》란 책이었다. 나는 전공 서적을 우연한 장소에서 본 것이 반가워 그 책을 집으면서 그에게 물었다.

"노형, 이 하이데거 책 어디서 구했소?"

나의 짐작으로는 빈 병 장수가 독일 서적을 읽는다는 것을 상상할 수도 없었기에 고물을 강냉이와 바꿀 때 따라온 것으로 알았다. 그 책의 제본이 잘 되어 있으니까 그가 손수레 위에 골라 놓은 것으로만 생각했었다.

그런데 내가 책의 저자인 하이데거의 이름을 대며 물으니까 그는 케이크 먹던 손을 멈추고 의아한 표정으로 나를 살폈다. 그리고 내게 되물었다.

"아니! 당신 이 책이 하이데거 책인 줄을 어찌 알지요?"

그때 나의 케이크통 위에는 영국의 철학자 버트란드 러셀이 쓴 《철학이란 무엇인가》란 책이 놓여져 있었다.

그의 눈길이 그 책에 닿자 그는 나를 의심쩍게 보며 "당신이 이 러셀의 책을 읽는 거요?" 하고 물었다. 서로 놀란 우리는 정식으로 통성명을 하고 각자 자기를 소개했다.

그는 서울대학교 철학과를 졸업하고 시내 모 고등학교에서 독일어 교사로 있다가 따분해서 그만두어 버리고 손수레를 밀고 다닌다는 것이었다. 우리는 서로 의기가 투합되고 배짱이 맞아 대폿집으로 직행했다. 대폿집에서 뿌연 막걸리잔을 서로 권하며 우리는 인생을 논했다. 그는 말했다.

"공자 어른께서 말씀하시기를 조문이도(朝聞而道)면 석사(夕死)라도 가(可)하니라—아침에 도를 들으면 저녁나절에 죽어도 좋다—고 하셨다는데, 누군가가 나에게 살아가는 이유를, 내 존재 이유를, 그리고 어떻게 살아야 할 것인지 내 존재 방식을 일러 준다면 나는 그를 일평생 섬기겠다."

그의 말은 바로 나의 말이었다. 나는 그에게서 나의 분신을 보는 것 같았다.

그와 헤어진 후 나는 아이스케키통을 가져다주고 서울역 부근 언덕에 솟아 있는 교회당을 찾아갔다. 마침 수요일이었다. 수요예배의 뒷자리에 앉아 나는 기도했다.


신이시여!

우주를 꿰뚫으시는 진리시여!

모든 존재하는 것의 의미시여!

당신이 계시다면 오늘 나에게 계시하시옵소서!

오늘 나를 사로잡으시옵소서!

나를 뜨겁게 하시옵소서!

나로 하여금 이 방황과 고뇌에서 해방되게 하소서!


나는 절박한 마음으로 신이 나타나 주시기를 간구하였다.


신이시여!

당신이 존재하신다면 이날 저녁

설교자의 입을 통해 나에게 깨달음을 주옵소서!

목사님의 설교 중에서

당신의 존재를 확인하게 하소서.

당신의 계심이 확인만 된다면

나는 일생을 당신의 종으로 살겠나이다.


정성을 기울여 기도하고 목사님의 설교를 기다렸다. 그러나 그날 저녁 목사님의 설교는 방황하는 영혼이 신을 만나기에는 너무나 거리가 먼 내용이었다.

그 교회는 석조건물의 교회당을 증축 중이었다. 그래서 목사님 설교의 요지는 교회당 건축에 소요되는 예산의 부족분에 대한 교우들의 헌금을 촉구하는 설교였다. 설교자는 유창한 음성으로 제스처를 구사하며 성도(聖徒)들이 성전 건축에 몸과 마음을 바쳐야 한다고 역설하였다. 기다리던 신의 계시는 아무 낌새도 없고 하품만 나왔다.

나는 실망하여 돌아 나오는 길로 유명한 서종삼을 찾아갔다. 서울

종로 3가 뒷골목에는 이름난 창녀촌이 있어 그곳 이름을 줄여서 서종삼이라 부르던 때였다. 피카디리 극장 뒷골목으로 접어드니 요란스레 화장한 색시들이 손님을 끌고 있었다. 한 아가씨가 나의 팔짱을 끼며 "놀다 가세요" 하고 따라붙었다.

나는 그녀가 이끄는 대로 따라 들어갔다. 그녀는 골방으로 나를 데려가더니 세워둔 채로 애교를 떨며 물었다.

"긴밤으로 하겠어요, 숏타임으로 하겠어요?"

"긴밤은 무엇이며 숏타임은 무엇이냐?"

"아저씨 괜히 초짜처럼 시침 떼지 마세요. 이런 데 많이 다녀 보신 분 같은데."

그녀는 무던히도 못난 얼굴에 눈을 살짝 흘기며 교태를 부렸다. 내가 멍청히 서 있기만 하자 그녀는 "아저씨, 숏타임은 잠시 볼일만 보고 가시는 거구요, 긴밤은 주무시는 거예요" 하고 알려 주었다.

"아저씨 긴밤으로 하세요. 내가 서비스 잘 해 드릴게요" 하며 두 손으로 옷자락을 잡더니 뺨에 키스하려고 덤볐다. 내가 몸을 틀며 "긴밤으로 하면 돈이 얼마나 드느냐?"고 물으니 3천 원만 달라고 했다.

아이스케키 장사 밑천과 비상금을 다 털어 2천기백 원을 주었다. 허둥지둥 싱겁게 끝나 버렸다.

그녀는 팬티를 끌어올리며 "맹물이구먼" 하고 조소하는 듯한 표정을 지었다. 불결감이 쌓이고 가슴이 울렁거리며 속이 메슥거려 토할 것만 같았다. 아가씨에게 다른 방에 가서 자 줄 수 없겠느냐고 물었다. 그녀는 똥그래진 눈을 하면서 "왜 내가 싫으세요?"라고 물었다.

나는 "아니, 책이나 좀 보다가 잘까 해서 그런다"고 대답했다. 새벽에 다시 오겠다고 하며 나가기에 다시 오지 않아도 된다고 했다. 그녀는 얼굴이 활짝 밝아지며 나갔다. 아마 다른 상대를 다시 골라 수입을 올릴 수 있게 되어 좋아하는 것 같았다.

나는 잠들려 애썼으나 잠을 이룰 수 없었다. 옆방에서 들리는 원색음들이 귀를 괴롭혔다. 인간이란 동물에 혐오감이 일어났다. '여자와 잔다는 것'이 그 갈망에 비해 결과는 너무나 무참하지 않은가?

나는 일어나 가방 밑바닥에 있던 성경을 끄집어냈다. 무릎을 꿇고 성경을 두 손바닥 사이에 낀 채 기도했다.

'이 책이 당신의 책이라면 지금 내가 펴서 눈이 가는 말에서 나에게 깨달음을 주소서! 아멘.'

눈을 감은 채 성경을 폈다. 조심스레 눈을 뜨며 펼쳐진 곳을 보니 구약과 신약 사이에 끼워진 백지였다. 백지를 보고 진리를 깨달을 수는 없는 것이어서 다시 접었다가 펴니

"제사장 임멜의 아들 바스훌은 여호와의 집 유사장이라 그가 예레미야의……"(렘 20:1).

뜻 모를 말이었다. 다시 성경을 덮고 세 번째를 폈더니

"각 사람은 위에 있는 권세들에게 굴복하라 권세는 하나님께로 나지 않음이 없나니……"(롬 13:1).

실망하고 성경을 집어넣어 버렸다. 새우잠을 자다가 새벽녘에 그 골목을 빠져 나왔다. 아침을 굶은 채 아이스케키집으로 갔다. 케키통을 가지고 나올 때 맡겨야 되는 보증금을 어제 저녁 서종삼 씨 댁에서 소비해 버린지라 가방을 맡기고 아이스케키를 받았다. 다시 만리

동 고개 위 소의초등학교 담 그늘에 앉았다.

같은 생활을 며칠 더 계속했다. 그런데 국부에 이상한 증상이 나타나기 시작했다. 처음에는 따끔거리더니 점차 농이 나오고 소변을 보려면 통증이 왔다. 나는 말만 듣던 매독에 걸린 것이로구나 하는 생각이 들어 앞이 캄캄해지고 가슴이 울렁거렸다. 이제 나는 폐인이 되는구나. 매독에 걸리면 머리가 빠지고 기억력이 없어지고 심해지면 발광을 하게 된다는데 하는 생각으로 나는 절망감에 빠지게 되었다. 병원에 가려 했으나 돈이 없었다. 괜스런 객기로 원효대사 흉내를 내다가 폐인이 되는 것이 아닌가 싶어 후회스럽기 한이 없었다.

'성병특효약 있습니다'라는 쪽지가 붙어 있는 약방에 용기를 내어 들어갔다. 증상을 들은 약사는 "요도염 같은데요"라고 했다. 나는 "요도염이 어떤 병입니까? 무서운 병이지요?"라고 물었다. 약사는 요도염을 임질이라고도 부르는데 약 일주일 가량 약을 쓰면 완치될 수 있을 것이라고 말했다. 약값은 하루에 7백 원 정도면 된다는 것이다. 불안해하던 것에 비해 다소 안심은 되었으나 아이스케키 장사로 하루에 7백 원을 벌기는 도저히 불가능한 것이 문제였다.

약을 제때에 쓰지 못하니 요도염은 날로 심해져 갔다. 그 사이에 각 대학은 개학을 했다. 등교하는 학생들을 보면서 나는 대학으로 되돌아갈 것인가, 아니면 나대로의 구도자의 길을 계속 갈 것인가를 망설였다. 나는 생각했다. 이런 상태로는 대학에 되돌아가 봤자 갈등은 계속될 테니 아예 나선 걸음에 끝장을 보기로 결심했다. 무언가 삶의 의미에 대한 실마리를 잡을 때까지 버티기로 했다.

가을이 되어 오니 아이스케키 장사는 끝이 났다. 좀더 수입이 높은 일거리를 잡아 요도염 약값을 마련해야겠다고 생각하고 장난감 장사를 시작했다.

완구 도매상점에 가서 여러 종류의 어린이 장난감을 사서 긴 장대에 꽂고 나팔을 불며 주택가 골목골목을 누비고 다녔다. 우리나라는 지하자원은 없어도 어린이 자원은 넘쳐나던 터였던지라 나팔 소리를 듣고 골목마다 아이들이 모여들었다. 따라다니는 아이들을 널찍한 공터에 앉힌 후 동화를 신나게 들려준다. 《장발장》, 《15소년 표류기》, 《몽테크리스토 백작》 등을 각색하여 들려주는 것이다.

이 이야기가 스릴의 극치에 올라 아이들이 조마조마한 마음으로 이야기에 정신을 쏟고 있을 때 이야기를 중단하고 아이들에게 장난감 장사를 한다.

"여러분, 이 아저씨도 밥을 먹어야 힘을 얻어 이야기를 계속할 수 있어요. 그러니 여러분이 집에 가서 엄마에게 돈을 달래서 이 장난감을 하나씩만 사세요. 그런 뒤에 이야기를 계속합시다."

이렇게 하면 거의가 집에 가서 돈을 얻어 와서 장난감을 하나씩 산다. 어떤 아이는 가정부나 엄마 혹은 누나까지 데려와 장난감을 사고 동화를 함께 듣기도 했다.

어린이들에게 건전한 동화를 들려주는 것은 씨를 뿌리는 것과도 같다. 동화 구술을 통하여 어린이들에게 꿈을 심고 상상력을 길러 주는 것은 우리 사회의 밝은 앞날을 만드는 창조 행위인 것이다. 어린이들이 동화를 듣는 시간보다 텔레비전 앞에 앉아 있는 시간이 많아지게 된 것을 안타깝게 생각했다.

하여튼 나는 장난감 장사를 함으로써 수입이 한결 높아졌다. 약도 사서 먹을 수 있게 되고 노동자 합숙소에서 일당을 벌지 못한 동료들에게 국수도 사 줄 수 있을 만큼 되었다.

그러던 어느 날 합숙소에서 자고 일어나니 나의 전 재산이 들어 있던 가방이 없어져 버렸다. 내가 동료들에게 국수도 잘 사 주고 돈도 빌려 주고 하니까 내 가방 속에 돈이 많이 들어 있는 줄로 착각하고 옆자리에 누웠던 친구가 새벽에 가져간 것이었다. 그리하여 가출 수개월 만에 입은 옷 한 벌과 신은 신발 한 켤레만 남은 신세가 되었다. 이미 심신이 피곤하여 더 견딜 수 없던 때였다. 파스칼의 수상록《팡세》의 1절을 생각했다. 파스칼도 젊은 날에 진실을 추구하는 괴로움을 겪었던 모양이다. 그는 《팡세》에서 다음과 같이 쓰고 있다.

참된 선을 추구하다가 괴로움에 지쳐 버림은 좋은 일이다. 결국은 구주에게 구원을 바라게 될 터이므로(팡세 422).

아아! 인간이여, 네가 비참함에서 벗어나는 길을 네 자신에서 아무리 찾아봐야 아무 소득이 없다. 네가 가진 모든 빛은 네 자신 속에서는 진리도 선도 찾을 수 없음을 밝혀 줄 뿐이다. 철학자들은 그것을 찾아 주겠다고 너에게 약속하겠지만 그 약속을 지킬 수는 없다. 그들은 너의 참된 선이 무엇이며 너의 참된 갈구가 어떤 것인지도 알 수 없다. 너의 비참함의 원인을 알지 못하면서 어떻게 너의 불행의 구제책을 가르쳐 줄 수 있겠는가? ……만일 네가 신에 닿을 수 있게 된다면 그것은 너의 본성 때문이 아니라 신의 은총에 의해 가능해진 것이다(팡세 430).

이렇게 썼던 파스칼은 어느 날 감격적인 신의 은총을 입게 되어 방황과 고뇌의 날에 종지부를 찍게 되었다. 그는 그에게 구원을 허락하신 신의 은총에 감격하면서 다음과 같은 글을 남겼다.

> 철학자의 신도 아니요, 과학자의 신도 아니요, 수학자의 신도 아니었다. 아브라함의 하나님이요, 이삭의 하나님이요, 야곱의 하나님이었다. 내가 신을 찾을 때 신은 숨어 버리시더니 내가 그 앞에 엎드릴 때 신은 나를 품어 주셨다. 찬양할지어다, 여호와 하나님을!

파스칼로 하여금 감격과 환희의 글을 쓰게 하셨던 여호와 신은 나에게는 나타나 주지 않으셨다.

국부에선 계속 농이 흐르고 있었다. 무언가가 크게 잘못되어 가고 있음을 느꼈다. 이런 식의 구도의 길은 아무런 열매를 맺지 못하고 생의 낭비로 끝나 버릴 것만 같았다. 파스칼은, 그가 철학자로서 신을 탐구하였을 때는 신은 나타나시지 않더니 그가 어린아이같이 신 앞에 엎드릴 때 신은 구원의 손길을 베푸셨다고 했다. 그렇다면 나도 신 앞에 엎드리고 싶다. 그리하여 이 방황을 끝내고 싶다. 나 자신을 똥같이 무시해 버리고 절대자 앞에 무릎을 꿇고 싶다.

그러나 어떻게 하면 되는가? 어떻게 하는 것이 신 앞에 엎드리는 것인가? 교회에 가서 엎드려 기도하는 것인가? 성당에 가서 신부님 앞에 고해성사하는 것인가? 도대체 파스칼이 경험했던 것과 같은 환희의 경험을 나도 할 수 있는 비결이 무엇인가?

그가 얻은 환희를 나도 얻을 수만 있다면 나는 어떠한 대가라도 치를 용의가 있다. 그러나 신은 나에게는 그런 은총을 베풀지 않으셨다. 나는 어머님을 생각하고 어머님이 섬기시는 하나님을 생각했다.

경상북도 청송 두메산골에서 자란 나는 어려서부터 어머님의 기도를 들으며 자라났다. 나는 새벽마다 어머님께서 둘째 아들 홍이는 하나님의 종 목사가 되게 해 달라고 하나님께 기도드리는 소리를 들으며 자랐다. 나는 어머님께 왜 나를 장래에 시시하게 목사가 되게 해 달라고 기도하시느냐, 나는 변호사가 되고 싶으니 변호사 되게 해 달라고 기도하시라고 어머님께 항의하곤 했다. 이제 방황에 지친 아들은 어머님의 기도를 생각했고 어린 날에 뜻 모르고 열심히 섬겼던 하나님을 생각했다.

나는 어린 시절의 그 하나님께 돌아갈 수 있기를 희구했다. 초등학교 6학년 때쯤엔가 나는 새벽마다 2킬로미터 정도나 떨어진 교회에 새벽기도를 드리러 다녔다. 장차 변호사가 되게 해 주십사 하는 것이 어린 나의 기도 제목이었다.

마을에서 교회로 가는 길에 골짜기가 있었다. 어느 새벽 그 골짜기에 이르렀을 때 갑자기 호랑이 새끼 한 마리가 나타났다. 아직 호랑이를 한 번도 본 적은 없으나 앞에 나타난 짐승이 틀림없이 호랑이인 것으로 생각되었다. 머리카락이 쭈뼛이 서고 온몸에 소름이 끼쳤다. 믿음으로 이겨야 된다고 생각했다. '사단아 물러가라'고 소리쳤다. 그러나 사단인 호랑이는 물러가기는커녕 나의 주위를 빙글빙글

돌았다. 나는 하나님을 부르며 뒷걸음치기 시작했다. 돌아서서 도망칠까, 돌아서면 뒤에서 물지 않을까, 조마조마해하며 호랑이를 주목하였더니 그 꼬리치며 뛰는 모습이 눈에 익은 모습이었다. 자세히 살피니 집에서 기르는 '독그'란 이름의 개였다.

노동자 합숙소에는 이가 많았다. 몸이 가려워 벅벅 긁으며 몸을 뒤척일 때 어린 시절을 생각했고 그 시절의 순진했던 믿음이 그리워졌다. 그 시절의 믿음으로 되돌아갈 수 없을까? 설사 하나님이 없어도 좋다. 미신이라도 좋다. 그 시절처럼 티 없는 확신으로 돌아갈 수 있다면 얼마나 행복할 것이냐? 이 방황의 종착역은 어디에 있을까? 이 고뇌의 열매는 어떻게 수확될 것인가?

실존철학에서 쓰는 용어 중에 '한계상황'이란 용어가 있다. 한계상황이란 '인간이 인간으로서 도저히 넘을 수 없는 벽'을 일컫는다. 실례로 생로병사는 인간이 넘을 수 없는 벽이기에 한계상황이다. 실존철학자들은 생로병사 외에 몇 가지를 한계상황에 추가했다.

그 중에 '죄'가 있다. 인간이 인간으로 존재하는 한은 절대로 죄에서 도피할 수 없다. 인간은 공기를 마셔야 살 수 있듯이 죄를 지어야 산다. 그래서 죄는 한계상황이다.

고독이 있다. 인간이 고독하다는 것, 역시 피할 수 없는 운명이기에 한계상황이다. 실존철학자인 니체가 말했다. '고독은 어차피 인간의 운명이다. 그러니 피하려 들지 말고 사랑하라'고 했다. 그는 고독을 사랑해서 '고독은 나의 고향이다'(Einsamkeit ist meine Heimat)라는 말을 남겼다.

어떤 철학자는 투쟁도 한계상황이라 지적한다. '인생은 투쟁이다'

(The man is war)란 말이 있듯이 인간이 숨 쉬는 곳에는 투쟁을 동반한다. 인간은 투쟁으로 살고 투쟁으로 멸망하고 있으니 틀림없는 한계상황이라 했다.

그런데 방황과 고뇌도 인간의 한계상황이라는 것이다. 인간이 인간으로 머무는 한에는 방황과 고뇌는 절대로 피할 수 없는 벽이란 것이다. 그래서 어느 철학자는 성경 요한복음의 서두인 '태초에 말씀이 계시니라. 이 말씀이 하나님과 함께 계셨으니'란 부분을 빌려 '태초에 방황이 계시니라. 이 방황이 하나님과 함께 계셨으니 이 방황은 곧 하나님이시라. 모든 존재가 방황으로 말미암아 지은 바 되었으니, 지은 것이 하나도 방황 없이 존재치 않느니라. 이 방황 안에 고뇌가 있었으니, 이 고뇌는 사람들의 본질이라. 방황 중에 고뇌하시던 신은 그 고뇌를 견디시기 위해 인간을 창조하셨기에 인간은 고뇌의 산물이라. 고뇌는 인간의 반려자니라'라고 표현하면서 방황과 고뇌가 인간에게서 피할 수 없는 본질임을 강조했다.

요컨대 인간은 죄, 고독, 투쟁, 방황과 고뇌를 지니고 이 세상에 태어난 존재란 것이다. 어느 누구도 자기가 선택하여 태어난 것이 아니고 자기도 모르게 누군가에 의해 던져졌다. 이 던져진 존재를 피투성(被投性, Geworfenheit)의 존재라 했다. 피투성의 존재로 태어난 인간은 세계내재성(世界內在性, Inder Welt Sein)이다. 인간은 이 한 많은 세계 내에 존재하도록 운명지어진 것이지 어느 누구도 이 세계를 초월하여 존재할 수 없다는 뜻에서 인간존재는 세계내존재란 것이다.

쇼펜하우어란 철학자는 이러한 인간의 운명을 비관하여 '인간은 태어난 것보다는 태어나지 않음이 좋고, 태어난 이상은 하루빨리 죽는 것이 좋다. 자살이야말로 신에게 거역할 수 있는 인간의 특권이다'고 말하며 자살예찬론을 폈다.

그러나 니체는 다른 주장을 폈다. 인간의 운명은 어차피 주어진 것이다. 그런즉 피하려 들지 말고 운명을 사랑함으로써 운명을 초극하라는 운명애를 말했다. 운명을 사랑함으로써 운명을 초월하는 초인(超人, Übermensch)이 되라고 했다. 니체는 운명을 초극하는 초인이 되라고는 했으나 초인이 될 수 있는 길은 제시하지 못했고 그 자신도 한계상황을 초극하지 못한 채 정신병을 앓다가 숨졌다.

실존철학자들은 말한다. 인간은 한계상황 아래 세계내존재로 던져진 피투성의 존재로되 단 한 번의 기회가 주어져 있다. 그 기회는 자기 자신을 다시 한 번 던질 수 있는 기회이다. 처음 이 세상에 던져질 때는 자기 의사와는 무관하게 던져졌으므로 피투성의 존재라 하였지만 이제 한 번 더 자기를 던질 수 있는 기회는 자기 자신이 결정하여 행사할 수 있다는 점에서 기투성(企投性, Antworfenheit)이라 불렀다.

그렇다면 어디로 던질 것인가? 자기에게 단 한 번으로 주어진 절호의 기회를 아무 곳에나 던짐으로 자기를 허비할 수는 없는 것이다. 어딘가 확실하고 자기의 구원이 보장되는 곳으로 던져야 한다.

이 점에서 철학자마다 그 처방이 달라진다. 야스퍼스는 '초월자 신에게로 던지라' 하고, 사르트르는 '자유에로 던지라' 하는가 하면 까뮈는 '행동으로 던지라' 한다. 나는 생각했다. 나를 이제 전적으로 기투해야겠다. 야구 투수가 한 개의 볼에 자기 전심을 기울여 전력투

구하듯이 나는 나 자신의 전체를 한 곳으로 던지기를 갈구했다.

그러나 나를 어디로 던질 것인가? 어머님의 하나님께로, 어린 날의 하나님께로 나를 기투하여 뼈를 깎는 이 고뇌를 초극하기를 갈망했다. 그러나 어떻게 하면 그 길이 가능한가?

거기는 이미 지나와 버린 세월 속에 있는 되돌아갈 수 없는 지점이다. 누군가가 말하기를 "현대인은 목표는 있다. 그러나 거기에 도달하는 길이 없다"고 했다지만 나는 나를 던지고 싶은 한 신을 가졌으되 나로부터 너무나 멀리 떨어져 있어 거기에 도달할 길을 찾을 수 없다. 그 신은 하나의 갈망으로, 하나의 바람으로만 있었다.


가방까지 잃어버리고 빈털터리가 되어 있던 나는 대구로 내려가는 야간열차를 탔다.

용산역에 숨어들어 무임승차를 했다. 그러나 대전역 다 미쳐 무임승차가 발각되어 대전역에서 하차당하고 말았다. 대전역 철도원에게 고막이 멍할 정도로 따귀를 맞음으로 열차요금을 때우고 역 대합실에서 하룻밤을 지새웠다. 다시 열차를 타고 대구역까지 무사히 도착하여 대구역을 용하게 빠져 나왔다.

집에 도착했을 때는 영락없는 거지였다. 어머님은 그때까지도 둘째 아들이 하나님의 종 되게 해 달라고 기도하고 계셨다.

거지꼴로 돌아온 나에게 어머님은 교회 나가자고 눈물로 권하셨다. 나는 신앙이 없는데 어떻게 교회에 가느냐고 반문했다.

"야아, 교회를 다니다 보면 신앙이 드는 것이제 우째 첨부터 누군 신앙이 있어 교회엘 가노, 니가 할 일은 교회 나가는 기고 신앙을 넣어 주는 건 하나님이 하실 일이닝께 너는 걱정 말고 교회에 가기만 하면 된다"고 말씀하셨다. 나는 효자 노릇하는 셈치고 어머님을 따라 교회에 나갔다.

계명대학교에서는 다시 조교로 근무하라고 했다. 그러나 나는 이미 대학에의 미련을 버린 뒤였다. 해답 없는 질문만 계속하는 철학을 더 돌아볼 필요가 없다고 단정했다.

철학은 소크라테스 이래로 '인생은 무엇이냐?'고 질문만 계속하였지, 해답을 갖지 못하고 있다. 어느 철학자도 해답을 제시하지 못했다. 공자님의 예를 들어 보자.

어느 날 공자님의 제자가 공자님에게 "스승님, 신에 대해 말씀해 주십시오"라고 물었다. 공자님은 대답하기를 "사람의 일을 미처 모르거늘 신의 일을 내 어찌 알리요"라고 했고, 또 한 제자가 '죽음'의 문제에 대해 물었을 때 공자님은 "생(生)을 아직 모르거늘 사(死)를 어찌 알리요"라고 답하셨다.

공자는 솔직하게 모른다고 말했기에 스승 중의 스승이다. 모르는 걸 아는 체 번잡한 해답을 내려놓는 데서 인류의 병은 더욱 깊어져 온 것이다. 한 사람 답을 제시한 사람이 있다. 공산주의의 창시자 칼 막스이다.

그는 대담하게 쓰기를 '지금까지의 철학은 세계를 해석하려고만 했다. 그러나 지금으로부터의 철학은 세계를 변혁시키는 것이다'고 하며 공산주의 철학을 해답으로 제시했다.

허나 그가 제시한 세계변혁의 철학은 인류의 문제를 해결하기는커녕 다른 하나의 더 큰 문제를 생산했을 따름이다. 지금껏 만들어졌던 어느 문제보다 더 크고 더 복잡한 문제를 남겼을 뿐이다.

여하튼 나는 해답 없는 질문으로서의 철학을 떠났다. 원효대사는 송장물을 마시고 대오했고 데카르트는 병영에서 보초 서다가 진리를 인식했으며, 간디는 인도 민중의 신음 소리를 듣고 자기의 죽을 자리를 찾았고 루터는 폭풍우와 벼락 속에서 신에게 귀의했다지 않았던가!

나도 죽은 도서관 속에서가 아니라 살아 움직이는 이웃의 숨결 속에서 삶의 뜻을 찾게 되기를 바랐다. 북적이는 시장터에서, 씨 뿌리는 농부에게서, 노동자의 몸짓에서 삶의 환희를 보기를 원했다.

1967년 한 해를 나는 약장수, 화장품 외판원, 보험 세일즈맨 등을 하면서 세상을 몸으로 겪으며 견문을 넓혔다.

# 그리스도 안에서

1967년 여름 어느 날 나는 대학 철학과의 선배이신 홍응표 선배님을 만났다. 홍 선배님은 대학 시절부터 기독교 신앙에 독실하였고 전도열에 불타 있었던 분이다. 나는 대학 상급반이었을 때 홍 선배님의 그 전도열에 진땀을 뺀 적이 있었다. 도서관 앞 잔디밭에서 선배님은 나의 코 앞에 성서를 들이대며 예수를 믿음으로 구원 얻는 도리를 설명했었다. 그때 홍 선배님은 기독교 진리를 너무나 단순하게 풀이하여 나의 거부감을 샀다.

선배님은 그때 기독교 진리에 대해 '성경에 기록된 대로 예수가 십자가에 사형당했고 죽은 후 삼 일 만에 다시 살아났음을 역사적 사건으로 믿고 그 사건이 나의 죄와 죽음의 문제를 해결하였음을 믿기만 하면 구원을 선물로 받는다. 이 예수를 우리의 주인으로 영접하면 우리는 죄의 세력에 얽매였던 데서 해방되어 새로운 존재로서의 하나님의 자녀가 된다'는 요점으로 설명했다.

당시의 나는 형이상학을 탐구하는 철학도로서의 자부심에 한껏 부풀어 있던 시절이었다. 선배의 그와 같은 논리가 귀에 들어올 턱이 없었다. 나는 홍 선배님이 딱하게 생각되었다. 홍 선배님이 지성과 논리적 사고능력이 결핍된 약간 열등한 분으로 보였다. 그래서 나는 도도한 자세로 선배에게 핀잔을 주었다.

"선배님, 형이상학을 공부하고 변증법을 터득한 철학도가 어찌 그렇게 단세포적인 논리를 받아들일 수 있겠습니까? 선배님 자신이 남에게 전하기 전에 그 내용을 합리적으로 분석 비판해 보십시오. 진리 체계를 그렇게 단순구조로 덤핑 처리하여 그 속에 안주해 버리는 것은 자기기만입니다. 그런 내용을 자기가 믿는 것은 자유라 하더라도 남에게까지 전하는 것은 일종의 공해에 해당됩니다. 그 정도의 구원이라면 나도 어려서부터 교회 다녔으니까 이미 해결된 것이구먼요" 하고 면박을 주었다. 선배님은 싱긋이 웃으며 대답했다.

"김 군, 김 군이 어려서부터 교회를 다녔다고 하니 내가 말하겠는데, 어느 교회의 교인이 된다는 것과 크리스천이 된다는 것은 구별해야 하네. 사월 초파일 석탄일에 절에 불차(佛借) 드린다고 모두 불제자일 수 없듯이 교회에 다닌다 해서 다 예수의 제자가 된 것은 아니란 말일세. 크리스천이 된다는 것은 예수가 죽으심이 나의 죄 때문이요, 예수가 부활하심으로 나의 죄 문제는 해결되었다는 것을 믿고 그 예수를 개인의 구주로 영접한 사실에서부터 크리스천이 된다는 말일세. 교회를 수년간 다녔어도 예수와의 인격적이고도 구체적인 관계를 맺음이 없다면 교회의 멤버일 수는 있어도 아직 크리스천은 아니란 말일세.

그리고 김 군은 형이상학과 변증법을 거론하는데 알다시피 형이상학의 결론이 무엇인가? 플라톤 이래 금일에 이르기까지 형이상학이 걸어온 자취가 어떠한가? 한마디로 다람쥐 쳇바퀴 돌기가 아닌가? 노상 제자리만 맴돌았단 말일세. 변증법은 어떤가? 변증법을 집대성한 헤겔의 경우를 보자구. 헤겔이 말하기를 이 세계는 '세계정신(Welt Geist)의 자기 발전의 과정이다. 이 세계정신의 변증법적인 발전이 역사의 전개이다'고 했는데, 그것이 어쨌다는 건가? 세계정신, 벨트 가이스트란 도대체 뭐냔 말이야. 하나님이란 말인가, 부처님이란 말인가, 아니면 사상가의 사상체계란 말인가? 극언하기는 좀 뭣하지만 부질없는 사변이요, 언어의 유희야.

자네 헤겔의 업적이 무엇인지 아는가? 헤겔이 인류사에 끼친 공적이 무엇인지 아느냐 말일세. 첫째는 히틀러요, 둘째는 막시즘이야. 헤겔의 요란스런 사상체계에서 히틀러의 나치즘이 출생했고 헤겔의 변증법적 역사전개이론에서 막스의 변증법적 유물론으로서의 공산주의가 탄생한 것이 아닌가. 결과적으로 헤겔의 사상은 인류에게 행복을 준 것이 아니라 큰 재난을 준 씨앗이 되었던 말이야.

물론 헤겔 자신의 의도했던 바는 아니지. 그러나 인간의 본성 자체가 성경이 지적하는 바대로 부패하고 악을 도모하게 되어 있기에 인간이 창출한 사상이나 가치는 인간을 구원할 수 없다는 사실일세. 우리가 연구하는 철학이 아무리 심오하고 화려해도 그것이 인간의 두뇌와 인간의 꾀에서 나온 것인 한은 인간 문제를 해결할 수 없다는 사실이야.

김 군은 내가 설명하는 기독교 복음이 너무 단순하여 무책임한 진리라고 말하지만 진리란 본래 단순한 것일세. 인간의 사변은 복잡하나 신의 진리는 단순하단 말이야. 언제나 인간은 단순한 진리를 가까이에 두고서 멀리 가서 추상과 논리의 체계를 세워 왔단 말이야. 결과적으로 인간은 자신이 세운 복잡한 사상과 질서 속에서 스스로 길을 잃어버린 거야.

2천 년 전에 나사렛 예수가 '내가 길이다, 진리다, 생명이다'고 분명히 말했지만 너무 쉽고 단순하여서 복잡한 인간들은 받아들이지 못하고 스스로 파 놓은 복잡한 구덩이에서 헤매고 있는 거야. 예수가 당대의 석학이던 니고데모에게 '사람이 하나님 나라를 보려면 다시 태어나야 된다'고 했던 말이 그래서 하신 말씀일 거야."

나는 홍 선배님이 겉보기와는 달리 논리정연하고 주관이 분명한 데 놀라고 기가 죽었다. 나는 자리를 뜨면서 말했었다.

"선배님, 이거 죄송합니다. 난 선배님이 지능 지수가 낮아서 쉽게 믿어 버린 것인 줄 알았는데 그게 아니구면요. 내 말은 신앙은 생의 본질이 걸린 문제이니만큼 깊이 있게 다뤄야 된다는 정돕니다. 말하자면 고민하기 복잡스러우니까 적당한 선에서 타협하여 이것이 신앙이다, 진리다, 몸도 바치고 돈도 바쳐라! 이래서는 안 된다는 겁니다. 선배님, 나 다음 수업이 있어서 가야겠습니다. 또 뵙시다" 하고 헤어진 적이 있었다. 그 후로도 홍 선배님은 몇 차례나 나와 대화를 나누려 하였으나 나는 번번이 구실을 대고 피해 버렸었다.

그러한 선배님을 몇 해만에 만난 것이다. 홍 선배님은 만나자마자 옛날과 똑같이 성경부터 펴기 시작했다. 다방 탁자 위에 성경을 펴 놓고는 말했다.

"그렇잖아도 자넬 만나고 싶어 계명대학에 들렀더니 행방 불명이라더구먼. 교수님들께서 자네 걱정을 많이 하시더군. 학교에서는 자네를 꽤나 아끼고 기대를 걸었는데 갑자기 사라져 버렸다는 게야. 그래, 요즘은 무슨 문제와 씨름하고 있나?"

"대학에 남아 있으면 뭔가가 잡힐 것 같지 않아서 속세에 나와서 헤매는데 사람 꼴이 말이 아닙니다."

선배님은 금방 본론으로 들어가 나에게 물었다.

"자네 몇 년 전에 나와 토론했던 일 기억나나?"

"기억나고 말구요, 왜 또 그 복음 얘기하시려구요?"

"나야 다른 재주 있나, 늘상 그 얘기지. 그 얘기 또 다시 할 테니 들어 주겠는가?"

"예, 지금 내 주업이 믿을 거리를 찾아다니는 거니까 선배님께서 예수든 공자든 뭐든지 내가 믿어지도록만 해 주십시오. 옛날처럼 도망가지는 않겠습니다."

그러자 선배님은 기대에 찬 표정으로 나를 보면서 물었다.

"자네 요즘 바쁜가?"

그때 나는 보험회사 세일즈맨으로 비교적 자유로운 처지였다.

"글쎄요, 바쁘기도 하고 안 바쁘기도 하고 일 나름이지요. 꼭 필요한 일이라면 시간은 얼마든지 낼 수 있습니다."

"그렇다면 잘됐네. 우리 시간을 정해서 매주 한 번씩 만나 책을 함께 읽는 것이 어떻겠나."

"갑자기 웬 책을 찾습니까? 난 도통하기 전에는 책은 안 읽기로 했는데요."

선배님은 그 말을 받아 말했다.

"그야 책 나름이지. 사람 헛갈리게 하는 책 말고 도통하게 하는 책이라면 되잖나."

"그런 책이라면야 삼수갑산을 찾아가서래도 읽어야지요. 대체 뭔책입니까?"

"자네 로마서 알지? 신약성경의 로마서 말이야. 매주 한 번씩 만나서 로마서를 같이 읽자구. 내가 자네에게 투자를 좀 하지. 자네에게 강의료 달라는 것도 아니고 자네는 정한 시간에 나와만 주면 되는 게야. 자네 거절 않겠지?"

선배님은 정색을 하며 나를 바라보았다. 나는 확실한 것이라면 지푸라기라도 잡으려던 판인데 성경을 함께 연구하자는 데 거절할 리없었다. 홍 선배님께서 그때 불경을 함께 연구하자 했어도 응하였을 것이요, 토정비결을 같이 읽자 하였어도 따랐을 것이다.

이리하여 나의 성경연구 과정이 시작되었다. 처음에는 가벼운 마음으로 시작했으나 점차 진지한 자세로 변해 갔다. 로마서가 위대한 책이었기 때문이다. 로마서 서두에서 바울이 말한 부분에서 나는 바울의 확신과 그 패기가 부러웠다.

"내가 복음을 부끄러워하지 아니하노니 이 복음은 모든 믿는 자에게 구원을 주시는 하나님의 능력이 됨이라 …… 복음에는 하나님의 의(義)가 나타나서 믿음으로 믿음에 이르게 하나니 기록된 바 오직 의인은 믿음으로 말미암아 살리라"(롬 1:16-17).

바울이 믿는 복음의 진위는 불문하고 이 정도의 확신을 가지고 그확신하는 바를 위해 생을 바칠 수 있는 삶은 가장 행복한 삶이라 생각되었다.

로마서를 공부하여 나가는 중에 처음으로 그 뜻을 음미하느라 고심한 부분은 3장 23절-26절의 부분이었다. 기독교 신앙의 알맹이가 포함된 부분이라 생각되기에 전문을 풀어서 인용하겠다.

> 23절-모든 사람이 죄를 지었기 때문에 하나님이 주셨던 본래의 모습을 잃어버렸습니다.
>
> 24절-하나님께서는 그리스도 예수를 통해서 모든 사람을 죄에서 풀어 주시고 당신과 올바른 관계를 가질 수 있는 은총을 거저 베풀어 주셨습니다.
>
> 25절-그리스도를 믿는 사람에게는 죄를 용서해 주시려고 하나님께서 그리스도를 제물로 내어 주셔서 피를 흘리게 하셨습니다. 이리하여 하나님께서 당신의 정의를 나타내셨습니다. 과거에는 하나님께서 인간의 죄를 참고 눈감아 주심으로 당신의 정의를 나타내셨고
>
> 26절-오늘날에 와서는 죄를 물으심으로써 당신의 정의를 나타내셨습니다. 이렇게 해서 하나님께서는 당신이 올바르시다는 것과 예수를 믿는 사람이면 누구든지 당신과 올바른 관계에 놓아 주신다는 것을 보여 주십니다.

덴마크의 철학자 키에르케고르는 말하기를 "인간은 본향을 잃은 영원한 객이다. 본향을 잃었기에 돌아갈 곳이 없다"고 하면서 돌아갈 곳이 없기에 인간은 고독하다는 것이다. 그는 말한다.

"그러나 인간은 절망해서는 안 된다. 왜냐 하면 한 길이 있기 때문이다. 그 길은 절대자 앞에 단독자(單獨者)로서 서는 것이다. 모든 욕심과 위선에 싸인 일상적 자아를 벗고 절대자이신 신 앞에 벗은 몸으로 단독자로서 서야 한다. 발가벗은 혼자로서 신 앞에 서서 단절되었던 신과의 관계를 회복해야 한다. 그리하여 본래의 자아를 찾는 것이다."

키에르케고르는 그 본래의 자아를 찾는 참 인간이 곧 크리스천이라면서 자신의 철학의 목표에 대해 "나의 철학의 목표는 무엇인가? 그것은 '어떻게 하면 참된 크리스천이 될 것인가'라는 문제이다"고 했다.

위에 인용한 로마서 3장의 말씀을 읽으며 키에르케고르의 말과 비교해 보면 통하는 바가 많음을 느낀다. 이제 위에서 인용한 로마서 3장을 이해를 돕기 위해 스무 가지 문항으로 짧게 풀어 분석해 보자.

1. 인간은 본래의 모습을 상실했다.
2. 죄를 지었기 때문이다.
3. 죄를 지어 본래의 자기를 상실했다는 것은 하나님과의 정당한 관계가 단절되었음을 뜻한다.
4. 하나님은 끊어진 사람과의 관계를 회복시키기를 원했다.
5. 신과 인간의 관계는 인간이 죄를 지어서 끊어진 것이기 때문에 그 회복은 인간이 죄에서 해방되어지는 것이다.
6. 하나님은 인간을 죄에서 해방시킬 수 있는 방법을 찾았다.
7. 그 방법은 그리스도 예수를 통한 방법이다.

8. 예수가 한 일은 제물이 되어 피를 흘린 것이다.

9. 하나님은 예수를 피를 흘리게 함으로써, 인간을 죄에서 해방시키고 하나님과의 정당한 관계를 회복시켰다.

10. 이 인간회복은 하나님이 은총을 베푼 것이고 인간은 공짜로 받은 것이다.

11. 그렇다면 인간의 역할은 무엇인가?

12. 그리스도를 믿는 것이다.

13. 하나님은 그리스도를 믿는 사람은 죄를 용서해 주려고 그리스도를 제물로 보내 피를 흘리게 하신 것이다.

14. 그런데 하나님은 왜 이렇게 복잡한 경로를 거쳐 인간을 구원시켰는가?

15. 왜 예수가 피를 흘려야 했는가?

16. 하나님은 이 우주에서 자신의 정의를 나타내야 할 필요가 있었기 때문이다.

17. 죄를 지은 인간이 피 흘림 없이 용서받으면 하나님의 정의가 서지 않았다.

18. 예수가 피 흘리기 전에는 하나님은 인간의 죄를 눈감아 줌으로 정의를 나타냈다.

19. 예수가 피 흘린 후에는 인간의 죄를 추궁함으로 정의를 나타냈다.

20. 이것은 두 가지 필요를 만족시켜 주었다. 첫째는 하나님은 정당하다는 것이고, 둘째는 인간은 누구든 예수를 믿으면 하나님과 관계 회복이 된다는 것이다.

이상이 본문 중에 담긴 뜻인 것 같았다. 나는 각 항목을 하나하나 살피며 묵상했다. 논리적으로는 납득이 가는데 신앙으로 받아들여지지는 않았다. 읽을수록 의문만 생겨날 뿐이었다.

의문 중 첫째는 '인간이 죄를 지었다' 할 때의 죄가 무엇인지 죄의 개념이 파악되지 않는다.

둘째는 예수가 피 흘려 죽은 것과 인간의 죄가 용서받은 것 사이에 연결이 되지 않는다.

셋째는 인간이 피 흘린 예수를 믿는다 할 때 그 '믿는다'는 말이 구체적으로 어떤 행위를 가리키는 것인지 궁금하다.

넷째는 하나님이 이 우주에서 왜 정의를 나타내야 하셨는가? 누가 하나님에게 정의를 요구하였는가?

생각할수록 의문만 이어졌다. 의문 속에서 로마서 연구는 계속되었다. 내가 인간 바울에게 큰 매력을 느끼고 연구에 더욱 열심을 내게 된 것은 로마서 7장 24절의 부분을 읽고서다.

"오호라 나는 곤고한 사람이로다 이 사망의 몸에서 누가 나를 건져내랴"

바울의 이 탄식을 읽으며 실존철학자들의 절규를 생각했다. 바울의 표현을 실존철학자들의 말로 바꾸어 보면, "오호라 나는 비극적 실존이로다. 이 사망의 한계상황에서 누가 나를 초극시켜 주겠는가!"라고 표현할 수 있을 것이다. 흔히 실존철학의 시조를 '니체다, 키에르케고르'라고들 하지만 로마서 7장 12절 말을 미루어 보건대 실존철학의 시조는 바울이었다고 할 수 있겠다.

신앙의 용장 바울도 그의 확신의 뒷면에는 이러한 처절한 갈등이 있었던 것일까? 로마서의 서두에서 "오직 믿음으로 살리라" 했던 바울이 7장에 와서 "누가 나를 건져 내랴!"고 탄식했다.

크리스 크리스토퍼의 시의 일절에 '반은 허구 반은 진실인 살아 있는 모순'이란 노래가 있듯이 바울의 내면에도 신앙과 절망이 공존하였던 것인가? 나는 바울이 가졌던 문제가 내가 가진 문제와 공통점이 있다는 데서 깊은 공감을 느꼈다. 이러한 바울이 일생을 걸어 충성할 수 있었던 예수라면 나도 그렇게 되어질 가능성이 있을 것이란 기대감이 생기게 되었다.

세월은 흘러 여름에 시작한 로마서 연구는 가을이 지나 겨울에 접어들었다. 드디어 12월 4일이 되었다. 그날 홍 선배님은 모교의 교육과 선배인 최광수 선배와 함께 왔다. 최 선배의 주도로 신약성경 중의 같은 바울 서신인 에베소서를 읽게 되었다.

'하나님의 뜻으로 …… 예수의 사도된 바울은 …… 에베소에 있는 성도들에게 편지하노니 ……'에서 시작된 글이 1장 7절 '우리가 그리스도 안에서 그의 은혜의 풍성함을 따라 그의 피로 말미암아 구속 곧 죄 사함을 받았으니'에 이르자 갑자기 내 눈에 번개가 일어났다. 나는 함께 읽던 것을 중지시키고 7절을 다시 읽었다.

"우리가 '그리스도 안에서' 그의 은혜의 풍성함을 따라 그의 '피로 말미암아' 구속 곧 '죄 사함을 받았으니'"

거듭거듭 읽을 때에 내 머릿속에 천둥이 울렸다.

**그리스도 안에서! ! !**

일곱 글자가 강력하게 나를 압도했다. 열쇠는 '그리스도 안에서'이다.

'그리스도 안'이란 어떤 곳인가? 인간을 향한 하나님의 사랑이 결집된 곳이다. 하나님께서 잃어버린 파트너인 인간을 찾아 그리스도의 모습으로 세상에 나타나셨다. 이 땅에 온 하나님인 예수는 고난을 당하고 피를 흘려 죽음으로써 인간에 대한 하나님의 사랑을 나타냈다.

그 하나님의 사랑을 인지하고 그 사랑에 나를 기투할 때 나는 하나님과 합일된다. 그간에 나는 어디에서 구원의 길을 찾았던가? 내가 헤맨 공간은 어디였던가? 분명히 그리스도 안이 아닌 '그리스도 밖'이었다. '철학 안'이었고 '종교 안'이었고 '나 자신의 안'이었다. 나는 철학 안에 길이 없으리란 것은 짐작했으나 인간 안에도 길이 없음은 몰랐었다.

나는 그리스도 밖에서 방황했던 나를 보았고 나의 죄를 볼 수 있게 되었다. 예수 밖에서 방황하고 고뇌했던 나 자신의 모습이 바로 죄인의 모습이었다. 그리스도 안에 나타난 하나님의 은혜를 보고, 그리스도 안으로 들어갈 때 나는 방황과 고뇌 그리고 죄에서 해방된다. 한계상황을 초월하고 새로운 존재로서의 하나님의 아들이 된다.

수개월간 미로를 헤맸던 나의 의문은 일시에 사라지고 예수는 구체적인 사건으로서 내 앞에 나타났다. 나는 무릎을 꿇고 예수를 나의 주인으로 모셨다. 나는 예수 안으로 들어갔고 예수는 내 안으로 들어왔다. 기쁨의 강이 내 심장을 흘렀고 세포마다 나의 새로운 출생을 감사했다.

12월 4일 밤 11시에서 5일 1시 사이였다.

다음 날 아침에 떠오른 태양은 이전의 태양이 아니었고 부는 바람도 이전의 바람이 아니었다. 새 태양과 새 바람이 새사람 된 나를 환영해 주었다. 스쳐가는 모든 삶이 거룩하게만 보였고 길가의 돌 하나, 풀 한 포기에도 예수의 사랑이 깃들어 있었다.

고린도후서 5장 17절을 암송하고 찬송가 616장(현 210장)을 소리 높여 불렀다.

"그런즉 누구든지 그리스도 안에 있으면 새로운 피조물이라 이전 것은 지나갔으니 보라 새것이 되었도다"

1. 회개하고서 구주를 내가 믿어
   나의 생활이 다 변하여
   내가 밟는 길 천국의 길이로다
   주의 흘린 피 내 죄 씻었네.

   나의 모든 것 변하고
   피로 구속함 받았네
   나의 하나님은 구원되시도다
   내가 정죄함 없어라

2. 내가 변하여 완전한 사람 되어
   구주의 이름 빛내도다
   내가 변화해 완전하게 된 것은
   그리스도를 힘입음이라

3. 주의 사랑에 내 맘에 가득찬 뒤
   주의 성령이 늘 계시며
   모든 두려움 주께서 물리친 뒤
   나의 희망이 하늘에 있네.

# 한 알의 밀알이 썩으면

내가 예수 안에서 안심입명(安心立命)하게 되자 가장 기뻐하신 분은 어머님이셨다.

어머님은 당장 신학교에 입학하여 목사가 되는 길을 밟으라고 서두르셨다. 내가 목사가 되는 것이 어머님으로서는 평생의 소원이셨기에 당연한 결론이었다. 나로서도 이제는 신학교에 가서 하나님의 말씀을 본격적으로 연구하고, 또 언젠가 기도하며 "나로 하여금 깨닫게 하신다면 당신의 종이 되겠나이다"고 했던 서약도 지켜야겠기에 신학교에 입학하기로 뜻을 정했다.

목사님 몇 분에게 의논드렸더니 신학교에 가기 전에 농촌교회에 가서 교역자로서의 수련을 일차 쌓아 보라고 권하는 분이 있어 나는 그 의견을 따르기로 했다.

대구 남쪽 달성군 구지면 목단리에 있는 목단교회에 부임키로 했다. 계명대학교의 구의령 선교사께서 지프차에 나의 세간을 싣고 목단교회까지 데려다 주셨다. 자그마하고 아담한 교회였다.

월급 3천 원에 쌀 한 말을 받는 전도사가 되었다. 나는 열성껏 일했다. 교회 일이라기보다 동리 일을 한 것이다. 농사철 일손이 모자라는 때는 누구 집이거나 도움이 필요한 집에 가서 일을 도왔다.

얼마 지나니 교인 중에 불만을 말하는 분도 있었다. "새로 온 전도사님은 교회 일은 안 하고 안 믿는 사람들 농사일만 해 준다"는 불평이었다. 이왕 일해 주려면 교인 집의 바쁜 일이나 도와주었으면 좋겠다는 것이었다.

그러나 동민들과는 점차 친숙해지고 교회와 마을의 거리를 가깝게 할 수 있게 되었다. 특히 마을 청년들과 호흡이 잘 맞게 되었다. 적은 봉급을 쪼개어 배구공을 사다가 청년들과 운동을 하고 농한기에는 청년들을 모아 연극을 연습했다.

구약성경의 에스더를 극본으로 각색하여 연출 감독 모두를 혼자서 맡아 연극을 지도했다. 마을 사랑방에서 밤늦게까지 연극 연습을 하게 되니 동민들의 관심이 모아지고 또 자연 말썽이 일어났다. 특히 교인 중에서 의견이 분분했다.

다 큰 처녀 총각들을 밤늦게까지 살을 맞대고 놀게 하다가 누가 아기라도 배게 되면 어떡하느냐, 그렇게 되면 예배당은 연애당이라 욕듣게 되고 애 배는 당이라 소문나서 교회 문을 닫게 된다고 걱정들을 했다. 그러나 연극 연습을 계속해서 마침내 공연일이 다가왔다.

공연 첫날 관중이 너무 쇄도하여 좁은 교회당이 터질 지경이 되었다. 무슨 사고라도 터지지 않을까 마음 졸이던 터에 급기야는 사고가 나고 말았다. 연극이 중반에 접어들어 이제 배우들과 관중의 열기가 달아오르는 판에 우지끈하고 교회당 오른쪽 벽이 무너져 버린 것이다. 교회당은 "와, 아야, 오메!" 신음 소리와 먼지가 뒤범벅이 되었다.

겨우 분위기가 가라앉은 후 살피니 다행히 중상자는 없었다. 교회당도 기둥은 말짱하고 오른쪽 벽만 무너졌다. 사고가 그 정도로 그친 것이 감사했다. 연극은 내일로 연기한다고 알리고 관중들을 돌려보낸 후 연극배우단을 벽 고치는 수리단으로 바꾸었다.

그러나 그 연극은 다시 열리지 못한 채로 끝났다. 그렇잖아도 연극 공연이 못마땅하던 보수교인들이 하나님의 영광을 가린다 하여 절대 불가를 주장하고 연극을 굳이 하려면 이 교회의 전도사직을 사임하라는 판에 연극은 다시 빛을 보지 못하게 되었다.

나의 첫 목회에 가장 정성을 기울인 것은 아동 지도였다.

교회 부근 마을들을 여섯 구역으로 나누고 월요일에서 토요일 사이에 하루에 한 구역씩 순차로 방문했다. 저녁마다 한 구역씩 방문하여 그 마을에서 가장 큰 마당에 아이들을 모으고 노래를 가르치고 동화를 들려줬다. 넓은 마당에 모깃불을 피우고 연속 동화를 하노라면 아이들만 듣는 것이 아니라 어른들도 뒷전에 서서 재미있게 들었다. 마을 처녀들은 가까이 오지 못하고 멀찍이 담 밑에서 동화를 듣다가 동생에게 쪽지를 보내어 소리를 좀 크게 해 달라는 신호를 보내기도 했다.

주로 《장발장》,《죄와 벌》,《부활》,《허클베리 핀의 모험》,《철가면》 등의 동화를 쉽게 각색하여 들려주었다. 이야기 대목에 신이 나는 장면이 있으면 아이들은 박수를 치고 환호성을 질렀으며 슬픈 장면에서는 함께 한숨을 쉬며 애타하였고 주인공의 비운을 슬퍼하여 훌쩍

거리며 울기도 했다. 이런 활동의 덕으로 교회학교는 대부흥을 이루었다.

어느 토요일 아침에 멀리 떨어진 마을에서 한 청년이 찾아왔다. 자기가 살고 있는 마을에 있는 교회의 청년회 회장이라고 자기를 소개했다. 보수신앙을 자랑하는 교단 소속의 교회였다.

그 청년이 나를 찾아온 이유는 자기 마을에서 한 처녀가 농약 먹고 자살을 했는데 그 처녀는 교회를 잘 다니는 처녀였다는 것이다. 이 처녀가 자살을 하고 나니 마을에서는 교회에서 장례를 치러 줄 것으로 알고 교회로 미루고, 교회 목사님은 자살은 하나님이 주신 생명을 자기 손으로 끊는 살인죄이니 살인죄를 범한 죄인의 장례식을 교회에서 거행할 수 없다며 장례식을 거절했다고 한다. 그래서 교회 청년 몇이서 의논한 끝에 나에게 찾아왔다는 것이다. 왜 나에게로 찾아왔느냐고 물으니 평소에 들리는 소문으로 판단할 때 목단교회 전도사는 교리를 따지지 않고 장례식을 올려 줄 것 같은 생각이 들었다는 것이다. 나는 그 처녀가 왜 죽었느냐고 물었다.

처녀의 아버지는 알코올 중독자이고 어머니는 정신착란 증세가 심한 분인데 처녀 아래로 다섯 동생이 있었다. 처녀는 부모와 동생들을 뒷바라지하기에 너무나 지쳐 죽은 것 같다고 했다. 그 처녀가 교회는 잘 다녔느냐고 물으니 새벽기도회에 빠진 적이 없었고 유년주일학교 교사로서도 책임을 다한 모범적인 선생님이라고 말했다.

나는 가슴이 꽉 막히고 죽은 처녀가 겪었을 아픔이 전해져 왔다. 가서 장례를 올리기로 마음먹고 청년회장과 떠났다.

교리가 어째서 인간보다 중요하단 말인가? 교회가 교리를 찾고 권위를 찾는 동안 의지할 곳 없는 영혼은 한을 품고 죽어 간 것이다.

그 처녀의 집에 도착하니 아버지는 마당 멍석에 앉아 혀 꼬부라진 소리로 무어라 떠들고 있었다. 안방을 들여다보니 눈에 초점이 없는 중년 여인이 멍하니 앉아 있는데 딸이 죽은 것을 모르고 있는 것 같았다. 건넌방에 마을 할머니 몇 분이 처녀의 시체 곁에 앉아 있었다. 처녀의 몸에는 머리에서 발치까지 때묻은 하얀 요가 덮여 있었다.

교회에서 왔다고 노인들께 인사했더니 반색을 하면서 그렇잖아도 교회에서 장례를 안 치러 줄 모양이니 자기들끼리 어떻게 해치우려던 참이라는 것이었다.

할머니 한 분의 도움을 받아 가며 시체의 염을 했다. 농약을 먹고 피를 많이 토했던지 입에서 목으로 피가 흘러 말라붙어 있었다. 물수건을 달래서 깨끗이 닦고 빗질하고 처녀의 옷 중에서 고운 옷으로 갈아입혔다.

옷을 갈아입힐 때 가슴께에서 성경이 방바닥에 굴러 떨어졌다. 조용히 그 성경을 주워 폈더니 갈피에는 낡아 바래지고 만져서 손때가 묻은 예수님 사진 한 장이 들어 있었다.

처녀가 농약을 먹고 피를 토하면서도 가슴 속에 예수님의 사진을 끼운 성경책을 품었다는 데 대해 큰 충격을 받았다. 나는 죽은 처녀의 얼굴을 다시 보며 나의 누이동생이라 생각했다. 눈물이 나와 염을 제대로 할 수가 없었다. 새 옷을 입힌 후에 가슴 속에 성경을 다시 넣어 주었다. 빛 바랜 주님의 사진을 고이 끼운 채……

들것을 만들어 시신을 담은 다음 청년들과 함께 그것을 들고 뒷산으로 올라갔다. 시체는 퍽 무거웠다. 야트막한 곳을 파고 관 없는 시체를 그대로 묻었다. 어린이나 미혼자의 무덤은 위로 솟지 않는 평토장(平土葬)을 한다고 해서 지면과 똑같이 평평하게 묻었다.

돌아오는 길에 처녀가 다니던 마을 교회 앞을 지나왔다. 마침 토요일이라 교회에서 청년들이 성가연습을 하고 있었다. 즐거운 웃음소리와 풍금소리가 들렸다. 지난주까지만 해도 함께 성가대에 앉았던 친구가 농약을 먹고 자살을 했는데도 살아 있는 자들은 즐거운 인생이었다. 교리를 중요시하고 인간의 아픔을 외면하는 교회는 잘못된 교회라 생각했다.

교회를 지나 처녀의 집에 들르니 멍하니 앉아 있던 처녀의 어머니가 나에게 아는 체를 하며 턱짓으로 나를 만나자는 의사를 표시했다. 나는 방에 들어가 그녀의 옆에 앉았다. 그녀는 돗자리 밑을 더듬더니 꼬깃꼬깃 접혀진 백 원짜리 한 장을 꺼내며 나에게 말했다.

"선상님 고맙심더. 이 은혤 우째 갚을까예. 가시는 길에 사이다 한 병이라도 사 잡수시소."

나는 가슴이 찡해오며 아무 말도 할 수 없었다. 울음이 터질 것만 같아 입술을 이빨로 깨물며 뒤로 돌아섰다. 그녀는 아무것도 모르는 척하였을 뿐이지 실은 다 알고 있었던 것이다.

그날 저녁 잠자리에 들었을 때, 그 처녀 어머니가 겪었을 내면의 고통을 생각하니 잠을 이룰 수 없었다.

다음 날, 발바닥이 아프고 부어올랐다. 아마 무거운 시체를 들고 산에 올라서 그런 것 같았다.

대구에 있는 청산교회에서 교육전도사로 오라는 전갈이 왔다. 마을 청년들과 화투놀이를 했더니 교인 중에 그럴 수가 있느냐는 말들이 많던 때였다. 어찌 거룩한 성직자가 불신 청년들과 노름을 하느냐는 것이었다.

농한기에 농촌 청년들은 할 일이 없었다. 초당방에 모여 도박들을 하고 싸움질을 해서 마을 분위기가 흐려졌다. 나는 그들이 노름을 그만두고 생산적인 일에 몰두하게 할 수 없을까 하는 생각을 했다.

저녁 이슥한 시간에 건빵 몇 봉지를 사들고 초당방으로 갔다. 이미 벌어지고 있는 화투판에 내가 끼어들면 청년들은 판돈을 담요 밑에 숨기고 담배치기를 시작한다. 나는 건빵을 같은 수로 나누어 돌리고 건빵 따먹기를 같이 하는 것이다. 건빵치기를 하면서 이런저런 이야기를 나누다가 나는 그들에게 의견을 제안했다.

이웃 마을 청년들과 배구시합을 하자거나, 노래자랑 대회를 하자거나 마을에 윷놀이 대회를 청년 주최로 열자는 등을 제안했다. 청년들은 대개 큰 관심을 기울이면서 화투판을 중단한 후 구체적인 토의로 들어갔다. 설왕설래하다가 합의를 본 후 날짜를 정하고 그들 중에서 추진위원을 뽑아 일을 맡게 했다.

한 번 행사에 성공하면 다음의 다른 행사는 한결 쉬워졌다. 무료한 겨울을 보내기 위해 도박이나 잡담으로 시간을 보내던 청년들은 점차 새롭고 건전한 일거리를 생각하게 되었고 조금씩 팀워크가 형성되어 갔다.

어느 날 잠자리에 인기척이 있어 깨어 일어났더니 마을 처녀가 머리맡에 앉아 있었다. 집에서 반대하여도 꾸준히 교회를 나오고 있는 처녀였다. 찹쌀떡 한 쟁반을 가져와 잡수시라고 했다.

달빛이 밝았다. "저녁 늦게 혼자서 오시면 안 됩니다. 떡을 두시고 빨리 돌아가세요"라고 내가 반꾸중으로 말했더니 오는 길에 아무도 본 사람이 없으니 안심하시라고 했다. 그리고 자기는 전도사님만 믿으니 전도사님의 처분대로 자기를 맡긴다고 했다. 그 음성이 떨리고 있었다. 나는 그 교회에 오래 있어선 안 되겠다고 생각했다.

대구 청산교회로 옮겨와 학생지도를 맡았다. 청산교회는 지식인들이 모이는 교회였다. 덕이 높으신 목사님이 계셔서 교회 분위기는 화목하고 조용하였다. 신학교 입학기가 다가와 교회를 사임하고 준비를 시작했다. 문제는 내가 신학교에 가면 어머님을 모실 수 없는 것이었다.

지금까지도 잘 모시지는 못하였으나 그래도 내가 모시고 있었는데 이제 학생으로 돌아가면 어머님께서 어떻게 지내실지가 걱정이었다. 어머님께 의논을 드렸더니 이미 다 계획이 되어 있으니 당신 걱정은 조금도 하지 말라고 하셨다. 어머님은 그저 아들이 목사 되는 것이 좋으셔서 나를 격려하셨다.

그러나 후에 내가 신학교를 다니다가 대구에 내려갔더니 어머님께선 어느 집에서 가정부로 일하고 계셨다. 아무리 하나님의 부르심에 답하려 나선 길이지만 오십이 넘은 어머님이 식모살이를 하고 계시는 것을 보니 큰 죄를 짓는 것 같았다.

"어머님, 제가 일이 년 직장생활을 하여 다소 저축을 해 두고 신학교를 다니겠습니다. 목사 되는 것도 좋지만 어머님을 이렇게 지내시게 해서야 되겠습니까?"고 여쭸더니 어머님은 펄쩍 뛰시면서

"야가 머라카노? 내가 이래 있어도 기쁨이 넘친다. 그라고 직업엔 귀천이 없는 거여, 식모가 어때서 그라냐. 걱정을 말아라" 하시며 막

무가내였다.

어머님은 식모살이를 하면서도 자부심이 대단하셨다. 어쩐 일인지 어머님은 내가 어렸을 때부터 '진홍이는 큰 인물(?)이 된다'는 확신이 있으셨다. 내가 조금 신통한 짓이라도 할라치면 어머님은 내게 "너는 장차 큰일 할 아이라 어려서부터 다르구먼" 하시곤 했다. 내가 이제 신학교에를 갔으니 큰 목사가 된다는 확신을 어머님은 품고 계셨다.

내가 입학한 장로회신학대학은 엘리트 코스여서 대학을 졸업한 후에 입학하여 3년을 공부하는 과정이었다. 각 대학에서 모여든 40명의 신입생들은 각자가 엘리트 의식을 지니고 있었다. 다양한 전공을 서로 나누며 장래 한국 교회를 이끌어 나갈 포부를 나누곤 했다.

그러나 신학교생활은 시간이 흐름에 따라 나로 하여금 새로운 고민을 하게 했다. 신앙생활이 제도화되어 오랜 세월이 흐름에 따라 일어나는 부작용을 실감하게 되었다.

출발은 진실에서 출발했으나 그 진실이 시간의 흐름에 따라 제도화되고 교리의 껍질을 쓰게 되면서 처음의 진실은 약화되고 껍질은 더욱 두터워진다. 그 껍질은 다시 인간을 구속하게 되어 인간해방의 신앙은 결국에는 인간구속의 종교로 변질된다. 그러한 증상이 심한 곳이 신학교가 아닌가 생각되었다. 예수는 억압받는 영혼들에 대한 사랑을 가르쳤으나 오늘의 교회는 교리를 수호하고 교회기구를 발전시키기 위해 인간을 잃어버리는 우를 범하고 있다.

나는 큰 갈등에 부딪혔다. 여기에 오기까지 얼마나 큰 대가를 치렀던가. 지난날 방황하던 때에 신앙에 귀의하여 일생을 하나님께 의탁하고 신학교에 입학한다는 것은 모든 방황과 고뇌가 끝이 나고 평정과 환희의 세계로 들어가는 것으로 생각했었다. 그런데 여기에 도달해 보니 여기 역시 인간이 모이는 곳이었다.

드디어 나는 목사라는 직업인으로서가 아니라 한 순수한 인간으로서 사랑을 실천하겠다고 마음먹게 되었다.

목사란 칭호를 가지게 될 때 거기에 타성과 위선이 따르게 마련이다. 아무것에도 구속되지 아니하고 누구에게도 거리낌 없는 맨몸으로 나를 필요로 하는 이웃 속에서 살기를 원했다. 길가에 잡초처럼 밟히며 살아가는 민중 속에서 함께 숨 쉬며 웃으며 그리고 울며 예수를 전달하고 싶었다.

입으로 설교하는 목사가 아니라 몸짓으로 증거하는 예수의 제자가 되겠다고 나는 2학기 기말시험이 시작되던 날 짐을 싸서 대구로 내려갔다. 동급생들이 진심으로 만류했으나 나는 결심을 바꾸지 않았다.

신학교를 자퇴하고 대구로 내려온 후 나는 노동자들의 친구가 되기를 원했다. 노동자들과 함께 살며 그들의 기본권 확보를 위해 살기로 결심하고 마땅한 일터를 물색했다. 최종 학력 초등학교 졸업이라 쓴 이력서를 내고 철공소에 입사하였다.

나는 본래 체격이 빈약하고 생김새가 볼품없는 터라 무학이라 해도 다들 그렇게 인정할 만한 빈상(貧相)이었다. 국졸이라 쓴 이력서를 들고 ×철공소를 찾아갔더니 이와 같은 나의 외모를 보고 입사를 허락하였다. 출생 후 처음으로 외모의 덕을 본 셈이다.

×철공소의 사장님은 교회 장로로서 여러 교회를 세웠고 많은 헌금을 내어 전도사업을 하고 있어 훌륭한 신앙인으로 교계에 알려진

분이었다.

나는 일당 270원의 불 때는 화부로 채용되었다. 쇠를 녹이는 용광로를 관리하는 일로서 일주일씩 밤 근무 낮 근무로 교대하며 일하게 되었다.

회사에 출근하면서 나는 이상한 분위기를 느끼게 되었다. 내가 동료 인부들에게 예수 이야기를 하면 대개가 아주 불쾌한 반응을 나타냈다. "예수쟁이 말도 마!" "예수쟁이라면 신물 난다"고들 빈정대는 것이었다. 차츰 회사 사정이 알게 되다 보니 예수에 대한 그들의 반발을 이해할 수 있을 것 같았다.

신앙 좋다는 장로가 사장이요, 그 밑에 경영진 전부가 집사 아니면 장로들인데 노동자들이 받는 일당은 같은 계열의 다른 회사들보다 10퍼센트 정도 낮은 임금이다. 거기에 작업시간은 1시간 정도 더 길다. 더욱 나쁜 것은 매일 아침 전종업원이 모여 예배를 드리는데 그 때문에 30분을 더 일찍 출근해야 했다. 아침예배 때마다 출석을 부르고 예배 출석률이 나쁘면 월급봉투에 반영된다.

그러니 예수는 그들에게 있어 착취자요, 피곤한 새벽잠을 30분이나 빼앗는 악당인 것이다. 그러니 종업원들 입에서 가끔 "개새끼들, 자식새끼 낳아 예배당 보내면 같은 개새끼다"란 말이 나오는 것이다.

나는 예수를 믿으라고 전도하기 전에 회사 내의 이러한 상황부터 먼저 개선해야겠다고 마음먹었다. 그 판에 예수 운운해 보았자 "이 새끼야, 너그 예수 너그끼리나 해 먹어라"고 욕설이나 얻어먹었지 아무도 귀를 기울이려 하지 않았기 때문이다.

작업시간 중에는 같은 부서원들에게, 점심시간이나 출퇴근시간에는 다른 부서의 종업원들을 넓게 접촉하며 근로조건의 개선을 위해서는 노동자 스스로가 힘을 만들어야 한다, 회사 측의 선의를 기다리고 있을 일이 아니다, 노동자의 힘을 기르기 위해서는 노동조합을 만들어야 한다고 설득하기 시작했다.

'해 봐야 헛일'이라고 냉담해하던 동료들이 차츰 관심을 기울이고 술렁술렁하게 되었다. 그러자 회사 측에서 눈치를 채고 종업원 사이에 불온한(?) 움직임이 있는 원인을 파악하려고 애썼다. 작업 중에 몇 명이 불려 갔다 오고 하더니 드디어 나에게로 화살이 집중되었다. 나는 사무실에 불려가 입씨름을 했다.

"김 씨가 요사이 종업원들을 선동해서 데모를 준비하는 모양인데, 왜 그런 짓을 해요? 정신 나간 사람 아니오! 그런 짓 하면 빨갱이로 몰리는 줄 몰라요? 그런 짓 당장 그만두고 거기에 호응한 녀석들 이름을 대요!"

"이 회사가 부당한 노동조건 상태에서 강제예배를 드리는 것은 웃기는 일이오, 예배드리는 건 좋은데 적어도 타 회사와 대등한 급료와 작업시간을 갖춘 후에 예배를 드려야지, 급료는 더 낮고 작업시간은 더 긴데 아침마다 예배를 드리니 정신이 없는 건 내가 아니라 회사요, 나는 노동운동을 직업으로 하는 사람도 아니고, 다른 의도가 있는 사람도 아니오. 두 가지만 고쳐 주시오. 그러면 나도 가만있겠소" 하고서 임금의 정상화와 작업시간 단축을 건의했다. 상대는 목에 힘을 주고 "못하겠다면?" 하며 눈을 부라렸다.

"회사가 그렇게 못하겠다면 다른 도리가 없지 않습니까? 내 개인으로 대답할 성질이 못 되니 가서 여럿이 의논해서 대답하겠습니다"

하고 물러나오니 뒤통수에 대고 소리 질렀다.

"이거 어디서 순 빨갱이가 하나 들어왔어. 어디 두고 보자. 얼마나 길게 가나. 너 인마 나중에 살려 달라고 사정하지는 말아!"

나는 울컥 화가 나서 뒤돌아서며 말했다.

"우리는 노동법이 정하는 법 테두리 안에서 일을 할 테니까 회사가 부당하게 간섭하거나 방해하면 그때 일어나는 문제는 회사의 책임인 거요, 당신들도 상식이 있으면 생각을 해 봐요. 일당은 적고 일하는 시간은 긴데, 강제예배를 드리고 있으니 말이나 되는 소리요? 나도 예수 믿는 사람이지만 제발 당신들 예수 욕먹게 하지 말아요. 그리고 날 대할 때 조심해요. 서투르게 하다간 당신들 큰코다칠 테니까."

나는 큰소리를 한 번 쳤다. 그러나 홧김에 소리는 한 번 크게 쳤지만 처음 당하는 일이라 어떻게 일을 이끌어 나가야 될지 막연하기만 했다.

다음 날 오후, 회사 경영진의 간부 한 분이 작업장으로 나를 찾아왔다. 오늘 퇴근시간에 함께 나가서 저녁이라도 같이 하자고 했다. 나는 식사 대접 받을 일도 없고, 대접 받는다면 여럿이 같이 나가겠다고 했다. 그는 여유 있게 싱긋이 웃으며 "그러지 마시고 퇴근시간에 회사차로 모시겠으니 그리 아십시오" 하고는 돌아갔다.

회사 측의 태도가 갑자기 변한 것을 보고 그동안에 나의 신분을 조사해 본 것이 아닐까 하는 생각이 들었다. 같은 부서에서 일하는 동료들은 남의 속도 모르고 "김 씨 잘하면 출세하겠시다. 김 씨, 높은 자리 가거든 잘 봐주소" 하며 놀렸다. 나는 퍽이나 거북스러웠다. 작업반 동료들이 그 시간 후로 나에게 거리감을 보였기 때문이다.

작업종료 벨이 울리자 그동안에는 함께 퇴근하며 '우리 팔자 우리가 고치자'고 열을 올리며 대포잔을 나누었던 동료들이 이날은 나의 눈치를 슬금슬금 보며 뿔뿔이 흩어져 버렸다. 나는 노동자들이 눈치를 보며 살아 눈치만 발달해 있는 것에 울화가 치밀었다.

나 혼자 정문을 나서니 회사 소속 자가용차가 대기하고 있었다. 어느 한식 음식점에서 푸짐한 저녁식사를 했다. 낮에 나를 찾아왔던 간부가 나에게 말했다.

"선생님, 저희들은 선생님이 누구신 줄 미처 몰랐습니다. 이력을 그렇게 감추고 입사하시는 법이 어디 있습니까? 그간에 우리가 너무나 예가 아니게 대접한 것 같은데 용서하십시오. 그러나 선생님께서 신원을 숨기고 계셨기 때문에 선생님께도 책임은 있습니다. 뭐 지금 그 책임을 따지자는 건 아니고 결론을 먼저 말씀드리자면 저희 회사로서는 선생님같이 훌륭하신 실력자를 모실 만한 처지가 못 되니 선생님의 그 능력과 그 정신으로 좀더 좋은 곳에 가서서 일하는 것이 선생님께도 좋을 줄로 압니다. 이건 그동안에 수고하신 데 대한 인사로 드리는 저희 회사의 성의이니 받아 주시기 바랍니다."

그러고는 두툼한 봉투 하나를 나의 주머니에 찔러 넣으려 했다. 짐작건대 너의 뒷조사를 해 보니 우리 회사에 두었다간 재미없겠으니 이 돈 먹고 떨어져 달라는 이야기였다. 나는 그 봉투를 도로 내밀었다.

"호의는 감사합니다. 그러나 나도 이 회사에 들어올 때는 다 생각이 있어 들어온 것이고 또 시작해 놓은 일도 있으니 회사를 그만두는 건 아직은 시기상조입니다. 내가 다른 회사로 옮길 생각이 들면 그때 말씀드리겠습니다."

나는 시치미를 떼고 말했다.

"선생님, 그러지 마십시오. 선생님이 우리 회사에서 하시겠다는 일이 무슨 일인지 대충 짐작이 갑니다. 그런 일을 하셔서 피차간에 이익이 무엇입니까? 또 이런 말은 할 말은 아닙니다만 선생님은 애초에 우리 회사에 임시고용인으로 들어오신 겁니다. 법적으로도 임시고용인은 아무런 신분상의 보장이 없습니다. 저희들은 언제든지 선생님을 그만두시게 할 수 있습니다. 그러나 저희가 같은 신앙인으로서 그런 방식으로 끝낼 게 아니라 서로 원만하게 덕스럽게 해결하자는 뜻에서 오늘 이런 시간을 낸 것입니다. 선생님께서 굳이 저희 호의를 무시하신다면 방법이 없는 건 아닙니다."

"예, 좋습니다. 무슨 말씀이신지 이해가 갑니다. 저의 의사는 명백합니다. 저는 자의로는 이 회사를 그만둘 생각이 추호도 없습니다. 방금 하신 말씀에 저는 임시고용인이니 언제든 해고시킬 수 있다는 뜻의 말을 하셨는데 그야 그렇겠지요. 회사가 지금이라도 날 해고하면 난 해고당해야겠지요. 저는 법을 어겨가면서까지 일하겠다는 건 아닙니다. 난 단지 착취당하는 동료들을 위해 내가 할 수 있는 만큼만 하겠습니다."

"선생님께서 자꾸 착취 착취하시는데 듣기 거북한 말입니다. 그 말은 평양 쪽에서 쓰는 말 아닙니까? 우리 회사가 어찌 착취를 한다는 것입니까? 그래도 저희 회사가 있기 때문에 기백 명이 생계를 해결하게 되는 거 아닙니까? 만약 우리 회사가 문이라도 닫아 보십시오. 그

때 수백 명의 일꾼과 그 가족들은 누가 책임집니까? 아무튼 저희로선 선생님을 섭섭잖게 해 드리려 힘썼으니 그리 아시기 바랍니다. 만약에 선생님께서 다른 일을 하시려는 데 도움이 필요하다면 우리가 언제라도 도와 드리겠습니다. 예를 들어 선생님께서 신학을 하셨다니 만약 개척 교회를 하겠다면 사장님께 말씀드려 지원할 수도 있습니다."

나는 그 말에 기분이 상했다.

"사장님은 개척 교회 좋아하시는 모양인데 예수 뼈다귀 자꾸 울궈 먹지 말라 카소" 하고 말을 탁 뱉었더니 그도 얼굴이 시뻘게지며 혈압이 높아졌다.

"보자보자 카이 별소릴 다 듣겠구먼. 당신 뭘 믿고 그리 떵떵거리는 거요. 사람이 존 말 할 때 들을 줄 알아야제" 하고선 화를 못 삭여 시근덕거렸다. 나는 아들뻘 되는 내게 욕을 당하는 그가 딱하기도 하고 다소 미안하기도 해서 음성을 낮추며 차분히 말했다.

"내 말이 지나쳤으면 용서하십시오만 생각을 다시 한 번 해 보십시오. 예수 믿는 공장이 예수 안 믿는 공장보다 월급이 10퍼센트 싼데다, 작업 시간은 한 시간 정도나 더 기니, 합치면 월급이 20퍼센트가량이나 낮은 셈이지요. 그렇게 돈 벌어서 개척 교회를 여럿 지어 하나님께 바쳤다니 그게 말이나 되는 소리예요? 하나님이 소화가 안 될 일이지, 내 말은 개척 교회 세우지 말고 노동자들 급료나 제대로 주라 이겁니다. 그 돈으로 예배당을 지으면 하나님이 편할까요? 하나님이 몸살 나실 겁니다. 이만 합시다. 좌우지간 오늘 대접을 잘 받아 고맙습니다" 하고 일어서니 그는 나를 붙들고 다시 앉혔다.

"내 마지막으로 한마디만 더 합시다. 내가 나잇살이나 더 먹었으니 자식 같고 동생 같아 하는 말인데 거 몸 아끼시오. 세상살이 그렇게 쉽지 않습니다. 객기로 그러다가 다치면 어디 가서 하소연할 데 없습니다. 선생이나 나나 같은 신자로서 말인데 선생은 아직 세상 물정을 모릅니다. 신앙과 기업을 혼동해서는 안 돼요. 그래 회사를 신앙으로 운영할 수 있습니까? 지금의 한국 기업의 풍토에서 회사를 신앙으로 운영하려는 건 눈 감고 코 베어 가라고 광고하는 것과 같아요. 석 달도 못 되어 그 회사 거덜 납니다. '하는 말'에 개같이 벌어 정승같이 쓰랬다고 회사운영에는 다소 무리가 있더라도 그렇게 자금을 모아 하나님 사업에 쓰는 것이 좋지 않겠소이까. 내가 사장은 아니지만 사장님 입장이란 것도 있는 거예요. 그러니 회사가 표시하는 이 성의나 받고 그간에 인생 공부한 셈 치고 우리 헤어집시다. 이 좁은 대구 바닥에서 늘 만나며 살 사람들 아니오" 하고 봉투를 나에게 다시 주려 했다. 나는 재빨리 일어서 먼저 나오며 말했다.

"죄송합니다. 내가 괜히 고집 부리는 거 같아서요. 내가 뭐 힘이 있거나 꾀가 있는 게 아닙니다. 난 그저 노동자들의 친구가 되어 예수님을 전했으면 하는 뜻으로 왔는데, 지금 일꾼들의 형편이 하도 딱해서 이렇게 하는 것이 저들을 도울 수 있는 것이고 또 주님의 뜻이라고 생각해서 움직이는 것뿐입니다. 회사 측에서 조금만 돌려 생각하면 문제는 간단히 해결될 것입니다. 어차피 처우 개선해야지 이 상태로야 얼마나 더 가겠습니까?"

이튿날부터 회사의 분위기는 살벌해지기 시작했다. 노동조합 결성이 구체적으로 진행되기 시작했기 때문이다.

나는 각 부서별로 대표를 정하고 대표자회의를 우리 용광로실에서 가진 후, 각 부서 책임자들에게 노동조합 가입 지원자들의 서명날인을 다 받게 하고 매일 일과 후 모여 상황보고와 토론, 그리고 대책을 세워 나가기로 했다.

회사는 우리 중심 멤버들이 다른 종업원들과 접촉하지 못하게 하면서 한 사람씩 불러 설득도 하고 엄포도 놓았다.

그런대로 그 주간이 지나고 내가 밤 근무하는 주간이 되었다. 밤 근무 때는 정말 피곤했다. 저녁 7시부터 다음 날 새벽 6시까지 11시간을 용광로 앞에 섰다가 아침에 퇴근할 때면 다리가 붓고 눈이 팽팽 돌아 현기증이 났다. 어떤 때는 현기증으로 길가 담벽에 기대섰다가 가곤 했다. 노동조합 결성작업을 정식으로 시작한 뒤 처음 밤 근무하는 날이었다.

새벽 2시경이면 졸음을 견디기 어려운 시간이라 잠을 떨치기 위해 바깥바람을 쐬고 들어가는 때가 잦았다.

내가 맡은 부서에는 두 대의 용광로가 있었다. 용광로라 하나 쇠를 녹이는 용광로가 아니고 불을 때서 쇠에 열을 가하는 가마였다. 말하자면 숯 굽는 가마와 흡사했다. 하나는 큰 가마고 다른 하나는 조그마한 가마였다.

화부가 하는 일은 공기와 기름이 나오는 두 파이프의 도수를 조절하는 일과 가마 속에 반제품을 넣고 일정한 온도가 되면 끄집어내어 식히는 것이었다. 그 작업은 고되고 다소 위험했다. 바람과 기름이 나오는 도수 조절을 잘못하면 가마가 폭발하는 수가 있다 해서 화부들은 퍽 조심들을 했다.

그런데 그날 새벽 2시에서 3시 사이에 밖에 나가 바람을 쐬며 쏟아지는 졸음을 깨우고 들어왔더니 함께 일하는 조원이 자리에 없었다. 그 방에서는 항상 둘이서 함께 일했다. 한 사람이 밖에 나갈 때는 다른 한 사람이 그 자리를 꼭 지키게 되어 있는 것이었다.

나는 내 짝이 보이지 않는지라 이상히 생각하며 양쪽 가마에 이상이 없는지 살폈더니 작은 가마에 뭔가 이상이 있는 것 같았다. 어딘가 잘못된 것 같기에 조절기에 손을 대는 순간 '쾅!' 하는 소리와 더불어 불길이 내 얼굴을 확 덮쳤다.

나는 의식을 잃고 쓰러졌다. 잠시 후 나를 흔들며 "김 씨, 김 씨" 부르는 소리에 눈을 떠 보니 다른 부서의 일꾼들까지 모두 나를 둘러서서 내려다보고 있었다. 상처는 다행히도 대단치 않았다. 앞 머리털과 눈썹이 다 타 버리고 얼굴에 화상을 입었으나 심한 상처는 없었다. 나의 짝이 이러쿵저러쿵하며 사과를 하였으나 나는 낌새를 채고 아무런 대꾸도 하지 않았다.

새벽이 가까워 오니 화상 입은 얼굴 피부가 따끔거리고 아려서 괴로웠다. 사무실 쪽에 연락이 된 것 같았으나 아무도 나와 보는 사람이 없었다.

나는 집에 와서 며칠을 들어앉아 연고를 사다 바르고 타 버린 눈썹과 머리털이 자라기를 기다렸다.

며칠 후, 회사에서 그동안 일한 날짜에 따른 임금과 해고통지서가 우편으로 도착했다. 해고 이유는 무단 장기결근이었다.

나는 노동운동의 원리나 방법을 들은 적도 없었고 주위에 자문 받을 만한 선배도 없었다. 나는 너무나 막연하여 제풀에 주저앉을 수밖에 없었다. 말하자면 제1라운드에서 완전히 케이오패 당한 셈이었다. 체면이 말이 아니었다. 자존심은 상할 대로 상하여 몸과 마음이 거지 발싸개같이 되었으나, 나 혼자의 힘으로는 힘을 써 봤자 앉은뱅이 힘주기였다.

기업주의 횡포에 착취당하는 근로자의 권익을 위해 투쟁함으로 현대화된 예수가 되어 보려던 패기는 사라지고 패잔병처럼 기가 죽어 있었다.

나는 첫 판에 호되게 당해 버려서 심신의 피곤을 느끼고 대구 근교 경산 메노나이트 고등학교에서 성경을 가르치며 몇 달 휴식한 후 1971년 3월 신학교에 복교했다.

제도화된 종교는 생명력이 없고 직업화된 성직자는 위선에 빠지게 된다며 순수한 평신도로서 생활 속에서 복음을 실천하겠던 그 정열은 한때의 객기로 사라져 버렸다. 나는 나 자신의 자존심을 달래기 위해 합당한 변명을 찾아야 했다. '아무래도 일을 하려면 제도나 조직을 떠나서는 안 되겠다. 현대와 같이 조직화된 사회 속에서 제도와 조직을 기피할 것이 아니라 이용해야 한다. 교회라는 조직이 생명력을 잃었다면 그 속에 생명력을 불어넣으면 될 것이 아닌가? 조직이란 성령이 역사할 수 있는 그릇이다'라고 생각하며 신학교로 다시 돌아온 것이다.

신학교에 복교하면서 나는 다소 철이 들고 안정이 되어 열심히 공부하게 되었다. 말로만 듣던 칼빈의 책도 읽고 기도생활, 성경연구 등의 영적 훈련을 쌓으려 애썼다.

그런데 내가 신학교 생활에서 큰 곤혹을 느낀 것은 성령의 은사 문제, 특히 방언 때문이었다. 동급생 중에 상당수가 성령의 체험과 은사를 가지고(?) 있었다. 방언, 방언통역, 방언쓰기, 진동, 영분별, 병자안수 등의 은사를 받은 동급생들이 그런 은사를 받지 못한 우리들에 대하여 약간 열등신앙인시(劣等信仰人視)하는 태도를 보일 때는 어리둥절하였다.

처음에는 방언으로 기도하는 친구들에게 "왜 세종대왕 이래로 발달하여 온 한글을 두고 그렇게 랄랄랄… 하는 이상한 말을 해야 하느냐"고 묻기도 했다. 그러나 대전대학 출신의 이 전도사가 병자를 기도로 즉석 치료하는 것을 보고는 나는 기가 팍 꺾였다.

열이 불덩이같이 달아오르며 숨도 제대로 쉬지 못하는 어린이를 이 전도사가 머리에 손을 얹고 "주여! 믿습니다" 하고서는 한참 기도를 하니 아기가 "앙" 울음을 터뜨리고 금세 열이 내리는 것을 곁에서 보았던 것이다.

그날 저녁에 나는 이 전도사에게 물었다. 나도 그 방언을 배우려면 어떻게 하면 되느냐, 방언하는 요령을 가르쳐 달라고 통사정했다. 이 전도사는 아주 기뻐하면서 "히야, 김 형이 이제 고꾸라지겠구먼. 매달려야지요. 매달려 구하면 주십니다"고 대답했다. 나는 "그냥 막연하게 매달리면 된다고 하지 말고 구체적으로 설명을 해 보소" 하고 재촉하였더니 "김 형, 그러지 말고 소나무 하나 뽑으시오"라고 정색을 하며 말했다.

나는 소나무를 뽑으라는 것이 무슨 말인가 해서 되물었다.

"소나무는 왜 뽑소. 소나무 뽑는 거와 방언하는 것과 무슨 관계가 있소?"

"김 형이 하나님께 간절히 매달리면 주신다는 말입니다. 소나무 뽑는다는 말은 산기도 가서 소나무를 잡고 그 소나무가 뽑힐 만큼 전심전력 기도드리면 된다는 말입니다. 김형이 그렇게만 하면 성령 충만 은사 충만의 역사가 있을 거요."

나는 그 말을 듣고 그대로 한번 해 보기로 마음먹었다. 5월 5일 어린이날의 휴일을 이용하여 세검정에 있는 삼각산 특별기도원으로 갔다. 기도원 뒷산에 올라가 알맞은 자리를 물색했다. 판판한 바위 곁에 나지막한 소나무 한 그루가 있었다. 두 손으로 소나무의 밑동을 잡아 보니 만만했다. 나는 꿇어앉아 기도했다.

"하나님, 남들이 하는 방언을 나도 하고 싶습니다. 오늘 나에게 방언을 허락하시기 바랍니다. 허락하시기 전에는 이 자리에서 일어나지 않겠습니다."

나는 양손으로 소나무 밑동을 움켜쥐고 열렬하게 "주시옵소서"를 계속했다. 오전에 시작한 기도가 저녁때가 되어도 아무런 변화가 없었다.

나는 다시 분발하여 방언 주시고 성령 충만하게 해 달라고 기도했다. 그래도 아무런 낌새가 없었다. 무릎은 아프고 허기는 지고 견디기가 심히 괴로웠다. 그런 중에 전연 딴 생각이 들었다.

내가 그래도 받은 은혜가 있고 주님께서 피 흘려 내 죄를 사하신 확신이 있고, 하늘나라 생명책에 내 이름이 기록된 감격이 있는데 나에게 방언이 꼭 필요한 것인가? 이미 받은 바 확실한 은혜가 있으니 받은 대로 먼저 실천하고 살면 나머지도 필요하면 주님께서 필요한 때에 허락지 않으실까? 구태여 방언을 꼭 받으려는 건 나의 욕심이 아닐까?

이러고 있지 말고 내려가서 내가 이미 믿고 있는 만큼의 신앙대로 전도해야겠다는 마음을 먹고 산을 내려왔다.

동대문 고속버스 터미널로 갔다. 터미널 휴게실에서 나는 노방전도를 했다. 휴게실 한가운데 서서 나는 용기를 내어 연설했다.

"여행을 앞두고 계신 여러분의 귀를 잠시 빌리겠습니다. 나는 예수 그리스도의 제자로서 내가 믿고 있는 신앙을 여러분에게도 전하고자 합니다. 여러분! 예수께서 말씀하셨습니다. 내가 곧 길이요, 진리요, 생명이다. 나는 믿는 자는 죽어도 살고 영원히 살리라고 하셨습니다. 여러분! 고속도로는 사망의 길이요, 예수 그리스도께서는 생명의 길입니다. 예수를 여러분의 주인으로 모심으로 생명을 누리십시오."

그랬더니 경비원이 와서 나의 멱살을 움켜잡고 바싹 조이며 나를 치려고 했다.

"이 새끼가 무슨 정신 나간 소릴 하는 거야. 뭐 고속도로가 사망의 길이라고? 누굴 망하라고 그 따위 재수 없는 소릴 하는 거야."

나는 깜짝 놀라 본의가 그런 것이 아님을 해명하며 극구 사죄하고 터미널에서 쫓겨났다. 내가 생각해도 고속도로는 사망의 길 운운한 것은 잘못했다.

설교 잘못하고 터미널에서 쫓겨나기는 했어도 내 마음은 기뻤다. 내가 믿는 바를 대중 앞에서 입으로 시인하며 외치는 것은 나를 대담하게 만들었으며 나의 믿음에 자신이 더욱 넘치게 했다. 이제 방언은 관심조차 없어지게 되었다. 나에게 방언이 필요하다고 하나님께서 판단되시면 언제든지 주실 거라고 생각하게 되었다. 현재는 내 마음이 이렇게 기쁜 것만으로 족하다고 생각했다.

광나루의 신학교 기숙사로 들어가는 길에 버스 속에서 나는 설교했다.

"여러분! 여러분 얼굴이 왜 그렇게 지치고 피곤해 보이십니까? 여러분의 마음속에 예수 그리스도께서 계시지 않기 때문입니다. 예수께서는 말씀하셨습니다. '내가 너희에게 평안을 주노니 내가 주는 평안은 세상이 주는 평안과는 다르다' 세상의 평안은 일시적인 것이나 예수님께서 주시는 평안은 영원한 것입니다. 샘에서 지하수가 솟아나듯이 우리 마음에서 항상 솟아나는 평안과 감사가 주님이 주시는 것입니다. 여러분도 나처럼 예수를 믿고 멋있게 기쁘게 살아갑시다."

이번에는 차장 아가씨가 말했다.

"아저씨, 좀 조용해 주세요."

"예, 소란케 한 건 미안합니다. 그런데 아가씨는 예수 믿습니까? 아가씨도 예수를 믿게 되면 조용해지지 못합니다. 예수를 믿으세요."

"그렇게 좋은 예수, 아저씨 혼자 믿으세요."

차장 아가씨는 눈길이 쌜쭉해지며 말을 톡 쏘았다.

나는 종점에서 내려 기숙사로 올라가며 바보처럼 벙글벙글 웃었다. 대구에서 노동운동이 우습게 끝나 버린 후로 나는 새로운 일을 찾고 있었다. 신학교에서 공부하면서 계속 기도했다.

"주님, 내가 주님을 어떻게 섬겨야 할지 가르쳐 주시옵소서."

# 빈민선교의 첫발

그해 여름방학에 주님께서는 나에게 내가 하여야 할 일을 보여 주셨다. 그 일은 '활빈'(活貧) 즉 '신앙으로 가난을 이기자'는 활빈에의 사명이었다. 이제부터 내가 활빈 사명을 받고 활빈교회를 창립하기까지의 과정을 이야기하고자 한다.

대구에서 올라와 복교한 해의 여름방학에 연희동 빈민지구에서 도시선교 훈련을 받게 되었다. 연세대학교 부설 도시문제 연구소에서 신상길 목사의 지도로 도시 빈민지역에서의 선교활동을 훈련하는 과정이었다. 신상길 목사님은 연희동 산비탈에 밀접하여 있는 판자촌을 선교 훈련 지역으로 선정하고 우리 훈련생 일곱명을 투입했다.

그 판자촌에는 주로 농촌에서 이농한 2백여 세대가 가파른 산비탈에 판잣집을 짓고 살고 있었다. 그런데 우리가 들어간 직후 폭우가 쏟아지더니 마을에 산사태가 났다. 판잣집 5동이 산사태로 인해 몇 사람의 사상자가 났다.

사망자 중에 초등학교 3학년인 아이가 있었다. 산이 무너질 때 아이의 부모는 심한 부상을 입어 병원에 입원하였고, 죽은 아이는 방치되어 있었다. 아이의 시체는 여름 뙤약볕 아래 가마니 한 장이 덮여진 채로 있었다. 아이의 시체에는 파리 떼가 모여들고 있었고 아이의 시체 곁에는 100점이 표시된 산수공책이 펼쳐져 있었다.

시체를 빨리 치워야겠는데 아이의 부모님은 아직 병원에 입원 중이었고 동사무소에서는 바빠서 미처 손이 미치지 못하고 있었다.

신상길 목사는 우리 훈련생들에게 그 아이의 장례식 집행을 과제로 맡겼다. 장례식을 치르되 우리가 가진 돈으로 치르면 안 된다면서 우리가 가진 주머닛돈을 다 거두어 가 버렸다. 맨손으로 알아서 처리하라는 것이었다.

우리는 아이가 살던 집의 이웃집들을 방문하여 알아본 결과 죽은 아이의 가정은 산 아래 부자마을에 있는 교회에 다니고 있었음을 알게 되었다.

우리는 교회로 찾아갔다. 목사님을 찾아뵙고 '저 위 산비탈 판자촌에 산사태가 나서 몇 사람이 죽고 다쳤는데 그 중에 목사님 교회에 다니는 교인 가정이 있다. 부모는 다쳐서 병원에 입원해 있고 아들은 죽어 그 시체가 방치되어 있다. 교회에서 아이의 장례에 좀 협조하여 달라'고 부탁했다. 우리는 목사님께서 쾌히 협조해 줄 것으로 생각했고 필요한 장례비용을 우리에게 주면 우리가 장례를 맡아 치를 계획이었다.

그런데 의외로 목사님께서 난처한 표정을 지으며 "이번 주일 당회를 열어 의논하겠습니다"고 대답했다.

우리는 아연실색했다. 지금이 목요일인데 이번 주일 당회를 열어 의논하겠다니 무슨 엉뚱한 말인가.

우리는 목사님에게 시체가 이미 부패해 가고 있어 그렇게 오래도록 둘 수 없다고 말했다. 목사님께서는 그 가정을 잘 모르시는지 모르겠으나 그 마을에서는 그 가정이 이 교회의 교인이라 해서 우리가 이리로 찾아온 것이니 선처해 달라고 거듭 부탁했다.

목사님은 무표정하게 "예, 이 문제는 장례비 일체를 우리 교회에서 부담해야 할 것 같은데 이런 문제는 나 개인으로는 결정할 수 없고 아무래도 당회의 공식적인 의견을 거쳐야겠습니다"고 대답했다.

나는 울화통이 치밀어 올랐으나 꾹 참고 "목사님, 물론 교회 사정이 있으시겠습니다만 사정이 급하니 장례비를 선지출하시고 후에 당회에서 의논하시는 것이 어떻겠습니까?"하고 공손히 말했다. 목사님은 나를 힐끗 보더니 "난 이제 그만 들어가 보겠습니다. 여러분을 못 도와 드려 안됐습니다" 하고선 들어가 버렸다.

욕설이 목구멍까지 올라왔으나 동기 훈련생들 앞에서 신학생이 목사 욕하는 꼴을 보여 줄 수가 없어 앞서 교회당을 나왔다. 나는 "아마 우리가 작업복 차림으로 찾아가서 우리를 돈 뜯으러 다니는 사람들로 오해한 것 같다"고 어색한 분위기를 얼버무렸다.

나는 속으로 '도시 교회들이 무언가 크게 잘못되어 가고 있구나' 하고 생각했다. 뱃속이 도무지 편하지 않았다.

우리는 아이의 시체 곁으로 돌아와 다시 머리를 맞대고 회의를 가졌다.

"자, 그러면 장례를 어떻게 치른다지" 하며 의논을 하였으나 예산이 들어야 되는 일인데 우리들은 모두 빈 주머니인지라 엄두가 나지 않았다.

그때 어떤 신사 한 분이 다가오더니 우리에게 말을 걸었다.

"선생님들이 이 아이를 장례하시려는 분들입니까?"

"예, 사정이 딱해서 우리들이 좀 도울까 하여 의논하고 있습니다."

"아 그러세요, 고마운 일입니다. 들으니 아이의 부모님은 둘 다 병원에 입원해 있다는데 우리도 장례를 좀 도울까요?"

나는 참 훌륭한 분이라 생각하고 주위의 아낙네들에게 물었다.

"저 어른이 누구십니까?"

"그 선생님은 호랭교 선생님입니다."

"아주머니, 호랭교가 뭡니까?"

"거 왜 있잖수. 아침마다 찬 물 떠놓고 동쪽으로 절하며 남무호랭이새끼 하면서 일본말로 경을 외는 교 말이오. 경 욀 때마다 호랑이새끼를 찾는다고 호랭이교라고들 한답니다. 그 교를 믿으면 병 낫고 부자 된대요."

그제야 일본 종교인 일련정종 창가학회인 줄을 알아차렸다. 아마 저 신사가 창가학회의 포교사인 모양이다. 그런데 그가 장례를 돕겠다고 자진하여 나선 것이다. 나는 다른 동기 훈련생들과 포교사가 대화하고 있는 중간에 끼어들며 말했다.

"선생님께서 이렇게 관심을 가져 주셔서 감사하지만 아이의 장례식은 우리가 이미 준비하고 있습니다."

나는 그가 이 일에 끼어들지 못하게 막았다. 그는 이상하다는 눈을 하며 나를 보더니 "그래요? 그러시다면 나도 장례비에 보탬 되게 기부나 좀 하지요" 하고선 5천 원짜리 한 장을 빼 준 후 "수고들 하세요" 하고는 사라졌다.

자초지종을 지켜보던 주민들이 말했다.

"거 일본 것이거나 말거나 사람들의 행실은 된 사람들이여. 저래야 쓰는 거여. 그놈의 예수쟁이 예배당놈들은 몇 번 연락해도 와 보지도 않았잖나."

나는 혼자 얼굴이 붉어졌다. 우리는 그 돈과 시계 하나를 전당포에 잡힌 돈으로 장례를 치렀다.

몇 번씩 연락하여도 와 보지도 않는 교회와 일부러 찾아와서 장례비용을 주고 가는 창가학회, 둘을 두고 주민들의 관심이 어느 편으로 쏠릴 것인지는 자명한 것이었다.

당시에 창가학회는 도시 빈민계층, 영세 노동자들, 농어촌에 그런 식으로 파고들어 자칭 23만 세대 100만 교도를 자랑하고 있었다. 그들이 가난한 사람들에게 전하는 메시지는 간단하고 구체적이었다. 신앙심을 가지고 경문을 열심히 외우면 육신의 질병이 물러가고 물질의 축복을 받아 부자가 된다는 것이었다. 그들은 내세를 이야기하지 않는다. 시달리고 지친 영세민들에게 치병기복신앙(治病祈福信仰)으로 눈앞에 보이는 복을 약속한다.

절복(折伏)이라는 방법으로 행하는 그들의 포교활동은 철저하다. 기독교식으로 말하면 맨투맨하는 개인전도 방법이다. 훈련된 신도들이 한 사람 한 사람씩 만나 간증과 사례제시로 전도하는 것이다. 또 지역별로 그룹 모임을 열고 이웃을 초청하여 병 나은 체험과 부자 된 사례를 전달함으로써 가난하고 병든 이들의 허점을 파고드는 것이었다.

그들을 방치해 둔 채 왜색종교 운운하고만 있으면 교회는 영세민 지역에서만은 창가학회에 밀려날 것이라 생각되었다.

나는 그날 이후로 서울 시내의 빈민촌 실태에 대해 깊은 관심을 가지고 현지를 답사하여 실정을 파악하고 자료를 모으기 시작했다. 빈민 지역의 실태를 알면 알수록 빈민들을 위해 일해야겠다는 생각이 굳어져 갔다.

당시에 서울시에는 18만 5천 동의 무허가 판잣집이 있었다. 판잣집 한 동에 세 들어 살고 있는 세대의 평균이 2.2세대였으므로 서울 시내에서 전 판자촌 인구는 무려 40만 7천 세대였다. 세대당 평균 식구를 5명으로 잡아 2백만을 넘는 인구가 판자촌에 살고 있었다. 서울시의 변두리를 그린벨트가 싸고 있듯이 서울시 중심가인 청계천에서부터 중량천을 거쳐 변두리에게까지 판자촌 벨트가 형성되어 있었다. 서울시 인구 6백만의 3분의 1이 판자촌에 거주하고 있는 것이었다.

이 방대한 판자촌 인구에 대한 교회의 영향력은 어떠했을까? 한마디로 교회의 영향력이나 역할은 거의 전무한 상태였다. 이에 비해 창가학회는 판자촌 곳곳에 뿌리를 박고 상당한 영향력을 행사하고 있었다. 판자촌 주민들은 샤머니즘의 풍토에 깊이 젖어 있어, 가는 곳마다 무당이 성행 중임을 알리는 깃발이 나부끼고 있었다.

판자촌을 답사하면서 주민들과 대화를 나누는 중에 한번은 이전에 교인이었다가 지금은 교회에 나가고 있지 않는 분을 만나 이야기를 나누었다.

"왜 교회에 계속 나가시지 않고 그만두셨습니까?"

"교회요! 좋지요. 나가야지요. 그렇지만 돈을 벌어야 나가지요."

"아니 교회 나가시는 데 돈이 왜 필요합니까? 하나님께서 아무나 값없이 구원을 받으라 했고 예수님은 가난한 자들에게 복음을 전하러 오셨다고 했는데 어째 돈 이야기를 하십니까?"

"예수님은 가난한 자를 위해 왔는지 모르지만 어디 교회야 가난한 사람 다닐 덴가요! 돈이 있어야 교인행세하지요. 교회는 돈 있는 사람이 다닐 곳이지 우리 같은 노가다는 낄 수 없는 곳이에요."

나는 그분의 말을 깊이 생각했다. 그분의 말이 오늘의 한국 교회에 대한 고발이 아닐까? 나는 가난한 자들을 위한 교회를 세워야겠다는 생각이 더욱 간절해졌다. 그렇다면 많은 판자촌 중에 어느 지역에 들어가 교회를 세우고 일할 것인가 하는 데까지 생각이 발전했다. 이리하여 나는 교회를 세울 후보지역을 물색하러 다니기 시작했다.

1971년 8월 6일이었다.

나는 청계천 지역을 답사하게 되었다. 서울의 번화가를 가로질러 흐르는 청계천은 옛날엔 물이 맑아 청계천(淸溪川)이라 불렀는지 모르겠으나 지금은 온갖 오물을 담고 악취를 풍기며 흘러 한강으로 굽어든다. 이 청계천이 6가를 지나 3·1 고가도로가 끝나는 지점에서부터 양편 제방을 끼고 판자촌이 밀집되어 있었다. 통산 1만 2천여 세대 6만여 주민이 비좁은 틈에서 살고 있었다.

나는 고가도로가 끝나는 곳에서부터 시작하여 하류로 살피며 내려갔다. 아래쪽 한양대학교 뒤편에 천여 세대가 살고 있었다. 행정 구역을 물으니 여기가 성동구 송정동 74번지라 했다. 그 지역이 마음에 들었다. 같은 판잣집들이지만 송정동 74번지 내에 살고 있는 1천6백여 세대는 더욱 초라하게 보였고 생활수준이 판잣집들 중에서도 맨 밑바닥인 것 같았다.

이 지역에서 김종길이란 청년을 만났다. 아내와 아들 하나 세 식구의 가장이었다. 그의 집으로 초대받아 가서 밀가루 수제비를 대접받으며 이야기를 나누었다.

김종길 씨는 전남 장흥 출신으로 나이는 나보다 한살 위인 1940년생이었고 잘 믿어 보려 애쓰는 교인이었다. 그는 판자촌에 살고는 있지만 헌신적이고 의협심이 강했으며 종교성이 대단히 강한 분이었다.

우리는 만난 첫날에 뜻이 통하는 사이가 되었다. 그는 내가 판자촌에서 일하고 싶어하는 취지를 알고는 쌍수를 들어 환영하며 이 송정동 판자촌에서 일하자고 제의했다.

헤어질 즈음 그는 옆방 주인집 아들이 수년간 병중에 있는데 이제 거의 죽게 되었다고 했다. 배에서 고름이 나와 매일 한 재떨이씩 받아 내고 있는데 참 불쌍하다고 했다. 나는 그 말을 듣고 가련한 생각이 들어 한번 만나고 싶었다. 그 아이에게 안내해 줄 수 없겠느냐, 한번 가서 기도라도 함께 하고 싶다고 했더니 김종길 씨는 선뜻 나서며 옆방으로 나를 데리고 갔다.

71년 8월 6일 오후 2시경이었다.

이 한 번의 방문이 나에게 결정적인 출발점이 될 줄은 몰랐다.

한낮인데도 어두침침한 방이었다. 아랫목에 때묻은 요가 있었고 병든 아이가 누워 있었다. 어머니처럼 보이는 40대의 아주머니가 곁에 앉아 있었다. "실례합니다. 들어가도 되겠습니까?" 하니 들어오라고 했다. 어떻게 오셨느냐고 묻기에 어린 환자가 있다길래 위문하러 왔다고 했다. 소년의 어머니는 고맙다는 인사를 하고서는 한숨을 푹 내쉬었다. 그리고 아무 말 없이 앉아 있었다.

나는 소년을 보았다. 그리고 온몸이 섬뜩해져 옴을 느꼈다. 뼈마디가 졸아드는 느낌이었다. 나는 옆의 사람이 눈치 채지 않게 몇 번이나 몸을 뒤틀고 어깨를 움찔거렸다. 창자가 뒤틀리는 듯했다.

인간이 어떻게 저렇게도 비참해질 수 있을까? 팔다리는 손가락처럼 가늘었고 배는 올챙이처럼 부풀어 있었다. 움푹 패여 들어간 눈자위에 죽음의 그림자가 머물고 있었다. 배꼽 둘레로 천을 찢은 붕대가 감겨 있었는데, 배꼽에서 오른쪽으로 5센티 정도 위쪽에 구멍이 나 있었고 그 구멍에서 고름이 흐르고 있었다. 찐득한 고름 주위로 파리 떼가 달라붙고 있었다.

소년의 어머니가 부채로 파리 떼를 쫓고 있었다. 나를 쳐다보는 아이의 눈은 초점이 없는 뿌연 눈이었다. 나는 끓어오르는 격한 마음을 누르며 생각했다. '지옥이 있다면 바로 이러할 것이다.' 누군가에 대하여 분노가 솟구쳤다.

왜 한 생명을 저렇게 되도록 방치했을까?

누구의 죄 때문일까?

누구의 죄 때문에 어린 생명이 저 지경에까지 이른 것일까?

나는 저 소년은 우리 모두의 죄로 저렇게까지 된 것이라 생각했다. '어른들의 탐욕 때문에 저 어린 것이 지옥에 떨어져 있는 것이다. 우리 모두가 각기 제 자신만 생각하고 이웃에 대한 사랑을 잃어버렸기 때문에 이 고귀한 생명이 이런 비참함을 당하는구나' 하는 생각이 들었다. 나는 이 아이를 인간으로 회복시키는 일에 전력을 다해야겠다고 생각했다. 이 소년을 결코 죽게 해서는 안 된다. 이 소년이 이 상태로 죽는 것은 인간 양심의 죽음이요, 한국 교회의 사망이다. 절대로 살려야 한다고 속으로 외쳤다.

"언제부터 아팠습니까?"

"다섯 살 때 아파서 침을 맞고 고쳤는데 지난해 가을부터 재발하더니 갑자기 심해졌습니다."

"배에서 고름이 나오기 시작한 지는 얼마나 되었습니까?"

"약 두 달 전부터예요."

소년의 이름은 김학형이고 나이는 열두 살이었다. 병원에 가서 진찰이나 치료를 받아 봤냐고 물으니 어려서 침 맞으러 다녔고 지난 해 재발한 후로는 병원에 가지 못했다고 했다. 처음 아플 때 감기인 줄 알고 감기약을 사 먹인 것 외에는 약을 먹이지 못했다는 것이다. 지금은 아버지가 매일 한 번씩 고름 나오는 자리를 알코올로 소독하고 있다는 것이다. 고름이 계속 저렇게 나오느냐고 물으니 하루에 한 종기 정도씩 매일 받아 낸다고 했다.

"힘을 합하여 학형이를 고칩시다."

"이젠 늦은 것 같습니다. 그래도 죽기 전에 진찰이라도 받아 보고 무슨 병인지나 알고라도 죽는다면 죽은 후에 한이나 없겠습니다."

나는 눈을 뜬 채 기도했다.

'주님, 살아 계신 주님. 상한 갈대도 꺾지 않으시고 꺼져 가는 촛불도 끄지 않으신다 하신 주님. 이 아이를 죽게 버려 두시렵니까? 주님 심정도 내 심정과 같으시겠지요? 주님, 이 아이에게 너무하시지 않았습니까? 어른들의 죄를 어른들에게 갚으셔야지 왜 티 없는 어린 것에게 갚으십니까? 주님 내가 먼저 회개하오니 이 생명을 살려 주옵소서. 그로 하여금 밝은 웃음을 되찾게 하시고 맑은 눈동자를 회복시켜 주옵소서. 인간의 죄와 고통과 약함을 구원하시기 위해 피 흘리시고 죽으시고 묻히시고 부활하신 예수님. 예수님의 이름을 받들어 기도드립니다. 아멘.'

기도를 마치고 그날은 그냥 되돌아왔다.

다음 날, 나는 2천 원을 주머니에 넣고 학형이네로 갔다. 어머니에게 "아이를 병원에 데려가 보겠으니 함께 갈 만한 사람 없겠습니까?" 했더니 아이의 아버지를 모시고 왔다. 다부진 체격의 오십대 남자였다. 서로 인사를 나눈 뒤 내가 물었다.

"어제 이 마을에 들렀다가 댁의 아드님을 보고 오늘 병원에 갈 준비를 해서 왔습니다. 함께 가실 분이 있으면 좋겠는데 시간을 내실 수 있겠습니까?"

"내 자식을 위해 그렇게 염려해 주시는 것은 고마우나 이미 버린 자식이니 수고를 끼칠 필요가 없겠습니다."

그는 딱 잘라 대답했다.

"한 인간의 생명이 천하보다 귀하다 했는데 어찌 보고만 있겠습니까? 댁의 아드님이라고만 생각하시면 안 됩니다. 나의 동생이자 하나님의 아들입니다. 내 짐작으로도 희망 없는 것으로 생각됩니다. 그러나 인명은 재천이란 말도 있잖습니까? 이 세상에 절대로 기적이 없는 것도 아니니 한번 최선을 다해 봅시다."

그는 제 자식을 위해 그렇게까지 염려해 주시니 감사하다고 하면서 "난들 어찌 내 살붙이를 두고 그렇게 무관심할 수 있겠소이까만 워낙 생활의 바탕이 없어 호구지책에 쫓기는 터라 저 애를 병원 한번 데려가 보지 못하고 죽이게 됐으니 아비로서 한이 맺힙니다. 꼬챙이 같이 마른 몸에서 고름을 받아 낼 때마다 차라리 내 손으로 목을 눌러 죽여 버렸으면 이런 고생이라도 시키지 않을 텐데 …… 하고 생각할 때가 많습니다"고 했다. 그래서 요사이는 울화통이 터져 술을 더 마신다는 것이었다.

나는 선생님의 심정을 십분 이해할 것 같다고 하고서 둘이서 병원에 데려가 보자고 했다. 그가 돈 걱정을 하기에 오늘 쓸 비용은 내가 충분히 마련해 왔으니 안심하시라 하고서는 나는 밖에 나가 택시를 잡아 왔다.

우리는 학형이를 간신히 차에 태워 을지로 6가에 있는 중앙의료원으로 갔다. 중앙의료원에 가서 무료치료의 혜택을 받고 싶다고 하였더니 사직공원 옆에 있는 시립아동병원으로 가서 절차를 밟아 이곳으로 오라고 했다.

다시 택시를 타고 시립아동병원으로 갔다. 아동병원에 가서 중앙의료원에서 보내서 왔는데 무료치료의 절차를 밟게 해 달라고 하였더니 '생보자 증명서'란 걸 해오라고 했다.

평생 처음 듣는 말이라 의사에게 "생보자 증명서란 것이 뭡니까? 어디서 하는 겁니까?" 하고 물으니 동사무소 가면 해 준다고 했다. "동사무소에서는 누구든 가면 해 줍니까. 안 해 주면 어쩝니까?"고 또 물었더니 의사는 인상을 팍 쓰면서 "약국에 가 약이나 사 먹이시오" 하고 내뱉었다.

나는 그 의사가 도도하게 나오는 것이 배알이 틀려 한마디 하지 않으면 속병이 생길 것 같아 "젠장, 좋은 자리에 있을 때 쫌 잘 봐 주소. 와 그리 딱딱거리오"라고 했더니 의사님께서 뱀눈을 하며 째려보았다. 나는 돌아서 나오며 의사가 되지 못한 것을 후회했다.

고등학생 시절에 일 년 반을 무전여행을 다녔다. 전국을 거의 돌고 소록도까지 갔을 때다. 소록도에서 나환자들이 집단으로 사는 것을 보고 의사가 되어 여기에 와서 봉사생활을 해야겠다고 생각했다. 그 길로 귀가하여 의과대학에 진학하는 입시공부를 시작했다. 그런데 대학입학시험을 몇 개월 앞두고 의과대학 지망에서 법과대학 지원으로 변경했다.

그때 변경한 사유가 좀 우습다. '의과대학 필승 합격'이란 글을 책상 앞에 붙여 두고 열심히 공부하던 터에 바람도 쐴 겸 경북대학교 의과대학 부속병원으로 견학을 나갔다. 앞으로 의사가 될 몸이니 병원을 미리 견학해 두는 것도 유익할 것 같아서였다. 병원에 들어가 입원실 복도를 거닐면서 이 방 저 방 기웃거리며 견학을 하는데 수술실 문이 열리고 환자가 실려 나오고 있었다. 마스크한 간호사가 뒤따르고 있었다. 그때 지독한 약 냄새가 났다. 어찌나 역겨운 냄새인지 구토증이 났다. 나는 서둘러 밖으로 나와 신선한 공기를 마셨다.

생각하니 지망학과를 바꾸어야 할 것 같았다. 약 냄새가 이렇게 역겨워서야 어디 의사 노릇 할 수 있겠는가. 이런 냄새 속에서 어찌 일생을 살겠는가. 의사란 직업이 나의 적성에 안 맞는 거다. 그러니 일찍이 알아서 바꾸어야겠다. 이렇게 결론을 얻고서 나는 지망학과를 바꾸기로 했다.

서둘러 집에 돌아가 '의과대학 필승 합격'의 쪽지를 떼고 '축 서울 법대 합격'이란 글을 써 붙였다. 법과대학으로 가서 판사가 되든지 변호사가 되기로 작정한 것이다. 그 길이 적성에도 맞을 것 같고 출세도 빠를 것 같았기 때문이다.

그러나 막상 입학원서를 낼 때는 철학과로 지망했다. 위대한 문인이 될 자질이 내게 있다고 착각했기 때문이다. 위대한 문호가 되려면 자기 사상이 있어야겠기에 철학과를 지망했던 것이다.

당시 혼자서 좋아하던 여학생에게 《문호의 아내》라는 책을 사서 우송하기도 했다. 문호 김진홍의 아내가 될 터이니 먼저 알고 준비하라는 뜻이 담긴 선물이었다. 철학 전공을 택하고서 위대한 문호는 흉내도 내지 못하고 초라한 방황자가 되었을 뿐이었다.

아무튼 학형이를 병원에 데리고 다니면서 나는 의사가 되지 않은 것을 처음으로 후회했던 것이다.

그날 우리는 여기저기로 실려 다니느라 지쳐 숨결조차 고르지 못한 학형이를 데리고 집으로 되돌아왔다. 나는 데려가서 고생만 잔뜩 시킨 것이 학형이 부자에게 퍽이나 미안했다.

"오늘 제가 공연한 고생을 시켰습니다."

"아닙니다, 제 자식인걸요. 나보다 김 선생님께서 고생하시고 비용을 많이 쓰셔서……."

학형이 아버지가 말끝을 흐렸다.

"원 별 말씀을 다하십니다. 아무 소득이 없어 오히려 죄송합니다. 그런데 의사가 말하던 생보자 증명서란 게 무얼 말하는 걸까요?"

"글쎄요, 동사무소에서 우리에게 가끔 밀가루를 주는데 그걸 증명하는 거 아닐까요?"

"아, 그런 것 같네요. 정부의 구호를 받는 가정이라는 증명서를 말하는 모양입니다. 학형이 아버님이 동사무소에 가서서 한번 알아보시겠습니까?"

"예, 오늘 곧바로 동사무소에 가서 알아보고 그런 것이 있으면 해 달라지요."

"좋습니다. 저는 그럼 내일 다시 오겠습니다. 그 증명서만 있으면 치료해 주는 모양이니 혹시 준비되면 내일 다시 가 보입시다."

이렇게 의논을 마치고 학형이를 다시 그 때문은 요에 누인 후 돌아왔다.

그날 저녁 나는 신학교 기숙사에서 나와 뒷산 공동묘지의 무덤 사이에 앉아 간절히 기도했다. 주님께서 학형이가 치료받을 길을 열어 주셔서 완치시켜 달라고 기도했다. 기도드리고 나니 마음이 평안하고 그대로 이루어질 것 같은 안도감이 들었다. 기도의 응답인가 보다 생각하니 발걸음이 가벼워졌다.

다음 날 친구들에게 기천 원을 꾸어 아침 일찍 학형이네 집으로 갔다. 학형이 아버지가 '생보자 증명서'란 걸 해 놓고 나를 기다리고 있었다. 택시를 불러서 셋이서 타고 시립아동병원으로 다시 갔다.

병원에 들어서며 '이렇게 다시 올 줄 알았으면 어제 그 의사에게 욕을 하지 말걸' 하고 후회가 되었다. 그러나 이미 엎질러진 물인지라 얼굴에 철판 깔고 부딪쳐 보는 수밖에 없다는 마음으로 어제의 그 의사에게로 갔다. 아무 말 없이 생보자 증명서를 내보였더니 그도 아무 말 없이 사무직원을 불러 절차를 밟게 해 주었다. 의사는 다시 욕을 먹을까 봐 부담이 되었던지 일처리를 척척 서둘러 주었다.

학형이의 척추 사진을 여러 장 찍었다. 삼 일 후에 환자는 집에 두고 보호자만 오라고 했다. 삼 일 후 병원에 가니 진단 결과는 척추결핵이라 했다. 사진에 나타나는 대로는 척추 둘은 완전히 삭아 없어졌고 척추 셋이 감염되어 많이 상해 있다고 일러 주었다. 나는 의사에게 어떻게 하면 치료할 수 있겠느냐고 물었다. 의사는 상태가 너무 심해서 손을 대기가 어렵겠다고 하면서 수술을 해야 하는데 대수술이라 피 값만 하여도 수만 원이 들 것이라 했다. 척추의 상한 부분을 들어내고 인조뼈를 대신 넣어야 한다는 것이다.

수술하지 않고는 치료할 수 없겠느냐고 물으니 증상이 너무 심해 수술 없이 치료한다는 건 거의 불가능이고 이 이상 더 심해지지 않는 선에서 힘써 보는 정도의 방법은 있을지 모르겠다는 것이었다. 이 이상 더 심해진다는 것은 어떤 상태냐고 다시 물으니 완전 곱추가 되는 상태란 것이다. 그 말을 들어도 나는 웬일인지 학형이는 곱추가 되지 않고 회복될 것이라는 확신이 생겼다.

인간이 할 수 있는 최대한의 노력을 기울이면 하나님의 돌보심이 있으리란 확신이었다.

일 개월 분의 약을 받아왔다. 파스, 나이드라지드와 스트렙토마이신 주사액 그리고 소화제였다. 영양제와 제독제 등은 집에서 사서 먹이라고 일러 주었다. 나는 매일 송정동으로 가서 학형이가 약 먹는 것을 확인했다.

5, 6일 약을 먹더니 눈에 생기가 약간 도는 것 같고 고름의 양이 줄어드는 것 같았다. 그리고 먹을 것을 찾기 시작했다. 우리는 바늘코

만한 희망을 가지기 시작했다.

날이 갈수록 그 희망은 점점 커졌다. 그의 부모님들이 열심을 내기 시작했다. 본인도 착하게 약을 잘 먹었다. 그 많은 양의 약을 먹고 위장이 상할까 봐 에비오제를 사다 주고 종합 비타민과 분유를 사다 먹였다. 나는 신명이 나서 송정동을 매일 드나들었다.

학형이는 아직 일어나지 못하고 팔다리는 여전히 손가락처럼 여윈 채였으나 눈에 생기가 돌고 고름이 그쳐 가고 있었다.

나는 그에게 하루에 세 번씩 예수님께 기도드리라고 가르쳤다. 그는 기도하고 싶으나 어떻게 하는지 몰라서 못하겠다고 하기에 나는 기도하는 법을 가르쳐 주었다.

"학형아, 기도하는 것은 어려운 일이 아니란다. 그냥 아빠에게 이야기하듯이 예수님에게 이야기하면 되는 거야. '예수님 나를 낫게 해 주세요. 나도 동무들과 같이 뛰어놀고 싶어요. 그렇게 되도록 도와주세요'라고 기도하면 된다"고 일러 주었다. 다음 날 갔을 때에는 "어제 저녁과 오늘 아침에 선생님이 가르쳐 주신 대로 기도했어요"라고 하면서 기도를 해서 그런지 많이 나은 것 같다고 했다. 그러니 약은 이제 그만 먹어도 되지 않겠느냐는 것이었다.

"아냐, 예수님은 약을 열심히 먹으면서 기도하는 사람을 도와주신단다. 약은 먹지 않고 기도만 하면 예수님은 게으른 사람, 공짜를 바라는 사람이라 해서 기뻐하시지 않을 거야" 하고 그를 타일렀다.

약을 먹는 분량이 너무 많아 지긋지긋했던 모양이다. 나는 학형이가 회복되어 가는 것에 큰 보람을 느꼈다. '사람을 사랑한다는 것이 이렇게도 값진 것인가' 하는 생각이 들었다.

얼마 후, 학형이는 일어나 앉을 정도가 되었다. 그러나 의사의 말로는 수술하지 않으면 그 이상의 진전은 없을 것이라 했다. 수술하려면 최소한 30만 원은 들고 육 개월 이상을 전신 깁스를 한 채 침대에 누워 있어야 한다고 했다.

30만 원이란 엄두도 못 낼 거금이었다. 학형이 아버지는 수술비로 30만 원이 필요하다는 말을 듣고는 30만 원은커녕 3백 원도 없는데 하며 자조의 웃음을 지으시는 것이었다. 나는 희망을 버리지 않았다. 틀림없이 길이 있으리라고 생각했다.

침례교 선교사인 민 목사님을 만나게 되었을 때 학형이의 이야기를 하였다. 민 목사님은 부산에 있는 침례병원에서 수술 받을 수 있도록 주선해 보겠노라고 약속했다.

얼마 후 민 목사님으로부터 연락이 왔다. 부산 침례병원으로 학형이를 데려가면 치료 받을 수 있게 수속을 해 놨으니 즉시 부산으로 가라는 전갈이었다. 우리는 기뻐서 가슴이 부풀어 올랐다.

급한 대로 달러 빚 5천 원을 돌려 김종길 씨를 학형이와 함께 내려보냈다.

이틀 후에 김종길 씨는 학형이를 데리고 되돌아왔다. 수술을 하기에는 체력이 너무 떨어져 있어 수술을 견딜 수 없다는 판정이 내려져 돌아가 약을 먹으며 두 달간 체력을 길러 오랬다는 것이다. 다소 실망이 되었으나 사정이 그러하다니 두 달간 체력을 길러 다시 내려 보내기로 하고 가져온 약을 먹으며 몸을 잘 돌보게 했다.

그러나 우리가 모르는 사이에 기적은 이미 준비되어 있었다. 우리가 깨닫지 못하고 있었을 따름이다. 부산에서 되돌아온 후로 학형이의 건강은 날마다 눈에 띄게 회복되어 갔다.

얼마 후에는 골목길을 뛰어다니는 정도가 되었다. 그가 뛰노는 것을 볼 때 나는 조마조마했다. 그의 척추가 상해 내려앉은 것을 내가 사진으로 보았는데 뛰는 중에 척추뼈가 내려앉기라도 하지 않을까 걱정되었기 때문이다. 나는 학형이를 나무라며 조심조심 걸으라고 했다. 그러나 그는 조용히 있을 수 없는 모양이었다.

한번은 골목길에서 학형이가 자기 또래의 아이와 씨름을 하고 있는 것을 보았다. 나는 질겁하며 "학형아! 너 정신이 있냐 없냐, 어쩌려고 허리힘을 그렇게 쓰니" 하고 꾸지람을 주었더니 그는 싱글벙글 웃으며 "선생님, 난 이제 괜찮아요. 다 나았어요" 하고 대답했다. 나는 그의 말을 믿을 수가 없었다. 나는 그에게 제발 힘을 너무 쓰지 말고 얌전히 있으라고 거듭 당부했다.

그러나 내 말을 듣는 그의 태도는 조용히 있겠다는 태도가 아니었다. 그냥 싱글벙글 웃으며 다 나았다고만 했다.

하루는 그의 어머니가 그를 데리고 사립아동병원을 다녀왔다. 병원에 다녀온 후 나를 만나고서는 "병원에 갔더니 담당 의사가 '이 앤 이제 다 나았으니 병원에 올 필요가 없다'고 하시니 어찌된 일인지 모르겠습니다. 애가 요즘 노는 것을 보아서는 다 나은 것 같기는 한데요" 하고 기대를 거는 표정으로 말했다.

다음 날 나는 학형이를 데리고 시립아동병원으로 갔다. 담당 의사에게 물었더니 자신 있게 완치되었다고 말했다. "이제 걱정 안 하셔도 되겠습니다. 그동안에 고생 많았습니다"고 하는 것이다. 나는 어안이 벙벙하여 말했다. "아니, 얼마 전에 선생님께서 수술하지 않고는 회복될 수 없다고 말씀하셨는데요. 게다가 수술하더라도 육 개월은 침대에 가만 누워 있어야 하고 이 년 정도는 약을 계속 먹어야 한다고 말씀하셨잖습니까?" 하고 반문하니 답변이 돌아왔다. "그때는 그때의 진단이고 지금은 지금입니다. 과학은 현재로서 판단하는 것입니다"고 했다

나는 반신반의하면서 확실한 진단이냐고 재차 물었더니, 그는 화를 내며 "내 말이 정 그렇게 못 미더우면 다른 병원으로 가 보세요" 하고는 돌아앉아 자기 할 일을 하기 시작했다. 나는 무안을 당해도 조금도 화가 나지 않았다.

학형이와 병원을 나와서 고급다과점에 들어가 최고급 빵과 과자, 아이스크림 등을 둘이서 실컷 먹었다.

인간의 과학이 판단할 수 없는 여호와의 특별하신 힘이 작용하였음에 틀림없다는 생각이 들었다. 역시 신앙의 세계는 우리의 상상을 초월하는 능력의 세계라 생각하며 찬송가 290장(현 93장) '예수는 나의 힘이요'를 부르며 송정동 판자촌으로 돌아왔다.

학형이는 나에게 '내가 해야 할 일'을 가르쳐 주었기에 나의 은인이기도 하다. 그로 인해 나는 빈민선교에의 확고한 뜻을 세웠고 빈민선교의 모체인 활빈교회를 창립하게 된 것이다.

# 활빈(活貧)의 사명을 품고

    김학형이로 인하여 청계천 송정동 74번지 속칭 '뚝방촌'을 드나들면서 나는 이 마을이 바로 내가 일해야 할 터전이라는 생각을 하게 되었다.

    송정동 74번지 내의 1천6백여 세대 주민 거의가 지난날 피폐했던 농촌을 떠나 무작정 상경한 이농민들로서, 대부분 극심한 빈곤과 질병에 시달리고 있었다. 세대주들은 일하고 싶어도 일자리가 없어 낮에 화투짝을 뒤적이거나 값싼 술에 취하여 해롱거리고 있는 분이 많았고, 부인과 아이들이 품팔이를 하거나 구멍가게 같은 공장에 가서 얼마씩 벌어오는 돈으로 목숨만 겨우 부지하고 있는 터였다.

    나는 청계천 둑 위를 걸으며 상상했다. 예수님이 지금의 서울에 오신다면 어디를 찾으실까? 예수께서는 분명히 세종로나 명동을 찾지 않으시고 악취 나는 이 청계천 판자촌을 찾으실 것이다. 예수께서는 이 둑길을 따라 내려오시며 말씀하실 것이다. "수고하고 무거운 짐진 판자촌 사람들이여, 다 모이시오. 내가 여러분들을 푹 쉬게 하는 위안의 밤을 열겠습니다"라고 하시며 밀가루 다섯 포대와 동태 두 마리로 육만 명이 다 먹고도 몇 광주리나 남게 하실 것이다.

여기에서 내가 교회를 세우고 이들과 함께 살고 있으면 예수께서 이 둑을 내려오시다가 들르실 것이다. 그리고 말씀하실 것이다. "잘했다. 김진홍 군, 자네가 작은 일에 실적을 올렸으니 하늘나라 뷔페에 참석하라" 하시며 나를 격려하실 것이다.

이런 환상을 가지며 나는 이곳에 교회를 세우고 교회를 중심으로 주민봉사와 지역개발사업을 통한 복음선교를 시도하기로 결심했다.

나는 신학교 동급생들과 판자촌에 교회를 세울 계획에 대해 의견을 나눴다. 친구들은 어려운 일이겠지만 꼭 하여야 할 일이니 힘을 합해 추진하자는 데 뜻을 같이했다. 한 친구가 개척교회를 하려면 재정적인 뒷받침을 받을 대책을 세워야 하지 않겠느냐고 물어왔다. 내가 "그런 대책은 생각을 안 해 보았는데" 하고 가볍게 대답하였더니 나에게 권고하였다. "그렇게 맨주먹으로만 시작할 게 아니라 큰 교회나 재력 있는 분들의 재정지원을 약속받아 시작하여야지, 대책 없이 빈손으로 시작하였다가 중도에 지쳐 낭패하는 수가 많다"는 것이었다.

타당한 말이었다. 나는 그 문제에 대해 삼 일간을 기도했다. 그리고 결론을 얻었다. 결론이래야 단순한 결론이었다. 나는 어린 시절에 시골에서 지켜본 주인과 머슴간의 관계를 기억하고 주님과 주님의 일을 하는 전도자와의 관계도 바로 그러해야 한다고 생각한 것이다.

나는 어린 시절 경상북도 청송군에 있는 두메산골에서 자라났다.

우리가 살고 있던 외가댁은 농장이 커서 머슴들이 있었다. 외할머님께서는 언제나 시간을 맞추어 참때는 참, 점심때는 점심을 정확하게 마련하여 보내는 것이었다. 나도 가끔 머슴들이 일하는 일터로 식사를 나르는 심부름을 하곤 했다. 때맞춰 음식을 가져가면 일꾼들이 일손을 멈추고 실컷 먹는 것을 나는 곁에서 지켜보곤 했었다.

머슴은 자기가 해야 할 일만 열심히 하였지, 의식주 문제는 완전히 주인에게 맡기고 조금도 걱정하지 않는 것이었다. 나는 이러한 주인과 머슴간의 관계를 생각하고 내가 청계천 판자촌에 들어가 하나님의 일을 함에도 이러한 관계를 지키면 되리라 생각했다.

내가 염려할 것은 재정보증이 아니라 일 자체였다. 내가 하려는 빈민선교가 여호와의 뜻에 합당하다면 나는 열심히 일만 하면 될 것이다. 나에 대한 뒷바라지는 나의 주인이신 주님께서 일체 다 맡아 주실 것이다. 만약 주님께서 제때에 필요한 것을 뒷받침해 주시지 않는다면 그 원인은 둘 중에 하나가 될 것이다.

첫째는 내가 하는 일이 주님의 뜻에 맞지 않아서 주님께서 뒷바라지해 주실 뜻이 없으신 경우이고, 둘째는 애초에 나를 뒷바라지해 줄 하나님이 없는 경우가 될 것이다.

그러니 둘째 경우인 하나님이 없는 경우란 이미 생각할 필요가 없는 경우이고, 첫 번째의 '내가 하려는 청계천 빈민선교가 하나님의 뜻에 맞는 일이냐 아니냐'라는 문제가 남는다.

나는 구약성경 이사야 61장 1절에서 4절 사이의 말씀을 읽고 더욱 확고한 소명감을 가지게 되었다. 그리하여 나는 아무런 외부의 재정 뒷받침이 없이 그냥 맨몸으로 부딪칠 결심을 하게 된 것이다.

나는 판자촌에서 교회를 정식으로 세우기 전에 먼저 주민들과 친숙해져야겠다고 생각했다.

맨 먼저 송정동 74번지 내에서 60세 이상 된 할아버지들을 초청하여 노인잔치를 열었다. 노인들께 저녁 식사를 대접하고 담배 한 갑씩을 드리고 막걸리 몇 말을 받아 분위기를 돋우었다. 그 자리에서 나는 나 자신을 소개하고 이 마을에서 일하고자 하는 뜻을 설명하고 이일에 여러 어르신네의 도움을 바란다고 연설했다. 창가학회에서 배운 방법이다. 노인들은 최고로 행복해하며 노래를 부르고 덩실덩실 춤을 추며 즐거운 시간을 보냈다.

노인잔치가 열린 뒤로부터 마을 안의 여론조성이 이루어져 갔다. 그날 노인잔치에 오셨던 노인들이 모두가 나를 지지하고 선전하는 대변인이 된 것이다. 노인들은 가는 곳마다

"김 아무개 아들 꼽추 병 고친 사람이 예배당 전도사라는구먼. 그사람 인사성 밝고 배운 사람이야. 이 동리에 예배당 세우자고 권해야겠어. 이 사람들아, 마을에 교회당이 들어서면 손주 새끼들 교육에얼매나 도움이 되겠는가. 옛날부터 서당서 가르치던 공자님 교훈이나 요새 예배당서 가르치는 예수님 교훈이나 다 사람 착해지라는 것이지 나쁘게 되라는 건 하나 없는 기여"라고들 하면서 분위기를 만들었다.

다음으로 나는 어린이들에게 공작을 펴기 시작했다. 주머니에 알사탕을 가득 넣고 아이들을 불러 모아 사탕 하나씩을 주고는 가서 한사람이 세 어린이씩 더 데리고 오면 사탕도 더 주고 재미있는 동화를 들려주겠다고 했다. 그러면 금세 일이백 명의 아이들이 모이는 것이

었다. 나는 아이들에게 동화를 들려주고 아이들과 헤어질 때 내 이름은 김진홍 전도사이고 이 마을에 교회를 세우려 한다고 일러두었다.

그런 다음 마을에 가니 아이들이 내 뒤를 줄줄이 따르며 "김진홍 전도사님, 교회 문 언제 열어요?" 하고 묻게 되었다. 마을에서 아이들과 마음이 통하게 되면 그 부모들과도 고구마가 넝쿨에 딸려 오듯이 자연히 통하게 된다. 골목길에서 아줌마들이 내게 물었다.

"선생님이 마을에 교회 세운다는 분이신가요? 우리 아이들이 교회 생기면 재미있는 동화 듣게 된다고 기다리고 있던데, 교회가 문 열면 우리 집은 다 교회 나가기로 아기 아빠와 의논봤어요"라는 등의 말을 했다. 나는 아이들 다음에 청년들에게 관심을 돌렸다. 마을에서 말깨나 한다는 젊은이들을 한 분 한 분 찾아가 인사를 드리고 이 마을에서 하려는 일에 협조를 부탁한다고 했다. 대개가 호의를 보이며 나도 힘은 없지만 돕겠다고들 하였으나 그 중에는 "예수 선생, 잘 해 보소. 술이나 자주 받아 주시오" 하고 빈정거리는 사람들도 있었다. 나는 그런 말에는 조금도 개의치 않고 "감사합니다, 예수만 믿으시겠다면 술 아니라 쥐약이라도 받아드리겠습니다" 하고 사람들과 사귀었다.

마지막 남은 큰 문제는 아내를 설득하는 것이었다. 이미 결혼하여 갓난아기가 있던 때라 아내가 아기를 데리고 판자촌으로 들어가 살겠다고 동의하느냐가 문제였다.

아내는 가정부가 셋이나 있는 부잣집에서 자라 이화여대 사회사업과를 졸업한 여자다. 아내는 빈민촌에 들어가는 데 동의는 하겠으나 부잣집에서 자란 자기가 어느 정도까지 그 환경에 적응할 수 있을는지 자신이 없고 아들 동혁이가 빈민촌에서 건강을 해치지 않을지 염려된다고 했다. 그러나 주님의 뜻이고 당신의 원이라면 자기는 따라가겠다고 했다.

아내와 아들에게 너무 지나친 희생을 요구하는 것 같았으나 어떻게 다른 방도가 없었다. 내가 아직 결혼하기 전에 주님께서 빈민선교에 부르셨다면 결혼하지 않고 혼자 일할 수도 있겠으나 이미 결혼하여 첫아이까지 있는 때에 부르신지라 가족이 함께 들어가지 않을 수 없었다.

우리는 푼푼이 모아 두었던 30만 원 전체를 이 일에 투자하기로 했다. 언젠가 때가 되면 대한민국에서 제일 좋은 일에 쓰자고 적립해 두었던 돈이다. 이 돈으로 우리는 방 셋 있는 판잣집을 14만 5천 원에 구입하고 내부를 수리했다. 방 두 칸은 교회로 쓰기로 하고 한 칸은 살림방으로 쓰기로 했다. 집 구입하는 일은 학형이 아버지가 주선하여 주었고 집 수리하는 일은 김종길 씨가 맡아 주었다.

집 수리 작업을 한창 하는 중에 좋은 일꾼을 하나님께서 보내 주셨다. 내가 대구에서 노동자선교를 한답시고 하다가 어설프게 깨어지고서 고등학교 교사로 몇 개월 지낼 때 학생으로 있던 김영준 군이 찾아왔다. 키는 작아도 매사에 신중하고 다부진 젊은이로서 정직하고 재능이 많은 일꾼이었다. 나는 영준 군에게 빈민선교의 취지를 설명하였더니 자신도 동참하여 주님의 일을 함께 이루겠다고 말했다.

이리하여 나와 김종길 씨, 김영준 군, 학형이 아버지 김인옥 씨 넷이서 준비하여 교회 창립을 서둘렀다.

학형이 아버지 김인옥 씨는 온 마을을 다니면서 김진홍 전도사와 마을에 세워질 교회에 대해서 이야기했다. 주민들 중엔 "하루 얼마씩 받고 그러고 다니느냐?"며 비아냥거리는 사람도 있었지만, 결국 그는 그런 말을 들을 만큼 열심히 선전활동을 한 것이었다.

김인옥 씨는 일제 때 만주에서 마적단에 있다가 후에는 독립운동에 가담했다고 했다. 해방 후 조병옥 박사 밑에서 정치활동에도 가담하였지만 지금은 몰락하여 판자촌에서 허송세월하게 된 것이다. 몸이 날쌔고 정의감이 남다른 어른이었다.

그는 자신의 교회 생활에 대한 경험도 이야기해 주었다. 6.25동란 이후 어느 성결교회에서 충실히 신앙생활을 하고 있었는데, 전쟁 후라 구호물자가 교회로 많이 전해졌다고 했다. 물자가 올 때마다 목사님은 그 중 좋은 것을 골라 자기를 시켜 사택에 갖다 주라고 심부름을 시켰다고 한다. 사택에 가져가면 목사님의 부인과 자녀들이 골라서 입고 신고 하였다는 것이다. 그것을 여러 번 보게 되니 목사의 인격에 그만 환멸을 느껴 교회를 떠나 버린 것이다.

그 후로는 이래저래 신앙생활에서 멀어지게 되어 화투도 만지고 술을 가까이 하게 되면서 여기에까지 다다른 것이다. 그는 자신이 이 지경으로 몰락하게 된 데에는 그때 그 목사님의 책임도 있다며, 그러니 김 전도사도 앞으로 봉사사업을 할 때 사심을 버려야 한다고 충고했다. 깊이 새겨들을 만한 경험담이었다.

그 목사님은 대수롭지 않게 생각하고 그렇게 했을 터이지만, 그로 인해 한 영혼이 상처를 입고 인간실격의 처지에 놓이게 되었다면 무엇으로 그 대가를 치르겠는가? 무릇 성직자는 사심을 버리고 물질관리에 엄격하여야 한다는 교훈을 얻었다.

나는 날이 갈수록 빈민선교에의 사명의식이 깊어지고 이런 시대

적인 귀한 일에 내가 부름받았음이 감사하고 영광스러웠다. 우리
는 이사야 61장 1절부터 4절의 말씀을 함께 읽으며 깊은 영감을 받
았다.

> "주 여호와의 신이 내게 임하셨으니 이는 여호와께서 내게 기
> 름을 부으사 가난한 자에게 아름다운 소식을 전하게 하려 하
> 심이라 나를 보내사 마음이 상한 자를 고치며 포로 된 자에게
> 자유를 갇힌 자에게 놓임을 전파하며……"

나에게 성령이 임한 것은 이유가 있었다. 그 이유는 가난한 자들에
게 복된 소식을 전하게 하려는 이유이다. 나를 보내어 마음 상한 자
를 위로하며 포로 된 자에게 자유를 선포하고 갇힌 자에게 석방의 소
식을 전하게 하셨으니 이 사명이야말로 얼마나 숭고한 사명인가!

그 사명이 나에게 주어졌으니 크나큰 축복이라 생각했다. 예수께
서 전하신 복음의 알맹이가 바로 이것이 아닌가! 이 일을 한마디로
줄여 '하나님 나라의 확장'이라고 부를 수 있을 것이다.

교회는 하나님 나라의 건설을 위해 2천 년 교회사를 통해 숱한 피
를 흘리며 자라오지 않았는가. 그러나 한국 교회는 지금 어떤 상황에
놓여 있는가? 이 땅에 기독교 특히 프로테스탄트 교회가 들어온 지
어언 백여 년이 지난 지금 한국 교회는 그 양적 증가에 있어서나 질
적 성장에 있어서나 가히 경이적이라 일컬어질 만큼 성장하였다.

그러나 선교 초기의 가난한 자들로부터 확장되기 시작하였던 복음
은 그간에 있어 중산층 이상의 부르주아 교회로 변모하였다. 그리하

여 우리 사회의 다수를 차지하는 빈민, 근로자, 노동계층은 교회에서 소외당하고 있다. 빈민촌 주민들 중에서 이전에 교회를 다니다가 그만둔 분들의 이야기를 들어 보면 자기들은 교회에 나가도 적응할 수가 없다는 것이다.

일주일 내내 노동판에서 일하다가 주일날 목욕도 못한 몸으로 교회에 가면 분위기가 너무나 깨끗하고 고상하여 앉아 있기에 심히 불안해 나와 버리거나, 못 올 사람이 온 것 같아 주위의 신사 숙녀들에게 신경 쓰다가 기도시간에 나와 버렸다는 분도 있었다.

교회는 가난한 자들을 위해서가 아니라 교회 자체의 존립을 위해 가난한 자들에게로 들어가야 한다.

만약에 국제정세가 미묘한 이때에 시세역전하여 교회가 잃어버린 무산계층이 공산주의로 기울어진다면 화려하게 장식된 돌집 교회당이 교인들을 가두는 감옥으로 변할 수도 있을 것이다. 도대체 교회 건축에 수억을 들이는 기독교 지도자들의 의식구조가 한심한 노릇이다. 지금 우리를 둘러싸고 있는 국내외 정세가 교회로 하여금 건축비에 수억을 들임을 허락할 때인가? 건물을 화려하게 짓고 요란한 장식을 하는 것은 바알종교이다. 야훼의 종교는 항상 민중의 삶 속에서 호흡을 같이해 왔다.

한국 교회는 이때에 심기일전하여 민족사의 선두에 서서 고통당하는 민중들의 구심점이 되고 민족의 활로를 열어 주는 교회가 되어야 한다. 교회는 '물'(物)에 투자할 것이 아니라 '민'(民)에 투자해야 한다. 서울 시내의 교회들이 교회 건축과 관리에 들이는 예산과 정성의 절반만이라도 빈민과 노동자들을 위한 사업에 투자한다면 한국 사회는 큰 발전을 이룩할 것이고 교회 자체도 획기적인 성장을 할 것이다.

우리는 송정동 판자촌에 교회를 설립함에 필요한 여러 사항들을 하나씩 갖추어 나갔다. 이제는 세워질 교회의 이름을 무엇으로 할 것인가 하는 데까지 이르렀다. 몇 가지 이름을 두고 심사숙고한 끝에 '활빈교회'라는 이름으로 결정했다.

한국 고대 소설인 《홍길동전》에 나오는 활빈당에서 따온 이름이다. 홍길동은 고대에 있었던 의적이다. 서양의 로빈 후드에 해당하는 사람이다. 《홍길동전》을 읽어 보면 활빈당 행수(行首) 홍길동이 당시에 정치권력을 남용하여 힘없는 백성들로부터 재산을 빼앗아 부정축재했던 고관들의 재산을 털어 빈민들에게 나누어 주었던 이야기가 나온다. 또한 활빈당은 합천 해인사를 털기도 했다. 해인사는 종교의 특혜를 이용하여 치부하면서 주변의 농민들을 고리채로 울리는 사찰이었다. 농민들은 기아선상에서 초근목피로 연명하고 있는데 절간에는 곡식이 쌓여 썩고 있었다. 활빈당은 이렇게 쌓여 썩고 있는 양식과 재물들을 털어 영세 농민들에게 나누어 준 것이다.

활빈당은 일제 말 일본 제국주의자들의 수탈에 민족의 명운이 깜박일 때에 호남을 중심으로 일어난 농민운동단체의 이름이기도 하다. 활빈당의 독립투쟁운동은 농민들의 자발적인 운동이라 그 자료가 부족하여 자세한 활동상황은 남겨져 있지 않으나 지식인들이 끼이지 않은 농민들의 저항운동이었다는 점에서 큰 의의가 있는 저항운동이었다.

활빈교회는 이러한 조상들의 얼을 이어받자는 것이었다. 물론 홍길동과 같은 도적의 방법으로서가 아니라 예수 그리스도의 사랑의 방법으로 활빈은 이루자는 뜻이었다. 예수 그리스도의 신앙으로 가난을 극복하자, 기독교 복음이 빈곤을 해결하는 참된 힘인 것을 보여 주자는 의도로 활빈교회라 이름한 것이다.

활빈교회는 우리 사회에 독버섯처럼 자라는 온갖 경제적 불균형, 정치적 부자유, 사회적 부조리들을 예수의 능력으로 해결하는 교회가 되기를 희망했다. 우리 개개인에게 새 삶을 주신 예수는 그 개인들이 모여 이룬 사회도 구원하시고 새롭게 하기를 원하시고 또 그렇게 하실 능력을 가지셨다. 이러한 주님의 뜻과 능력이 빈민촌에 실현되기를 바라면서 세워지는 교회이기에 활빈교회란 이름은 아주 합당한 이름이었다. 교회 이름이 지어지고 집수리도 마무리되어 10월 첫 주일에 창립예배를 드리기로 했다. 마침 그날이 10월 3일 개천절이라 안성맞춤이었다. 우리 민족의 개국일인 개천절에 활빈교회가 출범한다는 것은 우연이 아닌 것 같았다.

그런데 돌연 큰 방해가 나타났다. 10월 3일 창립예배를 앞두고 9월 29일에 서울시청 철거반에 의해 집이 헐려 버린 것이다. 나는 아찔했다. 허물어진 벽을 바라보며 주님께 용기를 달라고 기도했다. 앞으로 수많은 시련이 닥칠 것인데 이만한 일에 낙심하여서는 안 된다고 생각했다.

그동안 주민들 속에 뿌려 놓았던 씨앗들의 열매가 있어 주민들이 긴급복구에 협력해 주었다. 밤낮으로 작업을 서둘러 창립예배에는 지장이 없을 만큼 되었다. 겨우 한시름 놓고 이제 천천히 마무리 작업을 하려는 판에 이게 또 무슨 날벼락인가, 쌓아 놓은 벽 한쪽이 제풀에 주저앉아 버렸다. 공사를 서두르느라 시멘트가 굳기 전에 너무 높이까지 쌓은 까닭이었다.

우리는 다시 시멘트, 모래, 블록을 날라 오고 주민들의 도움을 받아 다시 쌓아 올렸다. 나는 질통에 모래를 져 나르고 삽질을 하느라 손바닥과 어깨가 부어올랐다. 피곤함과 졸음이 밀려와 어디에나 앉아 있으면 잠이 들곤 했다. 10월 2일 밤늦게까지 일은 계속되었고, 지붕과 벽 등의 뼈대를 세운 후 우리는 잠에 곯아떨어졌다.

10월 3일 오후 3시에 활빈교회는 창립예배를 드리고 그 역사적인 출범을 하였다. 비록 창문도 달지 못했고 바닥은 맨땅 위에 가마니를 깔았고 강대상은 사과궤짝이었으나 예배만은 엄숙하였다. 재주 많은 영준 군이 작은 판자에 활빈교회라 간판을 써서 달았다. 창립예배에는 친구 홍길복 전도사가 기도를 드렸고 나는 이사야 61장 1절에서 4절까지를 읽고 활빈교회 설립 목적 다섯 가지를 설명하였다.

첫째, 예수 그리스도께서 세우시고 그 머리가 되시는 교회는 가난한 자, 억눌린 자, 착취당하는 자의 해방의 종교로 출발했다. 한국 교회가 선교 백 년이 못 되어 오늘과 같이 발전한 것은 선교 초기에 저변층에 깊이 파고들었기 때문이다.

그러나 오늘에 와서 한국 교회는 귀족화되어 한국 사회의 저변을 이루는 빈민 근로자들이 교회로부터 소외당하고 있다. 한국 교회가 한국 사회의 가진 자들의 교회가 되어, 가지지 못한 자들의 부르짖음에 귀를 막고 현 상태(Status quo)의 시녀 노릇을 계속한다면 역사의 심판을 면치 못할 것이다.

오늘 깃발을 올리는 활빈교회는 가지지 못한 자들의 교회이다. 빈민과 근로자와 영세농민들에게 예수를 심는 교회이다.

둘째, 한국 교회는 그 교회가 속하여 있는 지역사회에 공헌하지 못하고 지역사회와 격리되어 있다. 활빈교회는 교회가 속한 지역사회를 섬기고 개발하는 교회이다. 교회는 그 교회가 소속한 지역사회의 정신적인, 사회적인, 문화적인 그리고 때로는 정치적인 구심점이 되어야 하고 지역사회 내의 육체적인, 도덕적인, 사회적인 온갖 질병을 치료하는 교회가 되어야 한다. 거듭 말해 교회는 그 교회가 속한 지역사회 내의 모든 문제를 성경적인 기준에 따라 해결하기를 힘쓰는 교회가 되어야 한다.

셋째, 예수께서 가르치신 진리의 알맹이는 '사랑'에 있다. 교회가 이 땅에 존재해야 할 이유들 중의 하나는 이 사랑의 실천인 것이다. 그럼에도 오늘의 한국 교회는 사랑을 잃어버리고 형식과 교리에 열중하고 있다. 활빈교회는 사랑하기를 배우고 가르치고 훈련시켜 사랑을 실천하는 교회이다.

넷째, 교회는 그 교회가 속한 민족과 사회, 좁게는 지역사회 복음화의 전략과 기동력을 가져야 한다. 서양의 선교사가 가져다준 신학과 선교법에의 집착은 새로운 시대에 적응할 수 없는 교회가 되게 할 것이다.

복음이 시대와 장소를 초월한 영원한 진리일 것이로되 그것을 담는 그릇과 전하는 방법은 역사의 변화 발전에 따라 함께 변하고 적응하고 발전해야 한다. 서구의 풍토와 논리에서 발전된 교회제도와 신학이 한국인의 심성에 적합지 못하리란 것은 당연한 일이다.

활빈교회는 한국인의 체질과 요구에 응하는 제도와 신학을 형성하고 지역사회 복음화의 전략과 기동력을 개발하는 교회이다.

다섯째, 교회가 수행해야 할 사명 중의 하나는 사회정의의 선포이다. 예수 그리스도의 교회는 구약 예언자들의 전통을 계승하면서 사회적 평등과 정치적 자유 및 참된 인간성의 구현을 위해 피를 흘리며 자라 왔다. 교회가 이 사명을 망각하고 역행의 길을 걸을 때 교회 자신이 깨어질 뿐 아니라 그 시대와 사회를 몰락하게 하였음은 2천 년 교회사와 세계사가 가르쳐 주고 있다. 한국 교회는 한국 사회의 정치적 억압, 경제적인 불균형, 사회적 불평등, 곧 온갖 비인간화 현상에 강력하게 도전해야 하며 활빈교회는 이를 수행하는 교회이다.

이상의 다섯 가지 설립 목적을 분명히 내걸고 이를 성취하는 교회를 만들려는 싸움이 본격적으로 시작되었다.

# D.D.T. 작전 개시

송정동 판자촌에 세워진 활빈교회가 그 설립 목적을 달성하려면 먼저 선교지역 내의 문제들을 자세히 파악하고 그 해결책을 모색해야 했다. 작게는 일개인의 문제에서부터 한 가정의 문제, 지역사회 전체의 문제들을 샅샅이 뒤지며, 나타난 문제들에 대해 해결책을 세워 나갔다.

각 가정의 실정을 파악하기 위해 한집 한집 차례로 방문하여 대화해 나가기 시작했다. 우리가 개발한 D.D.T. 작전이다. D.D.T.란 'Door to Door Tackle Operation'(집집마다 뛰어드는 작전)의 머리글자를 딴 말이다.

판잣집의 구조는 대문도 담장도 없는 극히 편리한 구조이다. 문을 열면 부엌이 있고 그 부엌에 들어서면 방문이 있다. 방문을 열고 들어가면 좁은 방에 6, 7명의 한 세대가 살고 있는 것이다. 방마다 결함이 있어 비가 새거나 연탄가스가 스며들거나 습기가 차거나 통풍이 안 된다.

우리는 문을 하나씩 하나씩 두드리고 들어가 그 가정에 접근한다. 대화를 통해 그 가정이 안고 있는 문제들을 찾아내고, 발견된 문제들을 세 분류로 구분한다.

첫째는 그 가정 자체의 힘으로 해결할 수 있는 문제, 둘째는 그 가정과 활빈교회가 힘을 합하여 공동으로 해결할 수 있는 문제, 셋째는 그 가정으로서는 해결할 능력이 없고 활빈교회나 외부의 도움으로 해결할 수 있는 문제이다.

이상 셋으로 문제점들을 분류한 후 먼저 첫 번째로 그 가정의 힘으로 해결할 수 있는 문제부터 해결하고 다음으로 둘째, 셋째 순으로 해결해 나가는 것이다. 우리는 문제들을 해결해 나갈 때 축구 시합에서 수비 선수가 상대편 공격진이 몰고 들어오는 볼을 뽑아내듯이 당면한 문제들에 대하여 과감하게 도전하여 해결해 나간다 하여 태클 작전(Tackle Operation)이라 이름 붙였다.

이 일은 판자촌 내의 모든 가정에 대하여 차례로 문을 두드리고 들어가 실시하기에 '문에서 문으로'(Door to Door)의 D.D.를 따고 태클의 T를 따서 D.D.T. 작전이라 부른 것이다. 특히 D.D.T.란 말은 채소밭의 해충을 박멸하는 살충제 D.D.T.와 같은 글자이다. D.D.T. 약으로 해충을 몰아내듯이 활빈교회는 D.D.T. 작전으로 지역사회 내의 각 가정이 품고 있는 문제들에 도전하는 것이다.

이 D.D.T. 작전이란 말과 함께 우리가 발전시킨 또 하나의 말은 T.L.C. 요법이란 말이다. Tender Loving Care의 머리글자이다. 판자촌 주민들을 상대할 때 그들이 가진 심신의 아픔을 부드러운 사랑의 보살핌으로 치료한다는 뜻이다.

판자촌에 사는 분들은 대개가 사랑을 제대로 받아 보지 못해 사랑 결핍증으로 고생하는 분들이다. 사람들은 비타민이 부족하면 발생하는 병에 대해서는 잘 알고 있어도 사랑이 결핍할 때 생기는 병에 대하여는 이상하리만큼 무지하다. 판자촌의 많은 사람들은 어려서부터 성인이 된 지금까지의 기간에 결핍되었던 '사랑'으로 인하여 많은 문제들을 지니고 있었다.

그런데 경험에 의하면 이런 사랑결핍으로 발생한 질환들은 충분한 사랑과 관심이 주어지면 쉽사리 해결되어지는 것이었다. 이 사랑요법인 T.L.C. 요법의 효능이 어찌 판자촌 주민에게 한한 효능이겠는가? 많은 현대인들이 사랑결핍증에 시달리고 있을 것이며, 그들에게 충분한 양의 사랑이 투여될 수만 있다면 그러한 증상은 회복되리라 생각한다.

나는 가끔 신약성경의 이야기 중에서 간음하던 현장에서 잡혀 예수님 앞으로 끌려 왔던 한 여인의 이야기를 떠올린다. 고소하는 자들이 간음 현장에서 여인을 잡아와 예수 앞에 팽개쳐 두고 이 음탕한 계집을 어떻게 처리하여야겠느냐고 예수에게 물었다. 예수가 "용서해 주자" 하면 모세의 율법을 어기는 무법자라고 예수를 고소할 속셈이었고, 예수가 "법대로 죽이자" 하면 예수는 사랑이 없는 거짓말쟁이라고 떠들어 댈 판이었다. 인간이 똥개보다 못한 이유들 중의 하나가 '타인의 약점과 과오'를 보고 박수 치며 의기양양해하는 치사스런 근성이 인간에게는 있고, 똥개에게는 없다는 점이다.

무언가 땅에 쓰고 계시던 예수는 그들의 꼬부라진 마음을 알고 일어서서 "너희 중에 죄 없는 자가 먼저 돌로 쳐라" 하시니 이 말씀을 듣고 여인을 치려고 돌을 들고 있던 자들이 하나둘씩 다 뿔뿔이 흩어졌다. 예수께서 그때 쓰신 글이 무슨 글이었는지는 알려지지 않고 있으나 아마 각자의 속에 숨겨진 못된 짓들을 골라내신 것이 아닐까 싶다.

사람들이 다 흩어진 뒤에 주님은 그 여인에게 물었다.

"누님, 누님을 치려던 위선자들은 다 어디로 갔습니까?"

그러자 여인이 대답했다.

"모두 다 흩어졌습니다."

주님께서 여인에게 말했다.

"나도 누님을 화냥년, 죽일 년이라 하지 않을 테니 가셔서 다시는 어리석은 짓을 하지 마십시오."

여인은 정욕과 죽음에서 해방되어 돌아갔다.

이 이야기를 생각할 때마다 그 여인을 보시던 주님의 눈동자를 생각한다. 그 눈동자가 어떠했을까? 아마 인간의 모든 약점과 비열함을 이해하시고 그 약함과 비열함에 대해 연민을 가지셨던 예수의 눈은 인간을 새롭게 하는 힘을 가진 눈이었으리라. 그 눈빛을 마주치는 자마다 그 사랑의 깊이에 감동하여 새 삶을 살아갈 용기를 가지게 되었을 것이다. 인간 영혼의 상처를 치료할 수 있는 치료법은 T.L.C. 요법인 것이다.

활빈교회가 창립되고 세 번째 주일예배를 드리는 시간이었다.

예배 중에 소주병이 날아들어 교회 벽에 부딪히더니 깨어져 유리조각이 사방에 흩어지고 술 냄새가 코를 찔렀다. 뒤이어 마을 부랑배

여섯 명이 들어와 "왜 동리 시끄럽게 노래를 부르냐?"고 시비를 걸었다. 몇 모였던 교인들은 그들의 험상궂은 기세에 눌려 허둥지둥 빠져나가 버렸다.

나는 할 수 있는 한 그들을 정중히 대했다. 역시 왕년에 주먹깨나 썼던 김종길 집사는 "이 새끼들!" 하고 주먹으로 해결하려 했다. 나는 김 집사를 만류하며 그들을 조용히 대했다. 얼마 후 그들 중 하나가 "야, 이쯤 했으니 가자"고 하며 앞장서서 나가자 나머지도 뒤따라 나갔다.

나는 그날 저녁, 저녁예배를 마치고 얼마 지난 시간에 소주 한 병과 오징어 한 마리를 사서 '이쯤 했으니 가자'고 했던 자의 집을 찾아 갔다.

그는 자고 있었다. 깨워서 이야기를 걸었다.

그런 사람일수록 일대일로 마주 앉으면 약한 데가 있는 법이다. 오징어를 구워 달래서 소주잔을 마주들고 나는 이야기를 시작했다. 내가 왜 이 마을에 들어왔으며, 내가 예수를 알기 전에 어떻게 방황했던가, 지금 내가 믿고 있고 전하려 하는 예수는 어떤 멋쟁이인가 등을 차근차근 말해 나갔다. 또 예수께서 그에게 해 줄 수 있는 것을 성심껏 이야기했다.

이야기가 끝나자 갑자기 그가 꿇어앉더니 "성님, 그런 예수를 나도 믿을랍니다" 하는 것이었다. 나는 "고맙다, 그 말을 들으니 내가 이렇게 기쁜데 예수님은 얼마나 기뻐하시겠느냐"고 했다. 그는 엉뚱하게 자기가 예수 믿고 새롭게 살아 보겠다는 뜻으로 혈서를 쓰겠다며 면도날을 찾았다. 나는 그럴 필요까지는 없다고 그를 만류했다. 속마음이 중요한 것이지 혈서까지 쓸 건 없다고 그를 달랬다. 그는 그렇다면 혈서는 관두고 각서라도 쓰겠다고 했다. 나는 각서란 것이 어떻게 쓰는 것인지 궁금키도 해서 각서 정도면 쓰라고 했더니, 그는 담뱃갑 안에 든 종이를 펴서 글씨를 쓰기 시작했다.

**각 서**

나는 이 시간부터 예수를 믿고 예수의 제자가 되어
새사람이 되겠음.
1971년 10월 ×일 ○ ○ ○

위와 같이 써서 나에게 주었다. 나는 그 각서를 호주머니에 넣고 돌아왔다.

다음 주일이 되었다. 11시 낮 예배 시작 시간이 되었으나 그는 오지 않았다. 설마 하면서도 은근히 기다리던 나는 약간 실망이 되었다. 그런데 기도드리는 중에 문이 활짝 열리더니 교회로 들어오는 거친 발소리들이 들렸다.

기도를 마친 후 보니 미스터 각서가 그의 패거리 다섯 명을 데리고 온 것이었다. 교인들은 또 소란 피우러 온 줄로 알고 웅성거리기 시작했다. 교인 중에 몇은 벌써 일어서서 나가려 했다. 나는 교인들에게 괜찮으니 앉으라 하며 안정시킨 후 그들에게 앞자리로 나와 앉으라 했다. 그들은 앞자리에 일렬로 앉아 예배가 끝날 때까지 조용히 있었다.

예배 후 나는 미스터 각서에게 앞으로 나와 교인들께 인사하고 친구들을 소개하라고 했다. 그의 인사와 소개에 우리는 박수 치며 함께 기쁨을 나누었다.

다음 날인 월요일에 나는 뚝방 지역에서도 가장 빈곤한 지역인 9반으로 가서 D.D.T. 작전을 폈다.

맨 처음 집은 남 씨란 분이 호주로서 충북 옥천 지방에서 이농하여 왔다고 했다. 남 씨는 56세요, 일제 때에 중학을 나왔다. 부인 이 씨는 과거에 백조악극단 단원이었다. 열 살, 여섯 살, 세 살의 세 딸이 있었다. 남 씨는 노동 품을 팔아 살던 중 영양실조와 과로로 쓰러져 좌상반신불수가 되었다.

남 씨가 눕게 되자 부인 이 씨가 껌팔이를 하여 살고 있었다. 부인이 아기를 업고 극장 앞이나 다방을 다니며 껌을 팔아 하루 일이백 원의 수입으로 살아가고 있었다. 눈이나 비라도 오는 날이면 삼사십 원 벌어서 들어올 때도 있다고 했다. 그날그날 연탄 한 장씩 사서 방을 데우고 봉지쌀이나 국수를 사서 끓여 먹고 지내는 것이었다. 수입이 적은 날은 밀가루 20원 어치를 사서 수제비를 끓이면 한 끼는 배불리 먹는다는 것이었다. 그래서 하루 최저 생계비가 연탄 한 장에 20원, 세 끼니 밀가루 60원, 합하여 80원이면 최저의 생활이 된다고 했다. 방은 어둡고 먼지투성이에 환기가 될 만한 봉창도 없었다. 그러니 아이들이 다 감기에 걸려 있었다. 그 가정의 당면 문제는

1. 호주 남 씨의 치료
2. 부인이 좀더 수입이 높고 안정된 일감을 구하는 문제
3. 셋째 딸의 눈병 치료

4. 환기통과 채광창을 내는 일

5. 10세 된 첫째 딸을 학교에 넣는 일

6. 말소된 주민등록증을 살리는 일


이상으로 그 가정의 문제를 정리했다.

한 건씩 함께 해결하여 나가는 중에 남 씨네는 교회에 나왔다. 생활에 질서가 잡히면서 남 씨의 건강이 크게 좋아져 활동할 수 있게끔 되었다. 쓰레기통에서 고물을 수집하여 푼돈을 벌 만큼 되었다.

하루는 남 씨 부부를 불러 "어떻게 하면 자립할 수 있겠느냐?"고 물었다. 남 씨가 말하기를 리어카 한 대만 있으면 둘이서 참새구이나 오뎅 장사를 해서 걱정 않고 살 수 있겠다고 했다. 손수레 한 대에 얼마면 살 수 있겠느냐 물으니 쓸 만한 중고품으로 7천 원 정도면 된다고 했다. 나는 두 분에게 7천 원을 빌려 드릴 테니 이자는 안 내도 되겠고 원금은 갚겠느냐고 물었다. 그들은 이자를 내더라도 갚을 텐데 원금만 갚는데 왜 안 갚겠느냐며 반색을 했다.

그렇다면 내가 친구에게 이야기해서 무이자로 빌려 드리게 할 테니 열심히 해서 갚으라고 하고서 대학 동창을 찾아가 통사정을 했다. 너도 크리스천이니 좋은 일 한번 해, 3개월 내로 갚게 할 테니 만 원을 그 가정에 빌려 주라고 했다. 친구는 직장에서 가불을 하여 만 원을 빌려 주었다.

나는 남 씨에게 돈을 건네며 "손수레만 산다고 되겠습니까? 오뎅 장사 하려면 재료도 사고 밤에 켤 등도 사야 할 테니 만 원을 빌려 드립니다. 이 돈을 얼마 만에 갚을 수 있겠습니까?" 물으니 두 달 안에 틀림없이 갚겠다고 했다. 나는 친구에게서 3개월 기간으로 빌렸으니 충분한 여유가 있는지라 안심하고 주었다.

그러나 며칠이 지나도 그들은 리어카를 사지 않고 있었다. 걱정스러워 물어봤더니 남 씨는 리어카는 언제 사도 되는 것이고 다른 재료들을 준비 중이라고 대답했다. 나는 그러려니만 생각했다.

어느 날 밤늦게 시내에서 뚝방촌으로 들어오는 길에 마을 입구에서 어느 부인이 아기를 업은 채 쓰러져 있었다. 초겨울이긴 하나 살얼음이 어는 추운 날씨였다. 등에 업힌 아기가 추워서 울고 있었다. 곁에 가 보니 남 씨의 부인이었다. 왕년의 악극단원은 술에 곤죽이 되어 얼어붙은 길 위에서 주무시고 계셨다. 일으켜 세우니 그녀는 흐느적거리며 몸을 가누지 못하면서 횡설수설했다. "놔라 이 ×놈아, 내 몸을 탐내는 거야?" 하며 억세게 뿌리치는지라 집에까지 데려다주기에 진땀을 뺐다.

집까지 가서 남 씨를 찾았더니 부부는 일체인가 그도 술에 만취하여 혀가 돌아가지 않는 상태였다. 남 씨는 나를 보고 "예수 선상 미안하오. 또 죄를 지었소이다. 가롯 유다 노릇했소이" 하며 "억! 억!" 토해 내고 있었다. 나는 아무 말도 없이 집으로 돌아왔다. 그냥 슬픈 생각이 들었다.

이틀 후에 남 씨 옆집에 사는 교인이 찾아와서 남 씨네가 이사 간 걸 아시느냐고 물었다. 남 씨네가 어제 움막을 만 7천 원에 팔아 오늘 새벽에 어디론가 가 버렸다고 했다. 나는 가슴이 아팠다. 돈은 둘째고 그들이 다른 곳으로 가면 살기가 어려울 텐데……. 걱정이 앞섰다. 왜 그들이 그렇게 서둘러 도망치듯이 이사를 갔어야 했는지…….

내가 그들에게 큰 잘못을 저지른 것 같았다. 지금쯤 그들 다섯 혼이 어디에서 고단한 인생을 이어가고 있는지 보고 싶어진다. 어느 하늘 아래서든 부디 잘 지내 주기를 바랄 뿐이다.

남 씨가 살던 집을 지나면 33세의 최 씨 댁이 있다.

경상도 안동에서 이농한 가정으로 농업고등학교를 졸업하여 이 동리에서는 유식한 축에 드는 분이다. 내가 처음 방문하던 날은 그 맏아들 병규가 방에 혼자 있었다. 들어가 그와 이야기를 나누었다.

그의 아버지는 직업이 없고, 어머니는 아버지가 술만 먹으면 너무 때려서 지난봄에 자기 삼남매와 68세의 할머니를 두고 집을 나가 버렸다. 지난번에도 한 번 집을 나가셨다가 식모살이를 해서 돈을 조금 모아 들어오니 아버지가 좋아하시고 해서 그런대로 함께 살았다. 그런데 돈이 떨어질 때쯤 되니 아버지가 또 술 먹고 어머니를 때려서 어머니가 견디다 못해 나가셨는데, 이번에 나가신 후에는 소식이 없다는 것이다.

할머니가 집안 살림을 돌보시는데 늙고 쇠약하셔서 늘 자리에 앓아누우신다는 것이다. 지금은 할머님이 창가학회에 기도하러 나가셨는데 아버지 술병 고치는 것과 부자 되는 것 두 가지가 할머니의 기도거리라고 했다.

자기네는 자주 굶는데 굶는 것이 가장 싫다고 했다. 밀가루 수제비를 겨울 내내 소금만 넣고 끓여 먹어서 이제 수제비라면 냄새가 나서 먹기 싫단다. 오늘 아침에는 배추국만 끓여서 한 그릇을 마셨다고 했다. 생활비는 삼촌이 가끔 와서 돈을 주고 가고, 마을에서 이웃 아줌마들이 할머니와 아이들 불쌍하다고 가끔 먹을 것을 가져다준다는 것이었다. 움집이 너무 낮아 허리를 굽히고 들어가 앉으면 천장에 머리가 닿았다.

후에 호주인 최 씨를 만나 이야기를 나누어 보니 퍽 온순한 성격에 선량한 분이었다. 그런데 온 마을에서 난폭하다고 싫어하고 피하기에 자세히 살펴보니 평소에는 온순하나 술이 몸에 들어가면 난폭해지는 것이었다. 그에게는 술을 끊는 것이 급선무인 줄 알고 수차 금주를 권고하였다. 최 씨 자신도 생각하는 바가 있어 술을 끊는 일에 도전하였다.

나는 매일 한 차례씩 그의 집을 방문하여 금주결심이 잘 지켜지고 있는지 여부를 살피고 만날 때마다 조금만 더 참으라고 격려하였다. 술을 끊기 위한 그의 노력은 처절한 싸움이었다. 나는 그가 술이 먹고 싶을 때는 수건으로 자기 발을 묶고 아들에게 손을 묶어 달래서 먹고 싶은 술을 참는 것을 보았다.

이러한 싸움 끝에 최 씨는 술 끊기에 성공하고 직업을 얻게 되었다. 이제 매에 못 이겨 집을 나간 어머니만 돌아오면 최 씨네는 행복한 가정이 될 것이다.

우리는 여러 곳으로 병규 어머니가 있을 만한 곳을 수소문하였으나 종적을 알 수 없었다. 나는 병규네 삼남매와 함께 어머니가 빨리 돌아올 수 있도록 도와 달라고 기도드리곤 했다. 엄마를 돌아오게 해 달라는 기도를 할 때 아이들이 훌쩍훌쩍 우는 것을 보면 나도 눈물이 났다. 그래도 병규네는 아버지가 술병을 고치게 되어 여간 다행한 일이 아니었다.

한 인간이 좌절과 절망에서 벗어나 용기와 희망을 가지게 되는 것을 볼 때면 다른 무엇과 비교할 수 없는 보람을 느끼게 된다.

최 씨 댁을 지나면 이 씨 가정이다.

막대기를 삼각으로 세워 지은 움집에서 일곱 식구가 살고 있다. 68세인 호주 이 씨는 마을 입구에 돗자리를 펴고 사주 · 관상 · 택일 · 궁합 등을 적은 종이들을 펴 놓고 지나가는 사람들의 운명을 점쳐 주는 일을 하신다. 그의 부인 김 씨는 전에는 천주교도였으나 지금은 창가학회에 나가고 있다. 천주교 신자가 창가학회 신도로 개종한 것은 아들의 병 때문이다. 26세의 아들 이원섭은 노동판에 나가고 있었는데 원인 모를 병을 얻어 18개월째 누워 있었다.

병원에 가서 진찰을 받았느냐 물으니 처음 아플 때 보건소에 갔었는데 엑스레이 검사 결과 결핵이 아니라면서 결핵이 아닌 환자는 보건소에서는 치료하지 못한다고 하여 치료받지 못했다고 했다. 그 외에는 병원에 가 보지 못했다고 했다. 뼈만 남은 앙상한 몸으로 목에서 쌕쌕 하는 소리를 내며 기침을 하는데 기침할 때마다 괴로운 표정을 짓곤 했다. 이미 기운이 진하여 일어나 앉을 수조차 없이 죽을 날만 기다리고 있었다.

내가 큰 병원에 가서 진찰 한번 받아 볼 수 있도록 주선하겠다고 했더니 환자는 기쁜 표정을 지으며 베갯머리를 뒤지더니 3백 원을 꺼내 나에게 진찰비에 보태 달라고 했다. 환자가 병원에 가고 싶어 모아 온 돈인 것 같았다. 오죽이나 병원에 가고 싶었으면 이렇게 돈을 모으고 있었을까 생각하니 몹시 측은한 생각이 들었다. 그러나 환자의 상태로 보아 이제는 회복할 가망이 없을 것 같았다.

아들 병을 고치려고 창가학회에 나가는 그의 어머니의 심정은 급하면 지푸라기라도 잡으려는 심정이라고나 할까, 어쨌든 모정의 발로일 것이다. 창가학회는 질병 있는 집마다 접근하여 신심을 가지면 7개월 안에 병이 낫고 3년 안에 부자가 된다고 포교하고 있었다. 그 말을 따라 창가학회로 나가 병이 나은 신자도 있겠고 전보다 경제사정이 나아진 가정도 있긴 하겠으나 그렇지 못한 가정이 더 많았다. 나는 이 지역에서 먼저 창가학회부터 깨어 버려야겠다고 생각했다.

며칠 안으로 병원에 갈 준비를 해서 다시 오겠다고 약속하고 이 씨 댁을 나왔다. 나는 활빈교회의 가마니 바닥에 무릎을 꿇고 이원섭을 치료할 수 있는 길을 열어 달라고 주님께 기도했다.

기도를 마치고 점심을 먹고 있는데 골목에서 "철거반 왔다!"는 외마디 소리가 들렸다. 달려 나와 둑 위를 보니 철거반 차가 와 있고 철거반원 10여 명이 한 집으로 우르르 몰려가고 있었다.

판자촌 주민들은 철거반원들을 철천지원수같이 여겼다. 철거반원들이 타고 다니는 포장 친 스리쿼터를 염라대왕차라 부르고 철거반원들을 염라대왕의 졸개라 불렀다. 철거반 차가 마을에 나타나면 온 마을이 긴장하여 숨을 죽였다. 심지어 5, 6세 아이들까지 철거반이 왔다면 얼굴색이 새하얗게 되어 숨을 죽였다. 이번에는 누구네 집이 당하려나 하고 철거반원들의 일거일동을 온 마을이 주시한다.

그날은 일곱 채의 집이 허물어졌는데 나는 철거반원들을 따라다니며 한집 한집 철거 장면을 목격했다.

첫 번째 철거당한 집은 할머니 혼자 계시던 집이었다. 철거반원들이 해머와 지렛대로 집을 부수고 무너뜨리자 할머니는 "이눔들아! 이눔들아!" 하시며 이 사람 저 사람을 잡고 못 부수게 막으려다가 도저히 힘에 부친다 싶었는지 부엌칼을 가지고 나와 철거를 지휘하는 철거반 반장의 등을 찌르려 했다. 할머니는 손이 잡혀 부엌칼을 뺏기고 그 대가로 지붕 덮은 천막까지 갈기갈기 찢기고 말았다.

철거반원들은 철거 때에 집주인이 조용히 있으면 건축 재료들을 어느 정도 다시 사용할 수 있도록 뜯고 주인이 반항하면 나무토막 하나까지 다 분질러 못 쓰게 해 놓는 것이다.

칼을 빼앗긴 할머니는 땅바닥에 퍼질러 앉아 울며 "이 우라질 눔들아! 똥물에 튀길 눔들아! 자손 대대로 철거나 해처먹어라!" 하고 철거반원들을 향해 악담을 던졌다.

그 사이 철거반원들은 두 번째 집으로 달려들었다. 그 집은 6.25동란 때 부상을 당한 상이군인이 사는 집이었다.

갑자기 철거반원들이 자기 집을 덮쳐 부숴 대니 그 상이군인 아저씨는 자기 집에서 자기가 뽑은 기둥으로 철거반원들을 후려치며 "야, 이 새끼들아. 내가 ○○고지에서 죽지 못한 것이 한이다" 하고 고함질렀다. 기둥을 휘두를 때는 전방고지에서 공산군을 무찌를 때만큼이나 결사적이었다. 그러나 결국 사람 수에 밀려 철거반원들에게 기둥을 빼앗기고 몰매를 맞았다.

관례로 어떤 집이든 철거할 때에는 며칠 전에 철거 계고장을 발부한다. 계고장을 받은 지 며칠 후에 철거를 집행하기 때문에 대체로 자기 집이 철거당할 것을 예측하는 것이다. 그러나 가끔은 계고장 없이 철거하기도 한다. 이번 경우는 사전에 계고장 발부가 없이 철거한 경우였던 모양이다. 이렇게 사전 예고 없이 철거를 당하게 될 때는 당하는 가정이 참 난처한 지경이 된다. 그래서 판자촌 주민들은 철거반이라면 누구나가 두려워하고 또 증오하는 것이다.

세 번째 집에는 아기를 안은 아주머니가 철거당하는 와중에도 집의 방 가운데 가만히 앉아 울고 있었다. 아주머니의 머리와 어깨 위로 온갖 부스러기들이 와르르 쏟아졌다. 아주머니는 아기에게 부스러기가 떨어지지 않게 아기를 감싸며 일어서지 않았다. 이렇게 하고 앉아 있는 데는 이유가 있다.

그런 식으로 방을 떠나지 않고 있으면 철거반이 곡괭이로 구들장을 파헤쳐 버릴 때 사람이 다칠까 조심스러워 대충 몇 곳만 푹푹 찌르고는 그만둬 버린다. 그렇게 되면 온돌이 그대로 남아 있게 되어 후에 다시 세울 때 쉬어지는 것이다.

일곱 채 중 맨 나중에 당한 집은 더욱 비참했다.

이제 막 아기를 낳으려고 진통 중에 있는 임신부가 거주자였다. 곧 아기가 태어날 기미가 있으니 철거를 며칠만 연기해 달라고 이웃 아줌마들이 애걸했으나 철거반장은 오늘은 특별한 사정이 있는 철거이니 자기로서는 사정을 봐줄 수 없다며 철거를 강행했다. 임신부는 무표정하게 가만히 앉아 있다가 가끔 태동이 있는지 몸을 움찔움찔했다.

나는 눈시울이 뜨거워져서 돌아서서 울었다. 더는 참을 수 없어 철거반장을 붙들고 따졌다. 당신들도 공무를 집행 중이니 개인 감정으로 이러는 건 아닌 줄로 안다. 그러나 이건 너무 하지 않는가? 하필이면 왜 오늘같이 추운 날에 철거를 할 것이며, 철거하더라도 왜 사전에 계고장 발부도 없이 갑자기 이렇게 하며, 꼭 오늘 집행해야 할 특별한 사정이 있더라도 아기 낳고 있는 집을 때려 부수면 어떡하겠는

가. 이 추운 날 어디 가서 출산을 할 것이며 그 여인에게 얼마나 나쁜 자극을 주겠느냐고 항의했다. 철거반장은 담배를 한 대 피워 물더니 대답했다.

"오늘은 우리도 무리인 줄 압니다. 그러나 높은 사람이 워커힐로 가는 모양인데, 오늘 당한 집들은 워커힐로 가는 도로에서 보이는 집들입니다. 지붕 꼭대기가 둑 위로 솟아 보이는 집들만 뜯은 거죠. 우리도 달리 어떻게 할 재간이 없습니다. 워커힐 가는 길에서 보이는 집들은 오늘 중으로 다 헐고 현장 확인 사진을 찍어 가야 우리도 직책을 완수하는 게 됩니다."

나는 괴로운 가슴을 안고 교회로 와서 혼자 실컷 울었다. 철거광경을 함께 보다가 도중에 돌아와 버린 아내가 말했다.

"여보, 어떻게 표현하면 좋을지 말도 할 수 없는 심정입니다. 다리 하나 건너편의 부조리라고나 할까요. 다리 저편에는 고층건물과 호화로운 집들이 즐비하고 자동차 · 전기 · 수도 등등 온갖 시설들을 갖추어 살고 있는데, 다리 이편에는 한국 땅에 이런 곳이 있는지도 제대로 알려지지 않은 채 죽지 못해서 살고 있는 사람들이 있네요. 이 사람들을 생각하면 도무지 어떻게 해야 하는지 종잡을 수가 없어요. 우리가 이렇게 하는 것도 밑 빠진 독에 물 붓기가 아니겠습니까?"

자기도 이전에 워커힐로 수차 왔다 갔다 하면서도 둑에 가려 이런 마을이 이곳에 있는지를 꿈에도 몰랐었고, 설사 봤다 하더라도 무심히 보아 넘기며 우리와는 다른 열등한 인간들이 사는 곳이려니 하고 지나쳤을 텐데 막상 이들과 함께 살아 보니 다 같은 사람들이다, 자기는 이곳에 적응하기가 힘들어 하루라도 속히 밖으로 나가 정상적인 생활을 하고 싶지만 그동안에 지내보니 예수님의 인간에 대한 연민의 정을 조금은 이해할 듯 하다고 했다. 나는 아내에게 말했다.

"서울시는 하나의 시가 아니고 세 개의 시가 모여서 이루어진 시요, 첫째는 높은 사람들과 재벌들 그리고 외국 사람이 사는 서울특별시, 글자 그대로 특별한 사람들이 사는 서울특별시이지. 둘째는 교수 · 선생 · 공무원 · 장사꾼 등등이 살고 있는 서울보통시이지. 보통 사람들이 보통으로 살고 있는 곳이야. 셋째는 우리가 살고 있는 판자촌인데, 여긴 서울하등시요. 서울시는 서울특별시, 서울보통시, 서울하등시 이렇게 셋으로 나누어져 있는 거요. 서울특별시 시장은 양택식 시장이고 서울보통시는 보통사람들이니 시장이 필요 없고 서울하등시는 아직 시장이 공석이니 우리가 하등시 시장으로 출마합시다. 내가 서울하등시 시장으로 당선되면 당신은 시장 사모님이 되는 거고 동혁이는 시장의 장남, 귀하신 몸이 되는 거요."

내 말을 듣더니 아내는 재미있다고 웃으며 그렇다면 시장쯤 되면 자가용이 있어야 되지 않겠느냐고 했다.

"그럼! 시장이 자가용이 있어야지. 서울특별시 시장 자가용은 세단이지만 하등시 시장 자가용은 세단으로 하면 비포장도로에 불편해서 못 쓸 거요. 하등시 시장 자가용은 리어카가 좋겠네. 시장이 앞에서 끌고 사모님은 뒤에서 밀고 시장 아들은 위에 타고 판자촌 순방을 돌면 아주 썩 어울리지 않겠나."

나는 이렇게 이야기하고서 웃었다.

우리는 저녁식사로 수제비 한 그릇씩을 먹고 오늘 철거된 집들을 방문했다. 양식이 없는 가정에는 우리가 가진 양식을 나누어 보내고 이불이 부족한 집에는 담요를 보냈다. 추울 테니 아이들 데리고 교회로 가서 자자고 권했으나 그 자리를 다시 꾸려서 자겠다고들 했다. 길가의 잡초처럼 끈질긴 삶들이었다. 임신부와 다른 한 가정만 데리고 와 함께 잤다.

다음 날은 이원섭이를 치료할 수 있는 길을 뚫기 위해 동분서주했다. 지성이면 감천이라더니 화신백화점 뒤에 있는 감리교 태화관 내의 기독교 의료선교협회에서 환자를 데려만 오면 치료해 주겠다는 약속을 받고 기쁜 마음으로 돌아왔다.

오는 길에 가만히 생각하니 일어설 수도 없는 이원섭 군을 종로까지 어떻게 데려갈 것인가가 문제였다. 버스는 아예 못 탈 것이고, 택시를 잡는다 해도 비좁아 불편할 것인데다 왕복과 대기 시간에 요금이 엄청나게 오를 것이다. 선교사들이 타고 다니는 랜드로바 차가 있으면 환자수송에 안성맞춤일 것 같았다. 그러나 선교사들이 이런 일에 차를 내어 줄지가 의문이었다. 하지만 한편으론 한국에 선교하겠다고 와 있는 사람들이니 협조해 줄 것 같다는 생각도 들었다.

나는 장로회신학대학에서 학생들의 존경을 받고 있는 호주 선교사 브라운 교수를 찾아갔다. 내일 환자를 병원으로 수송해야겠는데 선생님의 차를 좀 빌리자고 했더니 브라운 선교사님은 "차만 있으면 되느냐, 운전수가 있어야 되지 않느냐?"고 물으셨다. 내가 그렇다고 대답했더니, 내일이라면 차는 빌려 줄 수 있겠지만 내가 운전을 해야 하는데 내일 회의가 있어서 운전을 할 사람이 없다, 환자를 병원까지 왕복할 택시비용을 낼 테니 불편하더라도 택시를 이용하라고 했다. 사정이 그러하니 어쩔 수 없이 택시를 이용하기로 하고 택시비를 받아왔다.

나는 이원섭의 일은 잘 진행되어 가고 있는 줄로 생각되어 기운이 솟았다. 내일 병원에 간다는 소식을 전하러 그의 집에 들렀다. 그러나 내가 그의 집에 도착하니 조금 전에 그가 숨을 거두었다는 것이다. 나는 "아니, 병원에 가게 되었다고 전하러 왔는데 죽다니" 하며 방에 들어갔다. 그는 숨을 거두면서 예배당 선생 불러 달라더니 이내 숨졌다는 것이었다. 기운이 쑥 빠졌다.

그의 어머니가 "이 녀석아, 하룻밤만 더 넘겼으면 병원엘 가 보고나 죽제. 복 없는 녀석은 하는 수 없다" 하면서 통곡했다. 그의 아버지는 자기가 죄가 많아 이 늙은 것이 죽지 않고 자식을 앞세웠다고 한탄했다.

시체를 덮은 요를 벗겨 보니 이불솜으로 코와 입을 막아 두었고 예비군복을 입혀 놓았는데 뼈만 남다시피한 얼굴이 푸른빛을 띠고 있었다.

나는 순간 섬뜩한 느낌이 들었으나 참고 시체의 이마에 손을 얹고 기도를 드렸다. 이러한 행동이 가족들에게는 퍽 위로가 되었던 모양이다. 내가 기도드리는 동안에 전 가족이 모두 꿇어앉아 고개를 숙이고 있었다. 관상 사주 보는 아버지도, 창가학회 다니는 어머니도, 활빈교회 다니는 여동생도 모두 함께 고개를 숙이고 있었다.

나는 죽은 자의 영혼을 위해 무어라 기도드려야 할지 퍽 난처했다. 어려서부터 교회에서 배우기는 예수 믿지 않고 죽으면 다 지옥 간다는 것인데 이 청년이 이제 지옥으로 간다는 것은 너무나 억울한 노릇이다. 세상에 태어나 이런 움막에 살다가 몹쓸 병을 얻어 약 한 첩 제대로 쓰지 못하고 죽었는데, 죽은 후에 다시 지옥으로 간다는 건 너무나 가혹하고 불공평한 일인 것 같았다. 그렇다면 그가 천국으로 갈 것인가? 그것도 자신이 없었다.

무어라 기도를 드려야 할지 머뭇거리다가 눈을 떴더니 가족들이 계속하여 눈을 감고 있었다. 나는 다시 눈을 감고 기도했다.

'주님, 이 젊은이의 장례를 무사히 치를 수 있도록 도와주시옵소서. 그리고 이 가정에 다시는 이런 비극이 일어나지 않도록 도와주시옵소서.'

나는 가족에게 장례식에 대해 의논했다. 도우려던 환자가 죽어버렸으니 이제는 장례식이라도 돕는 수밖에 없다고 생각했기 때문이다. 장례식은 어떻게 치르겠느냐고 가족들에게 물으니 모두가 묵묵부답이다. 한참 후에야 아버지가 "내일이라도 실어 내갔으면 좋겠는데……" 하고 말끝을 흐린다. 장례비용을 걱정하고 있음을 눈치 챘다.

마을 사람들을 모아 장례 치르는 것에 대해 의논을 했다. 장례에는 다음 세 가지가 문제였다. 첫째, 의사가 발행한 사망진단서가 있어야 한다. 이 사망진단서를 동사무소에 제출하면 매장허가서가 나온다. 둘째, 시신를 염하고 관을 사다가 그 시신을 넣는 일이다. 셋째, 영구차를 불러 화장터로 가서 화장하는 일이다. 이상의 세 가지가 해결되어야 할 문제였다. 주민들과 의논 끝에 일을 분담했다.

가장 문제가 되는 의사의 사망진단서 발부는 활빈교회가 맡는다. 두 번째의 염하고 관 사오는 문제는 마을 사람들이 십시일반(十匙一飯)으로 모아서 돕는다. 마지막으로 영구차 부르는 일은 상가(喪家)

에서 부담한다.

이렇게 일을 나누어 맡은 뒤 나는 활빈교회가 맡은 사망진단서 얻는 일을 서둘렀다. 죽은 사람이 생전에 병원에서 진찰받은 적이 있으면 그것을 근거로 무슨 병으로 죽었다는 사망진단서를 발급받을 수 있겠는데 보건소에서 결핵이 아니라는 판정을 받은 것 외에는 아무런 근거가 없으니 퍽 곤란한 일이었다.

결국은 의사를 왕진 오게 하여 시체검진과 진단서를 받는 도리밖에 없다. 의사가 왕진 와서 사망진단서를 발급하는 경우의 비용을 알아보니 물경 만 5천 원이란 거금이 있어야 한다는 것이었다.

나는 입장이 퍽 난처했다. 동민들은 활빈교회가 진단서를 맡았으니 이미 떼 놓은 것인 양 믿고 있는데, 내게 의사를 부를 돈이 없으니 고민에 빠질 수밖에 없었다. 그러나 어차피 사망진단서가 있어야 시체를 움직인다니 나는 다시 한 번 뜀뛰기를 해 보기로 했다.

교회에 들어가 가마니 바닥에 꿇어앉아 사망진단서를 떼는 일에 성령께서 도와주시기를 기도했다. 기도 후 부딪쳐 볼 만한 곳을 손꼽아 보았다. 네 곳의 후보처를 정하고 차례로 접촉해 보기로 했다. 맨 먼저 기독교 의료선교협회로 갔다. 김 사무장을 만나 통사정을 했다. 그가 말하기를 "사망진단서란 건 의사라야 발부할 수 있으니 이화여대 부속병원의 이모 의사를 찾아가 부탁해 보라"며 메모를 적어 주었다.

나는 이대 부속병원으로 이 의사를 찾아갔다. 그는 한마디로 거절했다. 나는 포기할 수 없어 애걸복걸 네 시간을 따라다니며 조른 끝에야 겨우 성공할 수 있었다. 개인적으로는 퍽이나 미안했다. 그러나 마을 사람들이 사망진단서 오기만을 기다리고 있는 광경을 생각하니 조바심이 나서 체면이고 교양이고 다 팽개쳐 버리고 무조건 사망진단서 하나 떼 달라고 엉겨 붙은 것이었다. 진단서를 받아든 후 90도 각도로 절을 하고는 마을로 돌아왔다.

내가 오기를 모두들 학수고대하고 있었다. 진단서를 내놓으니 온 식구가 눈물을 글썽이며 고마워했다. 동사무소로 매장허가서를 발급받으러 보내는 한편 관을 짜기 시작했다. 주민들의 말에 의하면 짜놓은 관을 사게 되면 가장 값싼 관이 3천5백 원인데 우리 손으로 만들면 1천5백 원이면 된다는 것이다. 헌 나무를 사다가 마을 사람들이 직접 짜기로 결정을 했다. 마을에서 모은 돈이 4천 원이나 되니 관을 손수 짜고 남는 돈은 화장비용에 보태어 쓰자고들 했다.

얼마 후 동사무소에서 매장허가서가 도착하고 헌 판자로 관도 만들어졌다. 이제 영구차를 불러 벽제에 있는 화장터로 가면 되는 것이다. 그런데 영구차를 불러올 비용이 모자랐다. 최소한 만 3천 원은 있어야 되는데 6천 원밖에 없다는 것이었다.

나는 아무 말 없이 시내로 나가 학형이를 도와주었던 침례교 선교사인 민 목사님을 찾아갔다. 얼마 전에 그의 차를 보았더니 차 뒤편에 짐을 실을 수 있는 구조이던 것이 생각났기 때문이다.

그를 만나 다짜고짜 "당신 차 내일 좀 씁시다"고 했더니 "어디에 쓸 것이냐?"고 물었다. 나는 솔직하게 시체를 싣고 화장터로 갈 것이라고 말해 버렸다. 자가용차에 시체를 실을 수 있겠느냐고 묻기에 사람 타는 차인데 죽은 사람도 사람은 사람이니 관계없지 않겠느냐, 화장터가 가까우면 마을 사람들이 메고 갈 테지만 너무 멀어 차로 가긴 해야겠는데 영구차를 부를 돈이 모자라서 그러니 당신 차 신세 좀 지자고 말했다.

그는 나를 한참이나 쳐다보며 생각하더니 내일 한 시까지 차를 보내 주겠다고 약속했다. 나는 발걸음도 가볍게 마을로 돌아와 내일 한 시에 영구차가 오기로 했다고 초상집에 알렸다. 그날은 수요일이었다.

수요일 저녁 기도모임에는 좁은 예배장소에 너무 많이들 모여 몇 번씩이나 자리를 좁혀 가며 예배를 드렸다.

다음 날 오후 한 시에 붉은 색의 자가용차가 도착했다. 시체를 싣기에는 너무나 날씬한 차였다. 간단한 장례예배를 드린 후 화장터로 갔다. 화장터의 화장비용은 의외로 값이 쌌다. 50원으로 일체의 수속이 끝났다. 나는 서울시가 잘하는 일도 있구나 하는 생각이 들었다.

집에 오니 아내가 말하기를, 최 씨 댁에서 굶고 있다는 소식을 듣고 가 보았더니 어른 아이 모두가 방에 일렬로 누워 있기에 밀가루와 라면, 쌀을 가져다주었다고 했다. 나는 너무 많이 주지 않았느냐고 나무랐다. 푹푹 떠다 주었으면 좋겠지만 한 집에 그렇게 많이 주어버리면 어쩌느냐고 하니 아내는 의아한 듯, "당신이 주는 걸 말릴 때도 있군요. 내일 해가 서쪽에서 뜰 모양이네요. 이왕 주는 김에 많이 주어야지 조금씩 주면 효과가 없잖아요"라고 했다. 부잣집 출신이라 생각이 다른 데가 있다고 생각했다.

저녁에는 강원도에서 광산업을 하다가 실패하여 청계천 바닥에서 고생하고 있는 김 씨 댁을 찾아갔다.

온돌도 없는 방에서 여덟 식구가 2년째 고생하고 있는 가정으로,

지난번 철거반에 당한 집들 중의 하나이다. 공장에서 갓 돌아온 열일 곱 살의 딸이 시래기죽을 냄비 채로 먹고 있었다. 내가 가니 부끄러 운지 냄비를 감추었다.

추운데 왜 온돌을 깔지 않느냐고 물었더니 철거반 등쌀에 온돌 놓 을 정신이 없다고 그 어머니가 대답했다. 지금까지 통산 27회나 철거 당했다고 한다. 뜯는 편이나 뜯기는 편이나 다 필사적이었다. 한국 민족성의 특성이 은근과 끈기에 있다더니 그 말이 옳은 말인가 보다. 끈기 있게 철거하고 끈기 있게 다시 지었다.

어머니는 지금 직장에서 돌아온 딸이 작업을 너무 늦게 마치는데 일당은 너무 적으니 좀더 대우가 좋은 자리로 옮겼으면 좋겠는데, 소 개할 만한 곳이 있으면 소개해 주면 좋겠다고 했다. 일당이 얼마냐고 물으니 하루 180원이라 했다. 하루 180원을 주고 이때껏 일을 시켰 다니 참 낯 두꺼운 사장이다. 대우가 훨씬 좋은 공장을 알고 있으니 연락해 보겠다고 일러 주곤 집으로 왔다.

잠자리에 누우니 심신이 상쾌했다. 남을 위해 사는 것이 이렇게 행 복한 것인가. 새삼 놀랍게 생각되었다. 영혼의 만족감이랄까, 혼의 깊은 곳에서 우러나는 희열을 맛보며 잠을 청했다.

다음 날은 최근에 교회에 나오기 시작한 청년이 개인적으로 이야 기를 나누고 싶다고 하기에 그와 마주 앉았다. 그가 말했다. 자기는 박 씨이나 실제로는 최 씨이다. 자기 어머니가 어떤 기회에 자기 아 버지인 박 씨가 아닌 최 씨와 잠자리를 같이 하고서는 불행히도 꼭 열 달 뒤에 자기를 낳았다. 그런데 최 씨에게는 아들이 없었다. 최 씨 는 '나와 관계한 지 열 달 만에 아이를 낳았으니 내 핏줄임이 틀림없다, 나에게 아들이 없으니 내 아들임을 주장하고 찾아와야겠다'고 생각하고는 자기 아버지인 박 씨에게 와 사실 이야기를 하고서, "이번에 난 아들은 자네 아들이 아니라 내 핏줄을 타고난 나의 아들이니 나에게 달라"고 주장했다. 그 말을 들은 아버지 박 씨가 선뜻 아들을 내어줄 리가 만무했다. 결국 소리가 높아지고 다툼이 되자, 동리 사람들이 알게 되고 둘 다 웃음거리가 되었다. 그래서 자기는 박 씨 아버지 밑에서 눈칫밥을 먹고 자랐다는 것이다.

청년의 결론은 자기가 더러운 피를 받고 태어났다는 갈등으로 고민하고 있다는 것이었다. 나는 그에게 예수 그리스도의 피의 공로를 이야기했다.

"크리스천이란 새로운 피를 받은 사람들이다. 우리가 육신으로 최 씨 피를 받았건 박 씨 피를 받았건 이제는 상관없는 것이다. 예수를 믿는다는 것은 예수께서 십자가에서 피 흘려 죽은 것이 내 죄를 씻기 위함이었음을 믿는 것이요, 그 예수가 흘린 피로 나의 죄를 다 용서받았음을 믿는 것이다. 결국 예수가 우리를 위해 피 흘리셨다는 말은 예수의 피가 우리의 이전의 육신에 속한 피를 몰아내고 자기의 깨끗한 피로 바꾸었음을 뜻한다. 우리 몸에 들어온 예수의 피가 우리의 모든 과오와 허물을 다 씻어 주신 것이다."

심각히 듣던 그는 얼굴이 밝아지며 "이전의 부모로부터 받은 피는 취소되고 생명의 새 피를 받았으니 기쁘다"고 말했다. 둘이서 기도한 후에 그는 돌아갔다.

# 자활에의 길

이때쯤 되어 우리는 큰 어려움에 부딪혔다. 준비했던 예산이 바닥이 난 것이다. 외부의 지원은 일체 없이 그 돈으로만 집을 사서 수리하고 환자들을 돌보고 생활비로 쓰고 하니 예상보다 훨씬 일찍 경제공황이 닥친 것이다. 그때의 일기장을 보면 이렇게 적혀 있다.

71년 11월 26일 맑음

이곳에 활빈교회 간판을 달고 창립예배를 본 지도 50여 일이 지났다. 어제 저녁을 굶고 자서 그런지 새벽기도회에 일어날 마음이 생기지 않는다. 이불 속에서 "여호와 선하신 목자 되시고 나는 그 기르시는 어린 양 ……"을 부르다가 생각했다. 제2라운드의 고비를 어떻게 넘길까? 예상보다 훨씬 빨리 경제공황에 부딪히게 되었는데 해결의 실마리가 잡히지 않는다.

며칠째 수제비로 살아온 터에 이제 동전 한 푼 없게 됐으니 움츠러들고 뛸 수가 없다. 윗목에 누웠던 영준이가 너무 배가 고파 뱃가죽이 당긴다고 해서 아내와 셋이 웃었다. 그래도 아내는 용하게 참는다. 아기 젖 빨리고 며칠째 굶어 온 터에 불평 없이 웃을 수 있으니 대견한 마음이 든다. 하지만 퍽 미안하다. 평생 처음 겪는 시련일 텐데.

아침 8시경이 되니 골치가 띵하고 속이 메슥메슥한 것이 빈혈증이 나는 것 같다. 배고픈 것이 가장 큰 설움이라고들 하더니 이래서 하는 말인가 보다.

교회 재정을 위한 장기적인 대책이 있어야겠다. 애초에 자립 자활을 목표로 외부의 보조를 거절한 것이 지나친 행동이었던가? 누군가는 나를 '돈키호테식이다, 얼마 못 가 넘어질 것이다'고도 했다. 그러나 새로운 의미의 교회이니 비록 배고프고 고달플지라도 한 발짝씩 다지며 스스로 쌓아야 한다. 하나님이 이 교회를 기뻐하신다면 틀림없이 길이 열릴 것이다. 그러나 배고픈 것은 배고픈 것이다. 참기 힘들다. 우선 무얼 좀 먹어야겠는데……. 아내가 부엌에서 분유를 끓여 왔다. 한 사발 들이키니 한결 살 것 같았다.

문제는 우리가 굶는 것이 문제가 아니라, 우리가 배부르게 먹고 있던 지난날부터 이 동리의 여러 가정은 굶어 왔다는 사실이다. 그들은 어떻게도 이렇게 고통스러운 굶주림을 숙명으로 받아들이고 있을까? 기아의 신에 순종하고 있다고나 할까? 아무런 요구도, 아무런 항의도 없이 찬 방에 누워 있는 얼굴들을 보아 왔다. 이제 내가 직접 당해 보니 상상 이상으로 고통스러운 것이다.

그런데 그들은 왜 그런 고통스러운 기아에서 뛰쳐나오지 못하고 있는가? 습관화되었기 때문일까? 사회제도 때문일까? 잘못된 정책? 사회구조의 희생자들인가? 개인의 무능, 나태, 불운 때문일까? 한번 빈민촌에 떨어지면 일생을 벗어나지 못하는 원인이 어디에 있는가? 더러는 "그들의 의식구조 탓이다. 그들은 가난해질 수밖에 없는 정신구조를 가지고 있다"고 말하는 사람도 있다. 애초에 빈민이 될 수밖에 없는 인간 됨됨이를 지녔다는 것이다. 그것은 잘못된 생각이다. 지금 나 자신도 굶어 기운이 진하니 아무런 생각도 할 수 없게 되고 현상을 타개할 기력이 없어지는 것이 아닌가? 그러니 무기력과 무능은 빈곤에서 오는 결과이지 그 원인은 아니다.

어쨌든 나는 오늘부터 남을 돕기 이전에 나와 아내와 자식, 세 식구의 굶주림을 먼저 해결해야 한다. 우선 나 자신부터 빈곤에서 해방될 수 있는 길을 찾아야 빈곤에서의 해방을 설교할 수 있지 않겠는가? 그렇다면 어떻게 해결할 것인가? 취직? 장사? 모금? 여러 가지로 생각해 보지만 묘수가 떠오르지 않는다. 무엇보다 이 판자촌 주민들의 수준에서 해결할 수 있는 길을 개척하여야 한다.

내가 교사가 된다든지 외부의 보조를 받는 식으로 해결한다면, 이곳 주민들은 따라 할 수 없는 방법이다. 주민들도 할 수 있는 방법으로 이 고비를 넘겨야 한다. 그렇게 해야 "당신은 우리네와는 다른 특별한 사람이니 그렇게 할 수 있지 못 배우고 가난에 찌들려 살아온 우리네야 그렇게 할 수 있나요?"라고 변명할 수 없을 것이다. 이곳 주민들은 대개가 농촌에서 무작정 상경한 이농민들이다. 기술도 없고 재능도 없는 전직 농민들이 서울 땅에서 무엇을 해야 살아갈 수 있을 것인가? 이곳 주민들이 할 수 있을 것으로 내가 할 수 있을 것이 무엇일까? 그렇다. 넝마주이를 한번 해 봐야겠다.

이상이 11월 26일의 일기이다. 교인 중에 수년간 넝마주이로 살아가는 최 군이 있었다. 최 군을 만나 의논해 보기로 했다. 신학교에 가서 친구들에게 4천 원을 빌려왔다. 밀가루 한 포를 사고 3천 원을 깊숙이 넣어 두었다. 넝마주이 하는 데 필요할 것 같아서였다.

저녁에 최 군을 찾아갔더니 그가 반가이 맞았다. 나는 그에게 "자네와 같이 넝마주이 나갈 수 있겠는가?"고 물었더니 "누가 나갈 겁니까?" 하고 물었다. 설마 전도사님께서 나가시려는 건 아니겠지요 하는 말투였다. 내가 "누구긴 누구야, 내가 나가는 거지" 했더니 최 군은 "전도사님, 농담 마십쇼" 하고 웃었다.

나는 차분히 설명했다.

"자네도 알다시피 활빈교회는 자활정신으로 세워진 교회이네. 그래서 외부의 보조도 없고 교인들이 내는 헌금은 아직은 이삼백 원 안팎이야. 나도 먹고 살아야 할 것 아닌가? 내가 무얼 해서 살아 나갈까 생각하던 중에 자네와 같이 넝마주이를 하고픈 생각이 나서 찾아온 거야. 자네 혹시 나에게 넝마주이같이 천한 업을 하시렵니까? 하는 식의 말은 안하겠지. 먹고 사는 일에 천하고 귀함이 어디 있는가. 굶는 게 천한 것이지 자기 힘으로 살겠다는 건 다 귀한 거야. 자네 내 말 알아듣겠나?"

그러자 그는 "전도사님의 말씀 잘 알아듣겠습니다. 전도사님의 말씀을 들으니깐 내가 기분이 좋아집니다. 좋습니다. 한번 같이 뛰어 봅시다. 신바람 나게 해 봅시다" 했다.

이리하여 그와 나는 넝마주이에 동업자가 되기로 합의했다. 넝마일에 하루 얼마씩이나 버느냐고 물었더니 주인 없는 물건만 열심히 주우면 천 원 정도 벌고, 주인 있는 물건들도 적당히 실례하면 5,6천 원 번다고 했다. 나는 말뜻을 이해하지 못하겠기에 물었다. "이 사람아 주인 있는 물건, 없는 물건이 무슨 말인가?" 했더니 "전도사님도 센스가 어지간히 둔하시네요. 아 주인 있는 세숫대야나 알루미늄 솥 같은 걸 주인이 보지 않을 때 주워 담으면 수입이 오르고 진짜 쓰레기통만 뒤지면 수입이 적다는 이야기입니다" 하는 대답이 돌아왔다.

그 말을 듣고서야 나는 알아차리고 "아니, 넝마주이는 쓰레기통을 뒤지거나 버려진 물건을 줍는 것이지 남의 집 세간을 주워 와서야 되겠는가"고 했더니, 그는 "그야 물론 그렇게 하지요. 근데 가끔 가다 주인 있는 것도 실례할 때가 있긴 있습니다. 전도사님은 아직 안 해 봤으니까 그런 말씀을 하시지 열흘만 하고 나면 생각이 달라질 겁니다"고 했다. 나는 "그럼 그 문제는 열흘 뒤에 생각해 보기로 하고 이제 개업하려면 우선 필요한 것이 무언가?" 하고 물으니 리어카 한 대, 추렁 그리고 집게가 필요한 전부란다. 리어카는 자기가 쓰는 걸 같이 쓰기로 하고 추렁 값이 9백 원, 집게가 40원, 합계 940원이 넝마주이 개업에 소요되는 예산이다. 다음 날 새벽부터 같이 나가기로 했다.

밤 11시경, 마을 깡패들이 밤일 마치고 돌아오는 소년 직공을 패고서 월급 받은 돈을 빼앗았다. 얻어맞고 돈 빼앗긴 아이는 코피를 흘리며 울고 있었다. 아마도 소년의 어머니는 수제비죽을 끓여 놓고 아들 오기를 기다리고 있을 것이다. 아이가 빼앗긴 기천 원의 돈이 그 가정의 한 달 생계비인지도 모른다. 나는 소년을 교회로 데려와 피를 닦고 세수를 시키고 물었다. 아버지가 돌아가시고 어머니와 두 동생 모두 네 식구가 산다고 했다. 집에서 누가 벌어서 사느냐 물으니 동생과 자기 둘이 공장에 다닌다고 했다. 어머니는 아버지가 돌아가신 후에 심장병이 생겨서 물도 못 길으신다고 했다. 네가 받아오던 월급이 얼마냐고 물으니 5천3백 원이란다. 나는 넣어 두었던 3천 원을 주었다. 매월 말일께가 되면 깡패들이 길목을 지키고 있다가 월급봉투를 빼앗는 것이다.

더러는 여자들의 몸에 손을 대기도 한다. 늦은 밤에 "사람 살려!" 하는 여자의 비명 소리가 가끔 들리곤 했다. 그런 비명이 들려도 아무도 관심을 두지 않고 못 들은 척하는 것이다. 한번은 손전등을 비추며 소리 나는 쪽으로 갔다. 일부러 "누구요?" "여기 사람들이 가요" 하고 크게 소리 지르며 갔더니 둑 아래 풀숲에서 장정 셋이 올라오며 내 쪽을 향해 "어떤 새끼야. 뒈지고 싶나? 칼로 그어 버릴까 보다" 하면서 슬금슬금 사라져 버렸다. 그들이 올라온 곳으로 내려가 보니 20세 안팎의 처녀가 울며 팬티를 끌어올리고 있었다. 나는 그녀의 얼굴을 보기가 민망해서 발치만 비추며 "다친 데가 없느냐?"고 물었더니 아무 대답도 하지 않고 울며 가 버렸다. 나는 활빈교회가 방범대를 조직해서 마을 치안을 담당해야겠다고 생각했다.

다음 날, 넝마주이를 나가야겠는데 추렁값 940원이 없어 걱정하고 있으니 아내가 천 원을 건넸다. 나는 의아해서 어디서 거금 천 원이 생겼느냐고 물었다. 아내는 이럴 때 쓰려고 비상금으로 둔 것이라고 했다. 그럼 굶을 때 어떻게 안 쓰고 있었느냐 물었더니 양식 사 먹는 것은 소비니까 안 썼고 추렁 사는 것은 생산에 투자하는 것이기 때문에 내놓는 것이라 했다.

그때 문 밖에서 인기척이 났다. 내다보니 아기를 업은 만삭의 부인이 먼발치로 우리 방을 보고 있었다. 20대의 부인으로 얼굴에 부기가 있었다. 이상하다 싶어 아내가 나가서 데려왔다. 우리에게 하실 말씀이 있으시냐고 물었더니 부인은 고개를 숙이고 묵묵부답이었다. 옆에서 아내가 "어려운 사정이 있으시면 말씀드리세요"라고 재촉하니 들릴락 말락 한 소리로 떠듬떠듬 말했다. 아기 아빠가 술 먹고 사람을 때려 감옥에 갔는데 산달이 가까워서 친정에 가서 몸을 풀려 한다고 했다. 아기 아버지는 얼마의 형을 받았느냐 물으니 6개월 받아서 이제 4개월 살았고 2개월이 남았다고 했다. 여인은 거기까지만 이야기하고는 다시 침묵이었다.

아내가 눈치 채고 친정에 가시는 데 여비가 없느냐니까 여인은 고개만 끄덕였다. 친정이 어디며 여비가 얼마나 드느냐고 물으니, 전남 벌교인데 7백 원이 든다고 했다. 아내가 "그럼 도중에 요기도 해야 할 것이니 천 원은 있어야겠네요" 하더니 나에게 "여보, 아까 그 돈 천 원 드립시다"며 힘없는 말투로 말했다. 나는 추렁 사려던 돈 천 원을 주어 보냈다. 그녀는 아무 말 없이 나갔다. 벙어리처럼 고개만 숙여 고맙다는 표시를 하고는 갔다.

이리하여 넝마주이 첫날은 추렁을 마련치 못한 채 최 군을 따라다니며 넝마줍기의 요령을 익혔다. 넝마줍기도 아무것이나 주워 담으면 되는 것이 아니었다. 돈이 되는 것만 골라 담아야 하는 것이다. 쓰레기에도 종류가 있고 종류에 따라 이름이 있었다. 일반 종이류를 오색지, 시멘트 포대 종이 등의 황색지를 하드롱, 프라스틱, 비닐류를 알창이라 불렀다.

나는 쓰레기 종류와 이름을 익히며 넝마줍기 견습을 했다. 최 군은 어느 호화주택 앞에 놓인 쓰레기통에서 비닐에 싸서 버린 밥을 주워 추렁에 담았다. 또 다른 집 쓰레기통에서 닭다리 몇 개를 주워 담았다. 내가 최 군에게 버린 밥이나 닭다리를 왜 주워 담느냐고 물었더니 최 군은 "끓여서 점심합니다"고 했다. 나는 질겁하며 "이 사람아, 버린 음식을 어떻게 먹는가? 그만 버리세" 했더니 최 군이 정색을 하며 말했다.

"전도사님! 넝마주이는요, 더럽다는 생각을 버리는 날부터 할 수 있습니다. 그냥 먹는 것이 아니라 끓여서 먹지 않습니까. 전도사님도 오늘은 첫날이니 더럽다는 생각이 들지 며칠만 지나면 생각이 싹 바뀌실 겁니다."

리어카 있는 곳에 이르러 최 군은 나무를 주워 모아 불을 지피고 주워온 비락통을 끄집어내더니 가까운 가정집으로 달려가 물과 김치, 된장 등을 얻어왔다. 비닐에 싸인 밥을 비락통에 넣고 된장과 김치 등과 버무려서 불 위에 얹었다. 닭다리를 툭툭 털고 굽더니 나에게 권했다. 나는 더러운 생각이 들어 사양했다. 그는 혼자 닭다리 여섯 개를 단숨에 먹어 치우고는 비락통으로 다가앉았다. 나는 속이 메슥거리는 것을 꾹 참고 잡탕밥을 함께 먹었다. 식사하면서 최 군은 넝마주이는 무엇이든지 다 주워 쓸 수 있다며, 넝마주이 생활의 편리함을 자랑했다. 재떨이, 비닐장판, 냄비, 이불, 석유곤로 등등 생활에 필요한 모든 것이 쓰레기장으로 나온다. 실제로 그의 방에는 쓰레기장 출신 가구들로 장식되어 있었다.

오후에는 수도여자사범대학 뒤편을 돌다가 어느 쓰레기 집합장에서 죽은 개 한 마리를 보았다. 아마 약을 먹고 죽은 쥐를 먹은 것 같았다. 최 군은 그 죽은 개를 보더니 반색을 하며 추렁을 내리고 시멘트포대 종이로 개를 둘둘 말아 추렁 속에 넣었다. 그러고는 이빨이 드러나게 싱긋이 웃으며 "오늘 전도사님과 함께 다니니 재수가 좋은데요" 했다.

나는 그의 행동을 이해할 수 없었다. 왜 약 먹고 죽은 개를 정성스레 싸서 추렁에 넣을까? 나는 납득이 가지 않아 "최 군! 그 개 쥐약먹고 죽은 개 같은데 왜 추렁에 담는 거지?"라고 물었더니 최 군은 "그렇겠지요, 쥐약 먹고 죽었더라도 창자를 훑어 내고 요리하면 아무일 없습니다. 제가 저녁에 기차게 요리를 할 테니 우리 집에서 오늘 저녁 쇠주 파티 한 판 벌립시다"고 했다. 나는 놀라서 "이 사람아! 그 개 버리게. 자네 누굴 죽이려고 그러나?"고 했더니 그는 아니란다. 이 개를 보신탕집에 가져가면 당장 5백 원을 받는단다. 그의 말로는 "우리가 보신탕집에 가서 개고기를 먹을 때 그것이 성한 개의 고기인 줄로 아시면 오햅니다. 우리 넝마주이들이 죽은 개를 주워다 팔면 그

걸로 보신탕 만듭니다"고 했다. 그러나 5백 원에 팔기가 아까우니 집에 가져가서 요리해 먹자고 했다. 나는 더 이상 말하지 않았다.

그날 저녁, 최 군 집에서 오라는 전갈이 있어 갔더니 이미 소주 파티가 열리고 있었다. 큼직한 대야에 개머리가 얹혀 있고 진로 소주 대여섯 병이 준비되어 있었다. 최 군을 중심으로 마을 청년 대여섯 명이 둘러앉아 주빈인 내가 오기를 기다리고 있었다.

그들은 차려진 개고기상을 앞에 두고 나를 귀빈 대접하며 "먼저 한 점 드시라"고 권했다. 귀한 음식이니 예의로 내가 먼저 시식을 하여야 자기들이 먹겠다는 것이었다. 나는 심히 난처했다. 그 고기의 역사를 알고 있는 나로서는 쥐약에 대한 불안 때문에 먼저 먹을 수 없었다. 쥐약 먹고 죽은 개를 삶아 먹는다는 것은 상상도 할 수 없었던 일이다. 그 고기를 먹으면 금방이라도 쥐약이 온몸에 퍼질 것만 같았다.

나는 불안감이 겉으로 나타나지 않게 시침을 떼면서 "아니 이런 자리에 상하가 어디 있는가. 각자들 드세" 하며 시식을 사양했더니 그런 법이 없단다. 소똥도 층계가 있고 역 앞의 지게꾼도 순번이 있는 거라며 먼저 시식을 하란다. 나는 "이 사람들아, 요즘은 지게꾼은 다 없어지고 용달차 세상이 아닌가. 용달차는 빠른 놈이 일등인기여. 자, 체면 차리지들 말고 어서들 들게" 하고 권하며 뒤로 빠졌더니 성질 급한 최 군이 "그래, 오래 기다렸으니 어서 시작하자고" 하며 호기 있게 고기를 뜯어 소금에 꾹꾹 찍어 먹기 시작했다. 모두들 신나게 달려들어 먹으며 소주잔을 비워 댔다.

나는 불안한 눈으로 젊은이들을 보고 있었다. 개 다리 한쪽이 금세 뼈만 남고 갈비짝으로 손들이 옮겨갔다. 그러나 그들 중에 배가 아프다거나 어지럽다거나 가슴이 답답하다는 등의 말을 하는 사람은 없었다. 나는 괜찮은 모양이로구나 판단하고 그들 틈에 끼어 조금씩 먹기 시작했다.

이렇게 배운 나는 그 후로 넝마줍기에 익숙해지게 되자, 죽은 개를 보면 반갑게 주워다 최 군에게 주었다. 최 군은 역시 정성껏 요리하여 밤에 파티를 열곤 했다. 나는 이제는 누구에게 질세라 기세 좋게 고기를 썩썩 베어 먹게끔 발전했다.

처음 넝마를 나갔던 날 집에 돌아와 보니 친구에게서 3천 원 송금이 와 있었다. '좋은 일에 고생한다니 끝까지 견뎌 좋은 열매를 거두기 바란다. 적은 돈이지만 격려의 뜻으로 보낸다'는 내용의 편지가 동봉되어 있었다. 우리 부부는 아침에 그 부인에게 천 원 주기를 잘했다고 이야기했다. 하나님께서는 신실하셔서 천 원을 드렸더니 세배로 주신 것이라고 생각되었다.

그날 밤에 개고기 파티에서 돌아와서는 피곤에 지쳐 잠에 곯아떨어졌다. 잠결에 누가 깨우는지라 눈을 뜨니 손전등이 나를 비추었다. 빛이 약해진 손전등이었다. 일어나 앉아서 살피니 주민 중의 한 분이 잭나이프를 나의 코 밑에 들이대고 있었다.

나는 칼을 보았다. 조그마한 칼인데 녹이 슬고 날이 무디어진 칼이었다. 나는 웬일인지 웃음이 나서 씩 웃으며 "어르신네 왜 그러세요, 병신도 가지가지라더니 칼도 가지가집니다. 들 것 같지도 않은 칼을 들고 왜 이러십니까?" 하고 말을 걸었다. 그는 어금니를 지그시 물면서 "목사! 목사는 오른편을 때리면 왼편을 대어 준다지. 나 노름하다

판돈 떨어져 왔는데 돈 좀 꾸어 줘. 내 반드시 갚을게" 하는 것이었다. 반드시란 말을 강조하느라 이빨을 지그시 깨물며 발음했다.

나는 그가 측은하기도 하고 우습기도 해서 "돈 빌리러 오시면서 칼을 들고 오셨어요? 누가 보면 강도 들은 걸로 오해하겠습니다" 했더니, 그는 무안한 듯 칼을 접어 주머니에 넣고는 울상을 하며 통사정했다. "이 미친 아비가 자식새끼 월급 타다 놓은 걸로 노름을 했는데 다 날렸소이다. 그 돈을 메워 넣어야 집구석에 들어가지 빈손으로는 도저히 들어갈 수 없수다" 하고는 입을 쩍쩍 다셨다. 나는 "얼마가 있어야 잃은 돈을 메우겠습니까?"고 물었더니 "다다익선, 많으면 많을수록 좋소이다" 하고 문자까지 써 가며 대답했다.

나는 그에게 돈을 주는 것이 좋겠다는 생각이 들었다. 왜 그런 생각이 들었는지 이유는 없었다. 단지 그렇게 하고 싶었을 뿐이다. 그에게 친구가 보내 준 돈 3천 원을 주었다. "이 돈은 내가 어르신네의 노름 돈으로 드리는 것이 아니라 아드님의 월급 돈을 날리셨다니 그 자리를 보충하시라고 드리는 겁니다. 유용하게 쓰십시오"라고 했더니 그는 "어쨌든 고맙소이다" 하고는 나갔다.

다음 날 새벽에 누가 찾는다며 잠을 깨우기에 눈을 부비며 나갔더니 지난밤에 오셨던 그 어른이었다. 나는 다시 찾아온 것이 못마땅하여 문간에서 이야기하고 돌려보내려 했더니 그는 굳이 방 안으로 들어오겠단다. 주인인 나보다 앞서서 방으로 들어가려 했다. 나는 그를 교회당으로 데려갔다.

교회당이라야 흙바닥 위에 가마니를 깔았고 창에는 창틀만 있었지 유리도 아직 끼우지 못한 상태였다. 지붕에서 비가 새서 밖에 가랑비가 올 때 교회당 안에는 소나기가 올 정도였다.

그는 내가 앉기도 전에 나의 손을 덥석 잡고 흔들며 "김 목사! 어제 저녁엔 실례가 많았소이다" 하며 눈을 지그시 감았다. 나는 손이 잡힌 채로 앉으며 엉겁결에 "별 말씀을 다 하십니다. 그 돈이 도움이 되셨는지요"라고 물었더니, 그는 안주머니에서 한 뭉치의 돈을 끄집어냈다. 나는 그가 3천 원을 가지고 가서 끗발을 올려 세운 것이로구나 생각하고 덩달아 기분이 좋아졌다.

그는 돈뭉치 중에서 3천 원을 세어 내게 주면서 "내가 빌린 돈을 갚습니다" 하고서는 "김 목사, 내가 이 교회에 헌금을 좀 하고 싶은데 이런 돈도 받아 주시겠소?" 했다. 나는 대답하기가 퍽 궁했다. 노름해서 딴 돈으로 헌금을 하겠다니 받기도 어색하고 사양하기도 곤란해서 참으로 난처했다.

나는 먼저 그에게 물었다. "도대체 어찌 된 일입니까? 하룻밤 사이에 신수가 확 피었습니다"고 했더니 그가 대답했다.

"뭐 물으나마나지요. 내가 노름판에 십여 년을 굴러다니면서 별 기술은 없어도 큰 봉변은 당하지 않는데 글쎄 어제 저녁에는 몽땅 털리지 않았겠소. 앞이 캄캄해서 여기까지 왔던 건데, 그 참 예배당 돈이 세긴 셈다. 예배당 돈으로 판을 펴자마자 나한테로 다 오더구먼. 허허, 다 목사님 덕분이지요. 나도 이 돈으로 헌금하고 나머지는 마누라를 줍니다. 그리고 이 길에서 손 씻고 사람 될랍니다."

휑한 눈에 핏발이 서 있었다.

나는 말했다. "고맙습니다. 헌금은 안 하셔도 됩니다. 집에 가져가셔서 부인께 드리십시오" 하니 그는 손을 저으며 "아닙니다. 나 진심입니다. 받아 주십시오"라고 했다. 그가 헌금을 꼭 드리겠다고 고집하기에 "우리 교회는 헌금을 헌금함에 넣습니다. 원하시면 헌금함에 넣으십시오. 교회당 뒷자리에 헌금함이 비치되어 있습니다"고 했더니 그는 "아, 그래요? 그런 줄도 모르고" 하고서는 교회당 뒷자리에 놓인 헌금함으로 가서 얼마의 헌금을 넣고는 발걸음도 당당하게 돌아갔다.

다음 주일예배 후 헌금함을 열어 보니 7천 원이 들어 있었다. 나는 넝마주이 일을 열심히 나갔다. 새벽기도회가 끝나는 대로 나가 오후 2시까지만 일하고 지역으로 들어와 일했다. 환자방문, 직업소개, 개인면담, 좌담회, 싸움 말리기 등이 나의 일과였다. 항상 바빴다. 이제는 마을에 싸움이 일어나면 나를 데리러 왔다. 와서 싸움을 말려 달라는 것이었다.

막바지 인생을 살고 있는 판자촌 주민들은 싸움을 많이 했고 또 싸움을 하게 되면 무지막지하게 싸웠다. 걸핏하면 칼부림이었고 희생자가 났다. 피투성이가 되어 교회로 와서 치료받곤 했다. 판자촌 청년들은 칼로 찌르고 징역살이 가는 것을 겁내지 않았다. 징역살이 가는 것을 국비장학생으로 간다고 했다.

겨울철이 되면 생계가 막연해지는 사람들이 많았다. 봄철에서 가을까지는 노동판을 찾아다니고 여자들은 행상이라도 해서 살아가지만 겨울에는 일거리가 마땅찮았다. 노동일은 시멘트가 얼기 때문에 공사일이 없었고, 행상은 추운 날씨라 집집마다 문을 닫아걸고 있어 들어갈 수가 없는 것이다. 길가의 노점상도 추위에 행인들이 바쁜 걸음으로 집으로 들어가기 때문에 돈을 벌기가 쉽지 않았다. 그래서 판자촌의 겨울은 잔인한 계절이 된다. 겨울이 되면 절도나 폭행으로 국비장학생이 되어 감옥에서 겨울 한 철의 의식주를 해결하는 사람들까지 있었다.

어느 날 넝마주이 작업을 마치고 마을로 들어오니 주민들이 반색을 하며 맞았다. 또 무슨 일이 있음을 짐작하고 "왜 또 무슨 사건이 터졌어요?" 하고 물었다. 한 주민이 "말도 마십쇼. 지금 대판 싸움이 벌어져 선생님을 몇 차례나 데리러 왔었습니다"고 했다.

싸움이 벌어지고 있는 집 앞에는 온 이웃이 둘러싸고 있어 안으로 들어갈 수가 없을 지경이었다. 내가 나타나니 들어갈 길을 만들어 주었다. 교인 한 분이 "전도사님 위험합니다. 들어가지 마세요" 하며 눈짓을 했다. 내가 개의치 않고 안으로 들어갈 태세를 보이자 그는 내 팔소매를 잡고 한 옆으로 끌고 가면서 귓속말로 "지금 칼로 찔러 놓고설랑 누구든 들어오기만 하면 또 찌르겠다고 벼르고 있는 판이에요. 지금 들어가지 마시고 이따가 제풀에 기가 꺾이거들랑 들어가세요"라고 일러 주었다. "그러면 칼에 찔린 사람은 어떻게 되었어요? 병원으로 갔습니까?"고 물으니 "병원에 가다니요. 녀석이 시퍼런 칼을 들고 문간에 서서 아무도 들어가게도 나가게도 못하게 하고 있는 판인데요. 꼼짝 못하고 있는 겁니다"고 했다.

그때 마침 방 안에서 우당탕 소리가 나더니 비명 소리가 들렸다. "아이고! 동네 사람들요. 나 좀 살리시오. 이놈이 사람 죽이네!" 하고선 다시 잠잠해졌다. 나는 그가 제풀에 죽을 때까지 기다릴 수 없다고 판단되었다.

칼을 휘두르고 있는 녀석은 이 마을에서도 최고 악질로 이름난 녀석이었다. 악한 일에는 타의 추종을 불허하는 글자 그대로 악한이었다. 그의 손에 걸렸으니 생명을 다칠 염려가 있는 것이다. 빨리 구해내야 한다.

그 녀석은 얼마 전에 자기 아내를 때릴 때에 아내를 발가벗겨 밖에 끌어내 놓고 마을 사람들이 보는 앞에서 사정없이 때리기도 했다. 견디다 못한 그의 아내는 조그마한 딸아이를 남겨 놓고 약을 먹고 자살했다. 그의 아내가 약 기운에 비명을 지르다가 피를 토하는데도 그는 곁에서 눈썹 하나 까딱 않고 "뒈져라, 이년아!" 하며 지켜보고 있었던 사람이다. 악독해도 정도를 벗어난 병적인 사람이었다. 30대 전후의 미남자였다. 그러나 눈에는 살기가 있었다. 자기 인격으로 움직이는 것이 아닌 악한 혼에 사로잡혀 사는 사람 같았다.

나는 방으로 들어가 그를 진정시키고 칼에 찔린 사람을 빨리 병원으로 호송해야겠다고 생각했다. 문 앞으로 가서 들여다보니 미스터 악질은 부엌칼을 손에 쥔 채 문 입구에 서 있었고 위쪽에 한 사람이 쓰러져 있었다. 배를 움켜쥐고 거칠게 숨을 쉬고 있었으며 피가 옷 겉으로 배어 나오고 있었다.

나는 한 청년에게 길에 나가 택시를 잡아 오라고 이르고는 방 안으로 들어갔다. 두려워 가슴이 약간 떨렸다. 나는 태연을 가장하고 문지방을 넘었다. 그때 뒤에서 누군가가 "예배당 선생이 들어간다. 이때 남정들 몇이 우 들어가 덮쳐야 한다"고 소리를 질렀다. 나는 뒤따라 들어오지 말라는 표시로 손을 흔들었다. 악질은 나를 보자 칼 쥔 손을 움직여 찌르려는 포즈를 취했다.

나는 그의 눈을 보았다. 독기가 서려 있었다. 마귀를 보는 것 같았다. 나는 떨렸다. 나는 기도했다. '주님, 주님께서 그의 악함을 불쌍히 여기소서.' 나는 예수님께서 간음한 여인을 보셨을 때의 눈을 연상했다. 그런 눈을 해야겠다고 생각하고 '당신의 마음을 충분히 이해한다'는 눈을 만들어 그를 똑바로 쳐다보았다. 그리고 말했다. "화가 많이 나셨군요" 하고선 눈을 돌려 찔린 사람을 보았다. 그 녀석의 눈도 나의 눈길을 따라 같이 찔린 자를 보았다. 그때 나는 방 안으로 성큼 들어서 그의 곁에 섰다.

순간이 지났으나 그는 아무런 동작도 취하지 않았다. 나는 무슨 말을 해야겠다고 생각하였으나 적당한 말이 생각나지 않았다. 나는 입가에 미소를 지으며 그에게 한 발짝 다가서며 손을 내밀었다. 그의 칼끝이 아래로 내려갔다. 내가 손을 다시 내밀자 그는 칼을 내게 주었다. 그리고 횅하니 나가 버렸다.

나는 밖을 향해 "두어 분 안으로 들어오세요!" 하고 소리 지르며 찔린 사람에게로 갔다. 그는 "배가, 배가" 하며 헐떡거렸다. 장정 둘을 시켜 언덕 위 택시가 들어올 수 있는 곳으로 데려가게 했다. 다행히 생명에는 지장이 없었다.

그러나 그를 찌른 남자는 며칠 후 또다시 식칼로 지나가는 사람을 찔렀다. 이번에 찔린 사람은 피를 펑펑 쏟다가 그 자리에서 숨지고 말았다.

찌른 이유도 별게 아니었다. 악질이 마을 입구 대폿집에서 술을 마시고 있는데 지나가는 청년이 길 가운데 버려져 있던 연탄재를 발로 찼다. 차인 재가 술 먹는 자리에까지 날아와 미스터 악질의 옷에 떨어졌다. 지나가는 청년이 연탄재를 찬 것은 대폿집의 강아지가 짖었

기 때문이다. 연탄재가 옷에 떨어지니까 그는 밖을 내다보고 "×색
꺄 죽을 때가 됐어? 엇따 발길질이야!" 하고 고함을 질렀다.

지나가던 청년도 듣고만 있지 않았다. 그는 자신도 뚝방 사람이고
'뚝방인의 깡'이란 게 있는데 욕을 먹고 어찌 그냥 지나갈쏘냐는 식
으로 "성, 소리가 노프요잉. 목에 힘 빼시이소잉" 하고 능청을 떨며
약을 올렸다. 그 소리를 들은 악질이 벌떡 일어서더니 대폿집에서 칼
을 들고 뛰쳐나갔다. 주위에서 "어, 어, 저 칼! 저 칼!" 하는 사이에
벌써 아이쿠 소리와 함께 칼은 청년의 아랫배에 박혀 있었다. 찔린
자는 화장터의 한 줌의 재로 변했고 찌른 자는 20년간 국비장학생이
되었다.

지옥이 따로 있는 것이 아니었다. 인간은 자기 속에 지옥을 스스로
만들고 스스로가 지옥살이를 하고 있는 것이다. 세상 법률이 하는 것
은 흩어진 지옥을 한데 모아 큰 지옥을 만드는 일에 지나지 않았다.
나는 판자촌에 살면서 그들이 같은 처지에 사는 이웃에 대한 이해심
이 없고 작은 일에 서로 싸움질하는 것이 딱하게 생각되었다. 가난한
사람들이라도 서로 의논하고 뭉치면 좋은 일이 생길 것도 같은데 그
러지를 못하고 서로 해치며 사는 것이 안타깝기만 했다.

넝마주이로 생계를 해결하고 D.D.T. 작전과 T.L.C. 요법을 시행
해 나가는 중에 활빈교회는 점차 번창해 갔다. 예배드릴 때는 앉을
자리가 없어 되돌아가게까지 되었다. 살림방으로 쓰던 방까지 헐어
집회장소를 넓혔다.

첫 성탄절이 왔다. 성탄절 밤에 마을 잔치를 벌였다. 어린이들은
노래와 춤을 배워 주민들 앞에서 발표하고 청년들은 연극을 공연하

였다. 연극의 내용은 마을 주민들이 힘을 합쳐 철거반을 물리친다는 것이었다. 이 연극이 대성황을 이루었다. 연극에서 마을 주민들이 철거반을 물리치는 장면에서는 관람하던 주민들이 열을 올려 "그놈들 죽여라!" "다리를 분질러라!" "작살내라!"는 등 고함지르고 손뼉 치며 열광했다.

나는 주민들의 실생활 속에서 연극의 소재를 찾는다는 취지에서 철거반 이야기를 선택하여 극본을 만든 것인데 그 연극을 구경할 때의 주민들의 열광하는 모습을 보고 나는 크게 깨우쳤다. '이렇게 하여 대중문화가 형성되는 것이로구나' '민중의 문화는 고상하고 이론과 형태를 갖춘 데서 탄생하고 성장, 결실되는 것이 아니라 민중의 삶 속에서 가장 절실한 문제들이 언어화되고 행동화되어 표현될 때 민중은 공감하고 그들의 내면에서 타고 있던 열기가 밖으로 뿜어 나와 하나의 흐름을 이룬다. 그 흐름이 땅 속에 스며들어 문화라는 씨앗을 싹 틔우고 자라게 하며 열매를 거두는 것'임을 알게 되었다.

빈민촌에는 분명히 빈민들이 만들어 내는 문화가 있었다. 그 빈민문화에 대해 좋고 나쁨을 논하는 자체가 의미 없는 노릇이었다. 먼저 있는 그대로를 인정하여야 했다. 교회는 빈민들에게 너희는 왜 이런 저질의 문화를 만들고 있느냐고 꾸짖을 아무런 권리도 가지지 못했다. 다만 그들을 사랑하고 그곳에서 함께 숨 쉬어야 할 의무만을 교회는 가진 것이다. 하나님이 인간을 사랑하여 예수의 모습으로 이 세상에 오셨듯이 교회는 배고픈 설움, 아픈 설움, 괴로운 설움, 낙오자가 된 설움 속에서 한을 먹고 살아가는 이들을 사랑하고 그들 속에서 함께 살아야 한다. 이들과 함께 나누는 삶 속에서, 한을 공유하는 데서부터 선교는 시작된다.

그날 밤의 성탄절 행사는 마을 전체의 잔치로 번졌다. 신들이 나자 구멍가게는 건빵을 공짜로 돌렸고 대폿집은 막걸리를 독째로 골목길에 내놓고 누구든 공술을 마시라 했다.

나는 내가 시작한 빈민선교가 단순한 선교활동이 아님을 알게 되었다. 활빈선교로 가난한 백성들 속에 혁명을 일으키게 할 수 있는 잠재된 에너지가 있음이 나타났다.

성탄절 이후로 마을에 질서가 잡혀 가고 변화가 눈에 띄었다. '여자가 더 좋아' 식의 저속한 노래를 부르던 코흘리개들이 '새 나라의 어린이는 일찍 일어납니다' 같은 교회에서 가르쳐 준 노래를 부르고 싸움이 줄어들고 어머니들이 자식들에게 퍼붓던 악담도 줄어들었다. 또 창가학회 교인들의 독경 소리가 들리지 않게 되었다. '남묘호랑겡교……'를 외우던 창가학회 신자들 거의가 활빈교회를 다니게 된 것이다.

종교는 인간 삶에 가치를 부여하고, 보다 성숙한 인간성을 실현토록 해야 한다. 그런 점에서 나는 어느 종교나 존중하고 싶다. 그러나 일본에서 들어왔다는 창가학회는 싫었다. 그들은 대중을 속인다고 판단되었기 때문이다. 치병기복(治病祈福)을 내세워 가난한 자들을 속이는 것, 즉 가난한 자들의 무지와 약점을 이용하는 것이다. '종교는 민중의 아편이다'라고 한 칼 막스의 말대로 창가학회는 가난한 사람들을 속이는 아편 구실을 하는 것이었다. 물론 기독교 내에도 일부 교단이나 교회 지도자들의 경우 창가학회보다 한술 더 뜨는 자들이 있다. 이런 지도자들은 마땅히 타기되어야 할 지도자들이다.

나는 생각한다. '인간이 인간답게 되는 일' '인간이 자기 가치를 지니고 존경받으며 사는 일'에 도움을 주지 못하는 교회나 신앙은 예수와는 관계없는 것이라고 생각한다.

1971년의 마지막 날이 왔다. 온 교인들이 밤 11시에 교회로 모였다. 1971년 12월 31일 23시 30분에서 1972년 1월 1일 0시 30분 사이에 활빈가족은 단합대회를 열었다. 비록 쌀이 없어 밀가루반죽을 떡가래처럼 만들어 빚은 밀 떡국이긴 했지만, 행복한 잔치였다. 고린도전서 13장을 함께 읽고 내가 설교했다.

하나님의 나라는 어떤 곳이냐? 사랑이 지배하는 나라이다. 잘 사는 나라가 하나님의 나라가 아니라, 사랑으로 사는 나라가 하나님의 나라이다. 판자촌이 없고 철거반이 없다 해서 하나님 나라가 아니다. 사람 위에 사람 없고 사람 아래 사람 없는, 만인이 함께 사는 나라가 하나님 나라이다. 우리는 당장 부자는 될 수 없어도 하나님 나라 백성은 될 수 있다. 사랑하는 사람이 되면 하나님 나라 백성이 되는 것이다.

이렇게 설교하고 예배를 드린 후 우리들은 밀 떡국을 먹고 합창을 했다. 노래자랑이 나오고 장기자랑이 나왔다. 모두들 행복했다. 일 년간 쌓인 피로가 일순에 풀어지는 것 같았다. 우리는 1972년에도 예수께서 섬기라고 분부하신 송정동 판자촌의 1천6백 세대 7,993명의 주민을 위해 전력을 다할 것을 다짐했다.

1972년은 시련으로부터 시작되었다. 교회당 건물에 대하여 서울특별시 시장으로부터 철거하라는 계고장이 날아든 것이다. '교회당 건물은 무허가 건물이니 ×일까지 자진 철거하라. 만일 지정한 날짜까지 자진 철거하지 않을 때는 강제 철거를 집행하겠다'는 통보서였다. 교회당 건물은 무허가 판잣집이긴 하지만 인가된 무허가 건물이었다. 교회당은 서울시청에서 발부한 '24-24622호'라는 무허가 건물 인정번호판이 붙어 있었다.

자유당 말기부터 형성되기 시작한 서울 시내의 판자촌은 점차 수가 늘어나면서 큰 사회문제가 되기 시작했다. 4·19가 지나고 5·16을 거치며 판자촌은 급증하게 되었다. 그간에 실패한 농촌정책의 결과로 농촌 인구가 대거 서울로 몰려들어 어느 곳이든 빈 공간만 있으면 판잣집을 짓게 된 것이다. 이렇게 늘어난 판잣집 수가 1970년대에는 물경 20만 동을 넘어서게 되었다. 서울시는 그 해결책의 일환으로 70년도 이전에 세워진 건물은 인정하여 주고 70년도 이후에 세워진 건물과 앞으로 세워지는 건물은 강력하게 단속할 방침을 세웠다.

활빈교회가 교회당 겸 마을회관으로 쓰고 있는 건물은 8년 전에 세워진 건물이기에 인정번호가 나와 있었다. 그런데도 서울시는 철거 계고장을 발부한 것이다. 나는 하필이면 활빈교회 건물을 철거하겠다는 시청의 저의가 무엇인지를 여러 각도로 살폈다. 성동구청 쪽에 연줄이 닿는 주민을 통해 철거 계고장이 활빈교회에 발부된 경로를 탐색하게 했다.

결론은 두 가지 이유였다. 활빈교회가 이름도 수상하고 하는 일도 수상하다. 교묘한 방법으로 판자촌 주민들의 민심을 모아 가는 것을 볼 때 방치해 두었다간 장래 큰 우환거리가 될 것이니, 더 크기 전에 꺾어야 한다는 것이 한 이유였다. 둘째 이유는 지난 성탄절의 성탄 잔치 때 주민들이 철거반을 쫓아내는 것을 연극으로 만들어 교회에서 공연했다는 보고가 구청에까지 들어갔다는 것이다. 교회에서 신앙에 관계되는 연극이나 할 것이지 관민을 이간시키는 연극을 올려 민심을 자극시키는 것이 퍽 수상하다는 것이다. 그냥 두었다가는 장래 판자촌 행정에 큰 암적 존재가 될 것으로 판단하고 활빈교회를 없애는 방침을 세웠다는 것이었다.

이러한 상황에 대해 나는 어떻게 대책을 세울 것인가를 고심하다가 주민들의 의논에 붙여 보기로 했다. 그날 저녁, 교회당에 모인 주민들에게 철거 계고장을 보여 주었다. 주민들은 펄쩍 뛰면서 그럴 수는 없다고 했다. 왜 하필이면 교회당을 찍느냐? 그 이유가 뭐냐? 우리도 이번에는 한번 해 보자고들 하며 흥분을 감추지 못했다. 모인 분들 중에 연장자 한 분이 침착하게 말했다. 우리가 처음부터 강경하게 부딪힐 것이 아니라, 처음에는 순리로 진정서를 올리고 마을 대표를 뽑아 구청과 시청에 보내어 실정을 이야기하게 하자. 그런 뒤에도 굳이 교회를 철거해야겠다면 그때는 우리 마을사람들이 뭉쳐 한번 맞서 보자고 했다. 모두들 그 말에 찬성이었다.

실제로 무허가 판잣집은 이미 지어진 상태에서 수리를 위해선 조금도 손을 대지 못하게 되어 있다. 천장에서 비가 새거나 구들장이 꺼져 연탄가스가 스며들어도 조금도 손을 대지 못하게 되어 있었다. 수리를 하면 철거반이 와서 집 전체를 헐어 버리는 것이다. 서울시청의 주장은 '어쩔 수 없이 인정은 해 주고 있지만 있는 상태로 그대로 폭삭 주저앉을 것이지 수리해서 오래 살 생각은 말라'는 것이었다.

그러나 그 안에 살고 있는 우리들의 입장에선 그런 조건은 도저히 따를 수 없는 것이었다. 루핑으로 덮은 지붕인지라 수명이 짧아 이내

비가 샌다. 또 급히 꾸민 방들인지라 연탄가스가 스며들거나 습기가 너무 심했다. 마을에서 일 년에 7, 8명은 연탄가스로 희생되어 죽어나갔다. 습기로 인해 어린 아이들은 감기나 기관지염, 피부병 등이 그칠 날이 없었다. 그러니 지붕을 고치거나 온돌을 내거나 환기 구멍을 내지 않을 수 없었다.

그러면 어느새 철거반이 들이닥쳤다. 한밤중에 남모르게 구들장을 고쳤어도 철거반은 귀신같이 알고 오는 것이었다. 듣기로는 마을 곳곳에 정탐꾼을 확보해 두고 수리하는 집을 보고하게 한다는 것이다. 그래서 판자촌 주민들의 당국에 대한 반발과 원성은 굉장했다. 누구든 불만 지르면 폭발할 지경이었다.

얼마 전에는 서울시청의 한 고관이 승용차를 타고 와서 주민들에게 연설한 적이 있다. 연사는 말하기를 "왜 당신들은 불법으로 허가 없이 집을 짓고 사느냐? 민주시민은 법을 지켜야 한다"고 했다.

그 말을 들은 마을 부녀자들은 화가 치밀어 '우' 몰려들었다. "야, 이 ×새끼야, 너 법 좋아하는데. 넌 날 때부터 허가 내고 나왔냐? 저 녀석은 허가 내고 난 개비여. 허가 낸 몸은 연장에 금테 두르고 났는가 한번 보자"하고서는 부녀자들이 그 고관의 바지를 벗겨 연장을 보겠다고 '우' 달려들었다. 혁대를 끄르고 바지 단추를 따려 들자 그 고관은 혼비백산하여 비서와 운전수의 도움을 받아 그야말로 구사일생으로 도망쳤다. 엉겁결에 구두 한 짝이 벗겨진 채 도망갔다.

부인들은 그 구두 한 짝을 들고 교회로 왔다. "전도사님, 이 구두는 허가 내고 사는 사람들 것인디요, 찾으러 오거든 바지 벗기고 연장에 금테 두른 거 구경하고서 내 주시오" 하고서는 교회에 맡겼다.

이런 판에 교회에 철거 계고장이 나왔으니 주민들이 흥분하게 된 것이다. 모두들 철거반에게 몇 번씩 당한 사람들이라 자기가 당할 때의 그 울분과 무력감을 교회를 통해 풀어 보려고 했다.

그런 중에 신중론을 펴는 분이 있어 분위기는 가라앉았다. 그날 회의에서 주민들은 대표 다섯 명을 뽑아 일을 맡겼다. 뽑힌 대표들은 진정서를 작성하고 주민 수백 세대의 서명날인을 동봉하여 서울시장과 성동구청장 앞으로 보냈다.

보낸 진정서의 내용은 '활빈교회는 우리 송정동 판자촌에서 주민 교육과 건강관리 및 청소년 선도에 지대한 공적을 끼치고 있는 교회로서, 하나의 교회당이기 이전에 우리 판자촌 지역의 주민회관이요 1천6백 세대의 희망의 상징이다. 그런즉 귀하께서 발부하신 철거 계고장을 철회시켜 주십사' 하는 요지의 진정서였다.

진정서를 보낸 후 며칠이 지나도 아무런 소식이 없었다. 나는 오전에 넝마주이 나갔다가 들어올 때마다 먼저 교회당 건물이 온전한가부터 살폈다. 그동안에 혹시 헐렸을지도 모른다는 불안감에서였다. 서울시청으로부터 아무런 회신이 없자 우리는 진정서가 효력을 본 모양이라고들 하며 안심했다.

새해 들어 첫 사망자가 철거 관계로 생기게 되었다. 세 아이가 딸린 29세의 여자였는데 해묵은 결핵으로 고생하고 있었다. 지난 해 가을에 가정방문에서 그녀를 알게 된 나는 그녀를 살리려고 온갖 노력을 다했다. 애쓴 보람이 있어 건강이 점차 회복되어 갔다.

그녀의 남편 박 씨는 얼마 전까지도 버스 운전수로 있었다는데 본인의 말에 의하면 운전 중에 대단찮은 부주의로 면허증을 빼앗겼다는 것이다. 면허증을 다시 찾으려면 돈을 들여야 하는데 당장 먹고 살기에 급해서 못 찾고 있다는 것이다. 납득이 잘 안 가는 말이었지만 들으며 고개만 끄덕끄덕했다.

그는 언제나 술에 취해 있었다. 하도 딱해서 술을 어떻게 늘 마실 수 있느냐? 술값을 아껴 부인 약값으로 쓰고, 모아서 면허증도 찾아야지 않느냐고 물었더니 술은 자기 돈으로 먹는 것이 아니고 친구들이 받아 주어서 먹는다는 것이었다.

남편 박 씨가 하는 짓을 보면 돌아다볼 여지조차 없는 가정이었지만 병든 부인과 딸린 세 아이를 보고 나는 거의 매일 들러 스트렙토마이신 주사를 놓고 약과 소화제와 영양제 등을 먹게 했다. 덕분에 많은 차도가 있어 겨울을 지나 봄까지 잘 돌보면 회복될 것으로 보고 안심하던 참이었다.

그런데 교회당 철거 계고장이 나올 때 그 가정에도 함께 계고장이 나왔다. 겨울 냉방이 환자에게 해로워 방구들을 고친 것이 화근이었다.

호되게 추운 날 그 집은 철거를 당했고 철거 후 서울시장 명의로 고발장이 나왔다. 주택을 불법 건축하였다 하여 철거 후에는 반드시 고발장이 나오고 약식재판을 받아 벌금을 내는 것이 상례인 것이다.

그 고발장을 받고 호주 박 씨는 경찰서에 출두하라는 날, 경찰서로 출두하지 않고 피해 버렸다. 경찰에서는 피소인이 출두하지 않으니까 순경을 보내 연행해 오게 했다. 순경이 박 씨 댁에 가 보니 박 씨는 없고 부인이 방에 누워 있으니까 남편 대신 부인을 경찰서로 연행해 갔던 것이다. 부인을 데려가면서 아이들에게 "너희 아빠 찾아서 경찰서에 오라고 해라. 너희 아빠가 와야 엄마를 내보내 준다"고 하며 데려갔다는 것이다.

이튿날 새벽 그녀는 파김치가 되어 돌아왔다. 기어오다시피 와서 문지방을 잡고 쓰러졌다. 동부경찰서의 찬 마룻바닥에서 밤새 떨었다는 것이다. 집에 오는 길로 누운 후 일어나지를 못했다. 고열로 들떠 헛소리를 지르다가 며칠 후에 숨지고 말았다.

나는 그녀의 장례를 치르며 마음이 의외로 차분히 가라앉았다. 벽제 시립화장터에서 한 줌의 재를 보자기에 싸서 돌아오는 길에 제2한강교로 갔다. 다리 난간에서 아래를 내려다보며 재를 뿌렸다. 조금씩 조금씩 뿌리며 말했다.

"부인, 넓은 데로 가세요. 서울은 착한 사람이 살기에는 너무나 비좁습니다. 태평양 넓은 한복판으로 가세요. 거기는 철거반도 없고 유치장도 없습니다. 거기서 호화주택을 짓고 사세요. 고기들과 이웃하고 사세요. 사람들에게 상처 입은 영혼을 고기들이 감싸 줄 겁니다."

나는 쏟아지는 눈물을 훔치며 웅얼거렸다. 그리고 결심했다. 약이 없어 죽는 사람이 없는 사회를 만들어야 한다. 가난하다는 이유 때문에 사람대접 받지 못하는 사람이 없는 세계를 건설해야 한다. 절대로 그러한 사회를 이루어야 한다고 다짐했다.

그날부터 나는 판자촌 내의 결핵퇴치 작업을 시작했다. 판자촌에 가장 많은 질병이 결핵이었다. 많은 사람들이 결핵으로 노동력을 잃고 고통 중에 있으므로 그 개인은 물론 국가적으로도 큰 손실을 입고 있었다. 우리는 결핵협회의 협조를 받아 검진차를 불러왔다. 지역 내 전 주민에 대한 엑스레이 촬영을 하고 판독 결과 263명이 결핵환자

임이 판명되었다. 우리는 교회 내에 이들에 대한 신상카드를 비치하고 매일 치료상황을 점검했다. 결핵환자에 대해서는 지역 보건소에서 국비로 치료하도록 제도화되어 있기에 우리는 263명의 환자들을 개별 접촉하여 보건소를 찾아가 무료치료를 받도록 독려했다.

그런데 문제가 생겼다. 보건소에 찾아갔던 환자들이 두서너 번 갔다 온 후에는 계속 다니려 하지 않는 것이다. 결핵은 치료하다가 중단하면 면역이 생겨 다시는 그 약으로는 치료효과가 없어진다. 그러니 어떤 일이 있어도 투약을 중단해서는 안 된다. 결핵환자가 약 먹기를 중단한다는 것은 마치 죽기로 결심하는 거나 같은 것이다.

우리는 보건소 방문치료를 중단하고 있는 환자들을 한 사람씩 찾아다니면서 계속 다닐 것을 권유하며 보건소 이용을 기피하는 이유를 알아봤다. 개중에는 "그냥 죽는 것이 낫지 그깐 데는 다시 안 갑니다" 하는 사람까지 있었다. 왜 그러시냐고 물으니 보건소 녀석들이 자기들을 통 사람대접을 않는다는 것이다.

나는 말했다.

"와 그라십니까? 환자가 환자대접만 받고 병 나수면 되는 것이지, 뭘 사람대접까지 받으시려고 그러십니까. 꼭 참고 오륙 개월만 다니시면 완치될 것입니다. 완치되신 후에는 그 사람들이 와 달라고 모시러 와도 갈 필요가 없는 곳 아닙니까. 섭섭하게 대하더래도 나가세요" 하고 권했으나 그래도 막무가내로 안 가겠다는 거다. 도대체 보건소에서 어쨌길래 그러시냐고 물으니 "전도사님이 한번 가 보시면 알 거예요. 그놈들한테 그런 대접 받으러 다니느니 폐병으로 그냥 죽는 것이 나아요" 하는 것이다. 말하자면 이분들에게 마지막 남은 재산인 자존심을 상하게 한 모양이었다.

하루는 내가 시간을 내어 환자 몇 분과 보건소로 직접 가 보았다. 접수구에 카드를 들여 놓고 한 시간 이상을 복도에서 기다리니 우리 일행 한 명의 이름을 부른다. "예" 하고 그가 다가가니 간호사가 "가래 받아 왔어요?"라고 물었다. "예? 가래침을 받아 와요? 전 모르는 일인데요" 하니 간호사가 "아니 지난번에 가래침 받아 오랬잖아요" 하고 톡 쏜다. 환자는 "아니오, 전 그런 말 못 들었어요" 하니 "그럼 받아서 오세요" 했다. "지금 여기에서 받으면 안 됩니까?" 하고 굽실거리며 물으니 "좌우지간 받아 오세요" 하고는 문을 닫아 버렸다. 이 분들이 여기에 잘 오려 하지 않는 이유를 알 것 같았다.

나는 생각했다. 앞으로 263명의 환자를 다 치료하려면 무슨 특별한 조치가 있어야지 이 상태로는 안 되겠다 싶었다. 보건소 측과 환자들 간의 관계를 바꾸어 놓을 필요성을 느꼈다.

나는 노크를 하고 방으로 들어가 그 간호사에게 물었다.

"방금 그 ××번 환자, 가래침을 받아 오라 하셨는데 언제 어떻게 받아 오면 될까요?"

하고 물었더니 "아저씬 본인이세요?" 했다. "전 본인은 아니고 친구입니다" 했더니 "본인에게 방금 말했는데 그러세요, 여기는 바쁜 데예요" 하고는 "다음 환자 들어오세요!"라고 소리쳤다.

나는 홧김에 넝마주이 본색이 나왔다.

"야, 이 가시나야, 알아듣도록 갈쳐 줘야 될 거 아이가" 하고 인상을 썼더니 간호사는 놀라 눈이 똥그래지며 "어머, 이 아저씨 봐. 어디서 시비를 걸고 욕을 하시네" 하고 노려본다. 나는 내친 김에 말했다.

"이 ×년, 어따 악을 써" 하며 때릴 듯이 손을 번쩍 들었다가 놓았더니 간호사는 화가 나서 눈물을 글썽이며 안으로 들어갔다.

조금 후에 흰 가운 입은 남자들 여럿이 나왔다. 모두가 강도라도 잡을 듯이 기세가 등등했다. "누가 여기서 행패를 부리는 거야" 하고 몸집 좋은 친구가 나섰다. "선생님, 작업복 입은 저 사람이에요" 하고 간호사가 나를 지적하자 그는 나에게로 오더니 "뭣 때문에 간호사에게 행패를 부리는 거야" 하고 눈을 부라렸다. 간호사가 옆에서 "불친절하대요" 하고 바람을 넣었다. 그는 다짜고짜 내 뺨을 후려쳤다. 같이 있던 마을 환자들의 인상이 싹 바뀌더니 그를 에워싸고 밖으로 끌어내려 했다. 흰 가운이 경찰을 부르라고 소리쳤다.

마을의 환자 한 분이 내게 오더니 "전도사님, 오늘 여기서 한번 엉겨 붙을까요? 찬스 좋은데요" 하고 나의 의향을 물었다. 나는 잠깐 생각하고는 "오늘은 그냥 갔다가 내일 함께 옵시다. 모두들 밖으로 불러내세요" 하고는 내가 먼저 밖으로 나왔다.

마을에 도착하자마자 나는 263명의 결핵 환자에게 통·반별로 연락했다. '내일 10시 보건소에 단체로 갈 일이 있으니 9시까지 교회로 모이시오. 좋은 일이 있을 겁니다'라고 통보를 하고 환자 중 5명을 뽑아 계획을 짰다. 다음 날 아침에 150여 명이 모여 보건소에 함께 갔다. 그리고 보건소 건물 내 모든 방마다 밀고 들어갔다.

놀란 보건소측은 어찌된 영문인지 몰라 허둥지둥했다. "여러분! 이거 무슨 일입니까? 무슨 이유입니까? 대표자 나오세요"라고 어제 나를 치던 흰 가운이 소리쳤다. 누군가가 대답했다. "야, 이색캬, 폐병쟁이들이 뭔 대표가 있겠냐. 다 대표제! 야, 너는 폐병쟁이 위해서 나오는 약 비싼 건 다 팔아먹는담서. 네 배는 그 약 팔아 먹어 그리 나왔냐?"하고 주먹으로 배를 쿡쿡 찔렀다.

경찰이 왔다. 왁자지껄 떠들며 경찰이 온 걸 아랑곳도 하지 않았다. "조용들 하세요. 무슨 일이세요. 여러분들 질서를 지키지 않으면 입건하겠습니다"하니 환자들은 와 웃으며 박수를 쳤다. "우릴 입건한데. 이거 호강하겠는데"하며 떠들었다. 경찰은 호루라기를 불며 "조용히들 하세요. 누가 나와서 말씀을 해 보세요"했다. 짜여진 대로 다섯 명이 나갔다. 보건소측 분들과 다섯 명의 환자대표와 경찰관들이 소장실로 들어가고 문이 닫혔다. 우리는 밖에서 기다렸다.

얼마 후, 대표 중의 한 명이 나와 나에게 말했다. "어제 전도사님을 때린 것은 모르고 그랬다고 사과하겠다고 그라구요. 간호사 한 명을 송정동 환자 전담으로 배치하고 일주일에 한 번씩 마을로 진료를 나와서 돌봐 주겠다는데요. 어떻게 할까요?"하고 물었다. "아니 대표들이 뽑혔으면 거기서 알아서 결정할 것이지 나한테 물을 거 없잖아요?""그래두 어디 그런가요? 다들 전도사님 의견대로 하겠다는데요"했다.

나는 아직 이들이 자신감이 없어 자기들 문제를 자기들이 결정하지 못하는 것으로 알고 시간을 두고 훈련이 필요함을 느꼈다. 나는 그에게 "나한테 사과하는 건 필요 없고 일차약으로 치료가 안 되는 환자에게는 이차약을 먹여야 하는데 비싼 이차약은 예산 없어 못 준다고 하니 이차약도 지급해 달라고 요구해요"라고 일러 보냈다. 그가 들어간 후 이내 문이 열리고 대표들이 나왔다. 모두들 기분 좋은 얼굴이었다. 결론을 말하자면 목요일마다 활빈교회에서 결핵진료를 하고 이차약은 보건소 측이 예산은 없으나 최선을 다하기로 했다는 것이었다. 모두들 가벼운 걸음으로 마을로 돌아왔다.

# 빈민들의 눈물에 비친 그리스도

2월 27일이었다. 아침에 관할 파출소에서 순경이 나를 찾아왔다. 무허가 건축 관계로 고발되었으니 파출소로 가자는 것이었다. 누가 고발했느냐 물으니 서울시장 명의로 고발되었을 것이라고 했다. 나는 바쁜 일을 놓고 순경을 따라갔다. 아내가 불안한 마음으로 언제 오느냐고 물었다. "글쎄, 곧 보내 주겠지" 하고 가는데 혹시 필요할지 모르니 가져가라고 3천 원을 주머니에 넣어 주었다. 이웃집 박 씨와 함께 갔다. 그도 집을 수리했다는 죄로 고발을 당했다고 했다. 파출소에서는 다시 동부 경찰서로 이송시켰고 경찰서에서는 다시 뚝섬에 있는 즉결재판소로 데려갔다.

창경원의 호랑이 울 같은 곳에 들어가니 이미 백여 명이 들어와 있었다. 오후 2시까지 기다렸다. 지루하고 춥고 시장했다. 무허가 판잣집을 짓고 들어온 사람, 통행금지 위반한 사람, 술김에 파출소 앞에서 오줌 누다가 들어온 사람, 도박하다 잡혀온 사람 등 가지각색이었다.

2시가 되니 문이 열리고 재판정으로 데려갔다. 재판석 아래 줄을 지어 앉히고 고개를 숙이라 했다. 고개 들면 안 된다고 간수가 소리 쳤다. 나는 웃긴다고 생각하였다. '무엇 때문에 고개를 들면 안 되는 가? 판사면 판사지 뭘 고개까지 못 들게 하는가? 죄가 있으면 죄만큼 벌을 받으면 되는 거지. 재판도 받기 전에 고개조차 못 들게 하다니 이건 인권유린이다. 이런 건 일본 식민지 시대의 유산이다'라고 생각 하고 고개를 번쩍 들고 어떻게 생긴 분들이 들어오는가 살폈다. 한 쪽에서 어떤 간수가 "야 임마! 고개 왜 들어" 하고 잡아먹을 듯이 소 리 질렀다. 나는 그를 빤히 쳐다보다가 고개를 숙여 주었다. 그가 계 속 핏대를 올릴 것이 측은하게 생각되었기 때문이다.

판사가 들어왔다. 내 나이 또래의 젊은 판사였다. 맨 먼저 15명 정 도를 불러 세우더니 "너희는 모일 모시 집단 시위를 한 것이 사실인 가" 하고 심문을 시작했다. 시위했다는 분들은 "예" 하고 힘 있게 대 답했다. 판사가 물었다.

"집단시위를 하는 것이 위법이란 것을 몰랐는가?"

"알았습니다."

"위법인 줄 알면서 왜 데모를 했는가?"

"우리는 ○○시장에 점포를 세 들어 있는 소상인들로 시장조합장 이 사기를 쳐서 돈을 갈취한 뒤 돈을 되돌려 주지 않기에 데모를 한 것입니다."

"그렇다면 법에 따라 해야지 법치국가에서 법을 벗어난 행동을 하 여서는 안 되지 않는가?"

"처음에는 법으로 하려고 애썼는데 법이 우리 편을 들어주지 않으니까 우리는 행동한 것입니다."

"법이 너희 편을 들어주지 않는다는 것이 무슨 말인가? 법이 법대로 다스려지는 것이지 어찌 어느 편을 들 수 있겠는가?"

"그런 것이 아니고 조합장이 우리의 정당한 요구를 무시하고 국회의원 빽만 믿고 우리에게 공갈 협박만 계속했기 때문에 우리가 참다 못해 단체행동을 한 것입니다."

"국회 빽이란 무슨 말인가?"

"그 조합장이 국회 모 의원 빽을 가지고 경찰서까지 움직여 경찰서에서도 우리가 억울한 줄 알면서도 어떻게 할 수 없다고 했습니다. 조합장은 청와대에도 연줄이 닿는다고 합니다."

"쓸데없는 소리 하면 안 돼. 국회나 청와대가 다 국가의 신성한 법을 수호하는 기관인데 그런 일을 할 턱이 있겠는가? 그런 소리는 하면 안 되고 아무튼 너희들은 법치국가에서 법을 어겼으니 법의 제재를 받게 되는 거야."

"우리가 법을 어겼다는 것은 억울합니다. 왜 죄 있는 사람은 버젓이 행세하고 억울한 우리만 잡아 가둡니까?

"그만들 해."

판사는 그들의 항의를 제지하고 서류를 뒤적이면서 판결을 결정짓는 모양이었다. 나는 사건의 전모를 짐작할 수 있을 것 같았다. 어느 시장의 조합장이 영세상인들의 등을 쳤다. 상인들이 알고 항의하니 그는 돈으로 모 국회의원을 움직였다. 경찰서에서도 영세상인들의 억울한 사정은 알지만 조합장 뒤에 있는 빽이 무서워 방관하고 있는 모양이었다. 국회의원이니 청와대니 하지만 실제로는 조합장의 공갈이지 고작 국회의원의 비서쯤 통했는지 모른다. 그런 일에 국회의원이나 청와대가 움직여 준다면 나랏일이 말이 아니지 않겠는가?

어쨌든 상인들은 말로나 법으로는 안 되니 집단으로 조합장 집에 가서 기물을 파괴하고 한판 벌린 모양이었다. 조합장은 오히려 잘 되었다고 생각했을지도 모른다. 부근 다방에서 경찰서장에게 전화를 했을 게다. 그러고 나서 다방 마담에게 농담이나 걸었을 게다. 서장은 사건의 내용을 알지만 자리를 지키기 위해 할 수 없이 백차를 보내 연행하여다 즉결재판소로 보낸 모양이었다.

나는 활빈교회가 할 일이 너무도 많다는 것을 깨달았다. 힘을 길러 억울한 시민들의 권익을 지켜 주는 일을 해야 한다고 생각했다.

판사는 얼마 후, 누구누구는 석방, 누구누구는 벌금 3천 원, 누구누구는 구류 15일 등으로 판결했다. 나는 그 판사님이 딱하다는 생각이 들었다. 고시 합격하여 판사가 되었으니 일류 대학을 나왔을 게다. 아마 서울대학교 법과를 나왔는지도 모른다. 그렇다면 머리가 나쁘지는 않을 것이니 사건의 진상을 짐작은 할 텐데 큰 도둑은 잡을 생각도 못하고 불쌍한 영세상인들에게 "구류 15일" 하고 고함을 지르고 있는 것이다. 참으로 딱한 지성이라고 생각했다.

몇 년 전에 '축 서울 법대 합격'이라고 써 붙여 두고 대학입시 공부하던 때가 생각났다. 그때 법대로 갔으면 나도 비슷한 일을 하고 있을지도 모른다. 나는 새삼 내가 현명한 인생을 택했다고 생각했다.

판사가 "김진홍!" 하고 부르기에 "예" 하고 일어서니 "무허가 집을 지었어?" "예, 집을 지은 것이 아니고……" 말을 시작하는데 판사는 "알았어, 알았어" 하고는 "벌금 2천5백 원" 했다. 벌써 다음 사람을 부르고 있었다.

우리는 다시 대기실로 돌아왔다. 거기서 벌금형 받은 사람들은 벌금을 물고 풀려 나갔다. 벌금 낼 돈이 없는 사람은 경찰서로 가서 하루 5백 원씩 깎아 주는 콩밥을 먹어야 한다고 했다. 나는 집을 나올 때 아내가 넣어 준 돈 3천 원이 있으니 2천5백 원을 내고 집으로 가리라 생각했다.

그때 같이 갔던 박 씨가 큰일이라고 했다. 그도 2천5백 원 벌금형을 받았다는 것이다. 그런데 오늘 집에 꼭 가야 할 일이 있는데 돈이 모자란다는 것이다. 얼마나 모자라느냐 물었더니 천 원이 있는데 1천 5백 원이 모자란다는 것이다. 그러면 나에게 돈이 있으니 빌려 주겠다고 했다. 그는 그러면 전도사님은 어떻게 하느냐고 물었다. 나는 별로 바쁜 일이 없으니 천천히 가도 된다고 했다. 그는 전도사님이 추운 날 고생하셔서 되겠느냐고 했다. 나는 "아니 괜찮습니다, 이런 경험도 한 번쯤은 해 봐야지요" 하고 대답했다. 그는 그러면 자신이 먼저 가서 돈을 구해서 보내겠다고 하고선 자기 돈 천 원에 나에게서 빌린 1천5백 원으로 벌금을 치르고 먼저 나갔다.

그가 나간 후 주위를 둘러보니 한 대학생이 우울한 얼굴로 서 있었다. 그는 서울대학 배지를 달고 있었다. 무슨 과냐고 물으니 공대 전자학과라 했다. 왜 들어왔느냐 물으니 어제 저녁에 친구 집에서 나이롱 뽕을 했는데 꼴찌를 하는 사람이 밤중에 나가서 담배를 사오기로 했다는 것이다. 그가 꼴찌를 하여 2시경에 담배 사러 나왔다가 방범대원에게 들켜 파출소로 연행되었다는 것이다. 벌금형 얼마 받았느냐 물으니 2천 원 받았다고 했다. 그런데 그 돈이 없냐고 물으니 담배 사려던 돈과 주머닛돈 다 합쳐 8백 원뿐이라 했다. 그에게 1천2백 원을 주면서 주소를 적어 주고 송금하라 했다.

대기실의 머리 위 높이 있는 창문으로 "김진홍 전도사님, 전도사님!" 하고 부르는 소리가 들렸다. 길 쪽으로 나 있는 창문이었다. 내가 깜짝 놀라 대답하니 누가 돌멩이에 돈을 싸서 창문으로 던졌다. 주워 보니 5백 원짜리 셋이었다. 아마 먼저 나간 박 씨가 풀려 나가는 길로 재빨리 구해서 보낸 것으로 짐작이 갔다. 그 사이에 어디서 구해 보냈는지 성의가 고마웠다. 그러나 이미 1천2백 원을 서울대학생에게 주어 버린 후라 합쳐야 1천8백 원밖에 안 된다. 내가 나가기에는 7백 원이 모자랐다.

조금 후 나는 죄수 호송차로 경찰서로 호송되었다. 진짜 죄수가 된 것 같은 기분이었다. 동부경찰서로 가니 지하실로 안내되었다. 문을 몇 개 거쳐 둥그런 방으로 들어갔다. 방 한가운데 연탄난로가 있었다. 유치장이었다. 둥근 방의 둘레를 따라 여섯 개의 칸이 있고 칸마다 죄수들이 있어 새로 들어오는 신입생을 구경하고 있었다.

우리 일행은 네 명이었다. 당직 경관이 네 명의 신입생을 일렬로 세우고 쭉 훑어보았다. 신상카드와 얼굴을 대조해 보더니 나에게 "목사? 목사가 누구 등쳐먹은 게로구나. 목사가 어디 갈 데가 없어 여기엘 왔어?" 하니 주위의 죄수들이 와 하고 웃었다. 나의 기록표의 직업난에 목사로 기록된 모양이었다. 아마 파출소에서 그렇게 썼을 것이다.

죄수들 중의 하나가 "박태선쯤 되는 모양이다" 하니 모두들 또 와

하고 웃었다. 경관은 소리 나는 쪽을 흘기며 "시끄러, 인마!" 하고 소리 질렀다.

경관은 우리에게 "앉아" "서" "앉아" "서"를 몇 번 시켰다. 나는 얼떨떨하여 다른 사람들이 앉을 때 서고 설 때 앉았다. 경관이 옆에 오더니 갑자기 촛대뼈를 찼다. 나는 어찌나 아프던지 차인 자리를 잡고 엉겁결에 주저앉았다. 주위의 선배 죄수들이 키들키들 웃었다. 경관은 "왜 흐릿하게 꾸물거리는 거야. 여기가 예배당인 줄 알아?" 하고 나를 째려보았다. 나는 속으로 '요걸 한번 걸고 넘어져야겠구나' 생각하며 그의 관등성명을 확인하려고 명찰을 찾으니 명찰 없는 옷을 입고 있었다.

소지품을 다 내어 놓고 양말을 벗으라 했다. 나는 주머니의 신분증, 포켓 성경, 그리고 현금 1천8백 원을 내어 놓았다. 이건 맡겨 두었다가 갈 때 가져가는 거라 했다. 구경하던 선배님들이 내 현금에 관심이 가는 눈치들이었다.

나와 병약해 보이는 30대의 남자는 6호실로 들어갔다. 끝자리에 가서 앉으라고 실장이 지시했다. 여기선 실장의 지시를 따라야 하는 모양이었다. 실장이 대뜸 강아지 가진 것 있느냐고 물었다. 강아지가 무어냐고 물으니 "이거 초짜구나" 하며 "담배 있느냐"고 다시 물었다. 담배 피우지 않는다고 하니 "응, 쟁이지 쟁이야" 했다. 아마 예수쟁이란 말인 모양이었다.

얼마 후 저녁식사가 들어왔다. 낡은 알루미늄 밥그릇에 순 꽁보리밥 그리고 밥 위에 몇 개의 노란 무 조각이 얹혀 있었고 젓가락이 밥그릇에 담겨져 있었다. 밥의 양은 그릇의 절반 정도였다. 점심도 설친 뒤라 나는 맛있게 먹었다. 돈 있는 사람은 사식을 주문할 수 있다고 실장이 귀띔했다. 두 그릇을 시켜 자기와 나와 한 그릇씩 먹자고 했다. 나는 이것으로 족하다고 말했다. 그는 혼잣말로 "노랭이로구나" 했다. 아마 내가 맡긴 돈을 보고 하는 말인 것 같았다.

식사 중에 나와 함께 들어온 사람이 기침을 심히 했다. 밖에서 누가 들어와 오늘 들어온 누구의 부인이 약을 들여보내겠다는데 받아도 되겠느냐고 물었다. 나의 촛대뼈를 깐 경관이 "안 돼, 무슨 약인데 그래?" 하고 대답했다. "파스와 무어라더라?" 했다. 나는 그것이 결핵약인 줄 알고 기침하는 사람이 결핵환자임을 알았다. 그가 유치장엘 들어오니 그의 아내가 매일 먹어야 하는 결핵약을 가지고 여기까지 찾아온 모양이었다.

경관은 약 들여보낼 생각 말고 벌금이나 구해 오라고 했다. 돈은 구할 수가 없고 우선은 약이나 들여보내려 한다는 것이다. 아마 그렇게 와서 이야기하는 사람은 여인이 애걸하니까 불쌍한 생각이 들어서 못 들여오는 규정을 알면서도 좀 봐주자는 뜻으로 그러는 것 같았다. 그러나 동료가 규칙을 내세우니 어쩔 수 없이 물러서는 것 같았다.

그 환자를 보니 병이 퍽 심각한 것으로 짐작됐다. 결핵환자를 많이 다루었기 때문에 그의 병세가 어느 정도인지 짐작이 갔다. 경관이 환자에게 물었다. "넌 대체 어디가 아프길래 여편네가 약을 받으라는 게냐? 어디가 아파?" 하고 물었다. 환자는 조그마한 소리로 "결핵"이라 했고 다시 기침을 심하게 해 댔다. 결핵이란 말에 소동이 일어났다.

우리 방의 실장이 먼저 소리 질렀다.

"뭐라고? 폐병쟁이하고 같이 있으란 말야? 깜방에 있는 것만도 서러운데 왜 폐병쟁이하고 같이 있어야 하냐고! 이 폐병쟁이 딴 방으로 옮겨 줘요!"

그러자 한방에 있는 다른 사람들도 한방에 함께 있으면 옮는다고들 웅성거렸다.

경관은 "시끄러!" 하고 고함을 지르더니 실장에게 "야 인마! 너 그럼, 호텔에 가지 왜 여기 왔어? 너 같은 놈은 폐병쟁이하고 살아야 다시 사기 치지 않을 거야" 했다. 실장은 시무룩해지더니 환자를 보고 악을 쓰기 시작했다. "야! 저쪽 구석에 가 있어! 송장 같은 게 여기까지 왔어. 머저리 같은 새끼. 저래도 여편네를 끼고 자는 모양이지. 야, 인마! 나같이 이래 건강한 놈도 여편네가 없는데 넌 인마 송장 같은 기 우째 여편네까지 있느냐"고 악을 썼다.

환자는 한쪽 구석에 가 앉더니 심하게 기침을 했다. 한방에 있던 다른 친구가 고개를 저리 돌리고 기침하라 했다. 환자는 고개를 벽쪽으로 돌리고 기침을 계속했다. 나는 퍽 가슴이 아팠다. 환자의 형편도 딱하지만 그것보다 같이 고생하는 죄수들끼리 그렇게들 대하는 것이 퍽 못마땅했다.

나는 모두들에게 말했다. 결핵이란 병은 약을 먹을 때는 균이 나오지 않는다. 그의 아내가 여기까지 약을 가져온 걸 보니 그가 약을 먹고 있음이 틀림없다. 그에게선 균이 나오지 않는다고 했다. 실장은 나를 보고 "이 쟁이야, 그럼 니가 색시처럼 안고 자라" 했다. 나는 이 자가 퍽 지나치다고 생각했다. 정색을 하고 "당신, 이 깜방에 평생 살

거요? 밖에 나가 살려면 좀 조심하시오" 하고 엄포를 놓았다. 그는 입속으로 무어라 중얼거리며 앉아 버렸다.

나는 환자에게 며칠 구류냐고 물었다. 2천5백 원 벌금이라 했다. 역시 무허가 판잣집 때문이라 했다. 판잣집을 손수 지었느냐고 물으니 3만 원 주고 사서 들어갔는데 계고장이 나왔더라는 것이다. 집은 헐리고 자기는 경관이 와서 가자고 해서 왔다가 여기까지 오게 되었다는 것이다.

그는 한숨을 쉬면서 몸이 이래서 이겨 낼는지 모르겠다고 걱정했다. 내 판단으로 그의 병세로는 이 추위에 마룻바닥에서 자서는 치명적인 타격이 될 것으로 보였다. 지난번 박 씨 부인이 병이 호전되어 가다가 경찰서에서 하루 저녁을 지내고 온 뒤에 다시 일어나지 못했던 것이 생각났다. 나는 이 환자를 집으로 보내 주어야겠다고 생각했다. 나는 기도했다.

'예수님, 이 사람은 집으로 가야 할 사람입니다. 나에게 1천8백 원이 있지 않습니까? 7백 원만 더 있으면 됩니다. 7백 원을 구할 수 있게 해 주세요.'

정성껏 기도했다. 이 기도는 꼭 이루어져야 한다고 기도했다.

나는 당직 경관을 불렀다. "이 환자가 결핵이 심한데 내가 보기에 이 추위를 이길 수 없을 것 같습니다. 집으로 보낼 수 없을까요?" 하고 진지하게 말하니 그도 순순히 "그야 벌금만 내면 지금이라도 갈 수 있다"고 했다. "그러면 내가 맡겨 둔 돈 1천8백 원이 있으니 그 돈으로 어떻게 안 될까요?" 했다. 그는 환자를 보고 "너 벌금이 얼마냐?"고 물었다. "2천5백 원입니다" 하자, "그럼 7백 원 모자라지 않느냐. 안 된다"고 했다.

실장이 나의 옆구리를 찌르며 그럴 필요 없다며 만두 사서 다 같이 나눠 먹자고 했다. 나는 아무 말도 안 했다.

조금 후에 풍채가 좋은 분이 들어왔다. 당직 경관이 일어서서 경례를 붙였다. 나는 그가 과장 정도 되는 걸로 짐작이 갔다. 어쩌면 그의 재량으로 모자라는 돈을 해결할 수 있을지 모른다는 생각이 들었다.

나는 그가 나가기 전에 한 번 더 청해 보기로 하고 경관을 불렀다. "이 환자를 내보낼 수 있도록 과장님께 부탁해 달라, 아무래도 여기 두어선 안 되겠다"고 했다. 경관은 난처한 듯이 머뭇거렸다. 상관이 "무슨 일이냐?"고 물었다. 경관이 설명했다.

"오늘 들어온 자들 중에 결핵환자가 있어 그냥 두면 해롭다고 저 분이 자기 돈 1천8백 원으로 내보내 달라는 것입니다."

상관은 가만 생각하더니 나에게 아는 사람인가 물었다. 여기 와서 만난 사람이라 했다. 그럼 어떻게 그 돈을 내놓느냐고 했다. 나는 건강한 몸이라 했다. 그는 내게 얼마의 형을 받았느냐고 다시 물었다. 옆에서 경관이 같은 2천5백 원 벌금이라 말해 주었다. 상관은, 그 돈으로 선생이 이틀 후면 나갈 수 있다고 했다. 나는 건강하니 여기서도 견딜 만하지만 저 환자는 여기서 하룻밤이라도 재우면 병세에 큰 영향이 있을 것이라 했다.

상관은 "좋소, 그럼 내가 천 원 낼 테니 합하여 내보냅시다" 했다. 나는 가슴속이 확 트이는 기쁨을 맛보았다. 환자는 나갈 때 나에게 큰절을 하고 나갔다. 집 주소를 알면 찾아뵙고 돈을 갚겠다고 했다. 나는 나도 딴 사람에게 얻은 돈이니 잊어버리라고 했다. 그는 문간에서 눈물을 훔치며 나갔다. 그가 울며 나가는 모습을 보니 눈시울이 찡했다.

그가 나간 후로는 유치장 분위기가 달라졌다. 쌍소리나 잡음이 사라지고 바늘 떨어지는 소리도 들릴 만큼 조용해졌다.

내 옆에 앉아 있던 젊은이가 교회 목사님이시냐고 내게 물었다. 전도사라고 대답하고 왜 그러냐고 물었다. 그도 여길 나가면 교회 다니고 싶다고 했다. 그는 상주 부근의 농촌에서 태어나 마을에 있는 교회에 중학생 때까지는 열심히 다녔다고 했다. 그런데 한번은 그 교회에서 싸움이 나서 교회를 그만 다니게 되었다고 했다. 교회에서 왜 싸우느냐고 물었더니 목사와 장로가 편이 갈라져서 서로 때리고 차고 하길래 자기는 교회에 발을 끊었다고 했다.

나는 미안하다고 했다. 그는 전도사님이 왜 미안하냐고 물었다. 어쨌든 교회가 싸움을 했으니 나도 관계가 있지 않으냐 했다. 그는 그렇지 않다면서 무슨 교회냐고 물었다. 활빈교회라 했다. 그게 아니고 천주교, 감리교, 장로교 그런 것 중에 어느 쪽이냐 했다. 나는 아무 쪽도 아니고 예수 쪽이라 했다. 그는 이상한 듯이 있더니 자기도 여길 나가면 활빈교회로 가겠다고 했다. 나는 고맙다며 나가서 만나자고 했다. 왜 들어왔느냐 물으니 고향에서 중학을 마치고 서울 와서 구르다가 가게를 하나 열어 꽤 기반이 잡혔는데 도박에 손을 대기 시작하여 도박하다 걸려들어서 잡혀 왔다고 했다. 나는 꼭 교회에 나오라고 했다.

갑자기 "거기 목사, 조용해!" 하고 당직 경관이 소리 질렀다. 나는 찔끔했다. 절대 침묵이 감방 내의 규칙인 것이다.

그런데 옆방 5호실에서 누군가가 말했다. "아, 너무하다. 목사가 뭐야, 목사님이지" 하니 우리 방의 실장이 말을 받았다. "그렇다, 목사님을 막 까고 너무했다. 너무했어" 하고 떠들었다. 56명의 동기생이 웅성거렸다. 경관은 조용하라고 소리를 지르곤 담배를 피워 물었다.

실장이 "거 담배 한 모금만 합시다" 했다. 경관이 "자식이 뻔치는 좋아서" 하더니 각 방에 담배 한 대씩을 돌려 주었다. "오늘은 특별히 봐주는 거야" 하니 모두들 희색이 만면하여 좋아들 했다. 한 사람이 한 모금씩 빨아 연기까지 삼키고 있었다. 나에게도 한 모금 하겠느냐고 묻길래 사양했다.

담요를 깔고 누우니 추위가 뼛속 깊이 스며들었다. 마룻바닥에 닿는 허리께가 추워서 송곳으로 쑤시는 것 같았다. 나는 이를 물고 견디고 있었다. 양말을 벗어 버린지라 발이 시려 견디기 어려웠다. 그런 경황에서도 이미 코를 고는 친구도 있었다.

얼마 후 "김진홍 나와!" 하는 소리가 났다. 막 잠이 들려는 참이었다. 일어나니 "집에서 모시러 왔습니다" 하고 당직 경관이 공손히 말했다. "아니 날짜가 남았는데요. 기한을 다 채우고 나가겠습니다" 하니 "목사님, 그러지 마시고 나가십시오. 돈은 다 해결된 모양입니다"고 했다. 나는 양말을 찾아 신고 소지품을 챙기고 철문을 나왔다. 56명의 동기생들에게 퍽이나 미안했다. 나 혼자 따뜻한 방으로 가는 것이 무슨 죄를 짓는 것 같았다.

나는 안녕히들 계시다가 밖에서 만나자고 했다. 잠든 사람 외에는 모두 일어서서 전송했다. 실장은 "목사님, 성공하실 겁니다"라고 무슨 뜻인지 모를 인사를 했다. 그는 1천8백 원으로 만두 사 먹자고 하던 때의 얼굴은 사라지고 진지한 얼굴이 되어 있었다.

경관이 밖에까지 따라 나오면서 죄수들을 다루다 보면 성격이 거칠어진다며 이해하시라 했다. 나는 충분히 이해한다, 그러나 다 불쌍한 백성들이니 따뜻이 돌봐 주시라고 했다. 그는 노력은 하나 마음대로 안 된다고 했다. 그와 헤어져 경찰서 계단을 내려올 때 차인 자리가 쓰라렸다.

경찰서 수위실에 새문안교회 허성삼 군이 기다리고 있었다. 집에 갔다가 아내에게서 듣고 왔다는 것이다. 집에 가니 아내가 반색을 하며 맞았다. 동혁이는 잠들어 있었다.

다음 날 넝마주이 작업장에서 갑자기 어지러워 쓰러질 뻔했다. 손수레를 잡고 겨우 몸을 지탱했다. 온몸에 식은땀이 쭉 흘렀다. 나는 건강이 나빠진 걸 알고 작업을 중단하고 집으로 돌아왔다.

돌아오는 길에 집 가까이의 골목길에서 아들 동혁이를 보았다. 길가에 서서 이웃집 방 안을 유심히 들여다보고 있었다. 무엇을 보는가 궁금하여 뒤에 가서 보니 온 가족이 둘러앉아 밥을 먹고 있었다. 그 가정은 겨울인데도 방문을 열어 두고 식사하고 있었다. 아마 연탄불을 갈고 가스가 스며들기 때문일 것이다.

나는 동혁이를 부르며 안아 집으로 데려왔다. 혁이는 깜짝 놀라며 "아빠 우리도 밥 먹어" 하고 울먹였다. 나는 가슴이 찡해왔다. 겨우내 수제비만 먹었으니 어린것이 밥이 먹고 싶었던 모양이다.

아내와 혁이의 건강 유지에 대해 의논했다. 아내는 한숨을 푹 쉬며 힘없이 말했다. 아내 말은 요즘 아이가 기침이 잦고 잠자리에서 땀을 많이 흘려 걱정이 된다는 것이다. 아이는 아버지가 없는 아이이고 자기는 남편이 없는 여자라고 했다. 함께 살고 있는 나는 빈민 빈민하며 자기 이상에만 미쳐 있는 사람이지 가정과 생활을 모르는, 정상적이지 못한 사람이라고 했다. 그래도 자기까지는 좋은데 아이까지 함께 이 생활을 감당하라는 것은 무리한 것이라 했다.

"당신 말도 일리는 있소만, 다른 아이들은 다 잘 견디는데 동혁이라고 못 견뎌 내겠소. 힘을 내시오"라고 했더니 동혁이는 다른 아이들과 다르다는 것이다. 무어가 다르냐니까 혁이는 당신이 말하는 부르주아로 나서 키워져서 이런 밑바닥 생활을 감당하기에는 체질적으로 무리라는 것이다.

그간 내가 가정에 너무 무관심하고 지나친 희생을 강요하였던 것 같은 생각이 들었다. 처자를 생각하니 심각해졌다. 말하자면 진퇴양난이다. 무엇보다 아내의 신경이 날카로워진 것과 아이가 약해지는 것이 문제다. 잘 먹지를 못하는 데다 방이 춥고 습하니 아이는 자다가 깨서 울기도 하고 자꾸 기침을 해 댔다. 그럴 때마다 나는 속으로 안절부절못했다. 아내는 침묵으로 무저항의 항의를 했다.

장모가 와서 보고는 질겁하며 "자네는 예수를 별나게도 믿는구먼. 좋은 일 자네 혼자서 하고 혁이와 에미는 외갓집으로 데려가겠네" 하며 서두르시는 걸 억지로 만류했다.

다음 날, 이화여대 부속병원에 가서 아이를 진찰하니 결핵검사를 하겠단다. 나는 가슴이 철렁했다. 판자촌에서 공적(公敵) 제1호가 결핵인데 아들이 결핵에 걸렸으면 큰일이다 싶었다. 투베르쿨린 검사를 한 후 48시간 후에 결과가 나타난다고 했다. 집으로 돌아온 후 나는 가마니를 깐 교회당 바닥에 앉아 기도했다.

'주님 다른 건 좋은데 아들 결핵 검사한 결과가 양성으로 나타나지 않게만 도와주십시오.'

그러나 결과는 양성으로 나타났다. 내 기도는 효력을 얻지 못한 채 아이는 결핵으로 판명된 것이다. 병원에 가 3개월치 결핵약을 타 왔다.

아내가 말했다.

"현재 상태로는 계속 지탱하기가 힘듭니다. 혁이를 데리고 대구 친정에 가서 지내면서 건강을 회복시킬 테니 우리가 대구에 가 있는 동안 당신 깊이 한번 생각해 보세요. 가정이냐 일이냐, 처자냐 활빈이냐를 생각해서 택일하세요."

나는 "당신 나한테 공갈치는 것 같아"라고 농담조로 말했더니 아니란다. 진담이니 진지하게 생각하란다. 하나님의 일도 가정을 깨고 덕을 세우지 못하면 하나님께 영광이 되지 않고 오히려 하나님의 영광을 가리는 결과가 될 것이라 했다.

고속버스 편으로 둘을 보내고 돌아오는 길에 목욕탕에 갔다. 체중을 재니 49킬로그램였다. 이곳에 들어올 때 55킬로그램이었으니 6킬로그램이 빠진 셈이다. 167센티미터인 나의 키에 비해 정상 이하로 체중이 줄어 있었다. 나는 마음이 착잡했다. 가정이냐 활빈이냐를, 생활이냐 이상이냐를 택일하라던 아내의 말이 생각났다.

나는 마을로 돌아오는 길로 교회당으로 들어가 가마니 바닥에 꿇어앉아 기도했다.

'주여! 일도 가정도, 이상도 생활도 둘 다 살릴 수 있게 하여 주소

서. 어느 한쪽만 택해야 하는 지경에 이르지 않도록 도와주소서.'

기도가 채 끝나기도 전에 황급히 문 두드리는 소리가 나더니 "교회 선상님! 교회 선상님!" 하고 부르는 소리가 들렸다. 나는 또 좋지 못한 일이 생긴 거로구나 짐작하고 나가 보니 아줌마 셋이 와서 나를 찾고 있었다. 그들은 작업터에서 일하던 그대로의 차림이었다. "무슨 일로 그러십니까?" 하고 물으니 한 아줌마가 대답했다. "하이고 선상님 훈이 엄마가 큰일났서라우 죽게 됐구만요. 선상님께서 살려주셔야겠시유" 나는 누가 왜 죽게 되었는지 차근차근 말해 달라고 했다.

그들은 장안 들의 비닐재배장에서 일하고 있었는데 함께 일하던 훈이 엄마가 갑자기 까무러치기에 집에 데려다 두고 이리로 달려왔다는 것이었다. 이제 교회에서 죽이든 살리든 마음대로 하라는 말까지 덧붙였다.

나는 그녀들을 따라 환자에게로 갔다. 송정동 74번지와는 1킬로미터 가량 떨어진 마을이었다. 지난 가을부터 철거반과 철거 복구 철거 복구를 반복하며 실랑이하고 있는 마을이었다. 시청에서 그 자리에 청계천 하수처리장을 세운다고 마을 전체를 철거하려 하자 마을부녀자들이 반대데모를 했던 지역이다. 그 데모란 것이 희한한 데모였다. 철거반원들이 철거를 집행하려 하니 마을 부녀자들이 철거반을 습격했다. 어린아이들을 등에 업는 것이 아니라 배에다 매고 수십 명이 전속력으로 철거반원들에게로 질주한 것이다. 만약 철거반원들과 부딪치게 되면 배 앞의 아기들이 크게 상할 판이었다. 아기를 배 매에 맨 부녀자들이 "야, 이 새끼들아 너그 죽고 우리 죽자!" 소리 지르며 돌격하니 철거반장이 "애새끼 다친다 피해라!"고 고함쳤고 철거반원들은 줄행랑을 했었다. 이런 식으로 실랑이를 벌이다가 끝에는 강제철거를 당했다.

그러나 갈 곳 없는 주민들은 뜯긴 자리에 다시 움막을 치고 살았다. 철거반이 그 움막을 다시 철거했다. 그러기를 지난 가을부터 47회를 반복했다는 것이다. 처음 2백여 세대 되던 주민들이 이제는 뿔뿔이 흩어지고 이제 20여 세대가 남아 있을 뿐이었다. 이 남아 있는 세대 중에 훈이네로 불리는 가정이 있었다. 아버지는 지난해 공사장에서 사고로 죽고 초등학교 다니는 두 딸과 네 살배기 아들 훈이와 엄마와 할머니 다섯 식구가 겨우겨우 끼니만 이으며 살고 있는 가정이다. 그런데 그 가정을 이끌어 가는 훈이 엄마가 병약했다. 약한 몸에 자식들을 굶기지 않으려 무리를 하니 더욱 쇠약해졌다. 그 훈이 엄마가 오늘 일터에서 쓰러진 모양이다.

훈이네 집에 이르러 거적문을 열고 들어가니 훈이 엄마가 누워 있는 자리 곁에서 세 아이가 울고 있었다. 온돌도 없는 방에 천장으로 하늘의 구름이 보이는 집이었다. 윗목의 사과상자에 옷가지가 들어 있었고 아랫목에 석유곤로와 취사도구들이 널려 있었다.

훈이 엄마는 부은 얼굴에 절망적인 표정을 한 채 누워 있었다. 나는 머리맡에 앉아 어떻게 아프시냐고 물었다. 그녀는 가쁜 숨을 몰아쉬며 떠듬떠듬 답했다. 뱃속에 큰 덩어리가 돌아다니는데 어떤 때는 갑자기 숨이 탁 막히고 아찔해진다는 것이었다. 배 어디쯤이냐 물으니 아랫배란다. 나는 "아랫배에 큰 덩어리가 있으면 아기가 아닌가?" 하고 혼잣말을 했더니 옆에 있던 아줌마가 "아이고 선상님도

망령이셔. 혼자 사는 여자가 뭔 아기를 가진다우" 하기에 모두들 함께 웃었다.

아줌마들에게 가진 돈들을 모아 달랬더니 3천 원을 거두어 주었다. 택시를 불러 싣고 중앙의료원으로 갔다.

진찰 결과는 자궁 안에 큰 혹이 생겼는데 너무 오래도록 두어 생명이 위험하니 빨리 수술해야 한다고 했다. 자궁에 혹이라면 자궁암이냐고 물으니 암은 아니고 일반 혹이니 수술만 하면 완쾌된다는 것이다. 그런데 수술비용이 문제였다.

나는 의사에게 우리는 돈이 없는 사람들이니 무료수술의 길이 없겠느냐고 물었더니 자기는 비용과는 관계없고 치료만 하는 사람이니 사무부에 가서 의논하라 했다. 사무원에게 통사정하였더니 동사무소에서 발급한 생보자 증명서를 제출하는 환자 외에는 자기들의 행정규정상 도저히 무료치료가 불가능하다고 했다.

나는 환자를 데리고 집에 돌아와 누인 후에 동사무소로 갔다. 동장에게 사정을 이야기했더니 그 지역 주민들은 철거한 후에 무단으로 주거하는 세대들이라 그런 증명서를 발급해 줄 수 없노라고 했다. 거듭 사정했으나 막무가내였다. 나는 동사무소에서 물러나 환자에게로 갔다.

이웃 아줌마들은 일도 나가지 않고 나를 기다리고 있었다. 내가 사정을 설명하자 모두들 어두운 얼굴을 한 채 환자의 얼굴만 내려다볼 뿐이었다. 그냥 두면 얼마 못 갈 것 같다는 의견들이었다.

나는 한 번 더 부딪쳐 보기로 하고 환자를 싣고 신촌의 세브란스 병원으로 갔다.

병원 측에 사정을 이야기하고 무료수술 혜택을 받게 해 달라고 애걸하였더니 20−30퍼센트의 치료비의 할인은 해 줄 수 있어도 무료치료는 안 된다고 했다. 그러면 월부로 치료비를 갚을 터이니 우선 사람부터 살려 달라고 하였더니, 병원 측은 무엇을 믿고 그렇게 해 주느냐기에 "나는 교회 전도사입니다. 내 신앙과 명예를 걸고 약속하겠습니다"라고 하였으나 통하지 않았다.

교회 전도사의 말을 믿어도 될 시대가 아니란 것이었다. 나는 그런 말을 하는 그에게 "당신들끼리 잘 먹고 잘 사시오"라고 해 주고 환자를 다시 택시에 태워 서울의대부속병원으로 갔다. 서울의대의 김상현 군을 만나 의논할 생각이었다.

서울의대병원 환자대기실에 환자를 두고 김상현 군을 찾았으나 강의가 없는 날이라 학교에 오지 않았다는 것이었다.

하는 수 없이 외래진료소에 진료를 부탁하였더니 오늘은 접수마감 시간이 지났다는 것이었다. 서울의대병원은 12시까지만 진료 접수를 받는다고 했다. 늦게 오는 환자는 어떻게 하느냐고 물으니 급한 환자는 응급실로 가면 된다기에 응급실로 데려갔다. 응급실에서 진찰을 하더니 입원보증금을 지불하고 입원시키라고 했다. 나는 "입원보증금이 지금은 마련되지 않았으니 입원시켜 두고 마련해 오면 안 되겠느냐"고 물었다. 그들은 "병원규정상 입원보증금 없이는 입원할 수 없다"고 딱 잘라 거절했다.

나는 다시 환자를 데리고 가까운 이화여대 부속병원으로 갔다. 이미 마련해 온 돈은 다 떨어지고 걸어가는 수밖에 없었다.

이화여대 부속병원은 동대문 언덕 위에 지어져 있다. 가파른 언덕

길을 환자를 업고 힘겹게 올라가며 나는 "주님, 이제 마지막 병원입니다. 더 가 볼 병원도 없습니다. 여기서 꼭 입원되도록 주님께서 도와주십시오. 이 기도는 절대로 들어주셔야 됩니다" 하고 기도했다.

그러나 이화여대 부속병원도 같은 대답이었다. 입원하려면 입원보증금을 갖고 오라는 것이었다. 급한 것은 환자의 사정이지 병원 쪽의 사정은 아니었다.

넓은 서울에 병원도 많고 의사도 많았지만 훈이 엄마가 치료받을 병원은 아무 데도 없었다. 하는 수 없이 나는 훈이 엄마를 업고 동대문을 돌아 한양대학 뒤편의 뚝방촌을 향해 터벅터벅 걸었다. 주머니에는 동전 한 푼 없고 점심도 거른 뱃속에 한기만 가득했다. 기진한 몸으로 쉬며 쉬며 가는 걸음이라 지체되었다.

서울운동장을 지났을 때 겨울 해는 이미 지고 어둠이 깔리기 시작하더니 이내 어두워졌다. 한양대학 뒤편까지 갔을 때는 기력이 한계에 달했다. 등에 업힌 훈이 엄마는 어찌 된 영문인지 점점 더 무거워지는 것 같았다. 나는 짜증이 나서 투덜거렸다.

"훈이 엄마, 없는 사람이 무얼 먹고 이래 무겁소. 좀 가벼우면 업고 가기에 수월할 텐데."

그러나 돌이켜 생각하니 그녀의 신세가 너무나 서러웠다. 내가 짜증 내거나 투덜거릴 형편이 아니었다. 짜증스러운 건 나 자신에 대해서였다. 하루 종일 병원 문턱을 드나들다가 허탕으로 되돌아가는 나 자신의 무력함에 짜증이 나고 비참한 심정이 되었다. 나는 훈이 엄마에게 말했다.

"훈이 엄마, 내가 짜증 내서 미안하외다. 우리끼리는 서로 이해하고 살아야지요. 그런데 훈이 엄마, 몸을 뒤로 젖히지 마세요. 내 등에 몸을 붙이세요. 뒤로 젖히니 더 무겁습니다."

훈이 엄마가 자꾸만 뒤로 몸을 젖히는지라 내 몸도 뒤뚱거려 무겁고 걷기에 불편했다. 그런데도 나의 요구에 훈이 엄마는 응해 주지 않았다. 나는 또 화가 나서 "아니 몸을 젖히지 마시라니까 그러네요" 하고는 홧김에 땅바닥에 덜컥 내려 버리고는 가쁜 숨을 몰아쉬었다. 그런데 땅바닥에 누운 훈이 엄마의 자세가 이상했다. 곁에 가 살폈더니 이미 죽어 있었다.

나는 온몸에 힘이 쑥 빠져 버려 그 자리에 풀썩 주저앉았다. 그리고 나직이 말했다.

"안 돼! 훈이 엄마, 여기서 죽으면 안 돼! 악착같이 살아서 이 한을 풀어야지 죽으면 안 돼. 억울해서 어찌 죽어, 절대로 살아야지" 하며 나는 훈이 엄마를 안아 일으켰다.

"훈이 엄마, 훈이 엄마! 내 말 알아들었지? 다시 깨어나는 거지? 대답해 봐요" 하고 흔들었으나 이미 굳어지기 시작한 몸이었다. 무어라 대답이 있을 리 없었다.

지나가는 행인조차 없는 밤이었다. 나는 훈이 엄마 곁에서 그녀의 손을 쥐고 오래도록 앉아 있었다. 그녀의 손에서 점차 한기가 내게로 전해져 왔다. 춥고 배고프고 분하고 슬펐다. 온 세상에 휘발유를 뿌리고 불을 질러 함께 죽어 버리고 싶었다.

성동교 다리 위를 시체를 데리고 건넜다. 안고 가다 업고 가다 지쳐 끌고 갔다. 옷자락을 잡고 짐짝처럼 질질 끌며 건넜다. 다리 건너 편 검문소에 시체를 맡기고 마을로 가 들것을 만들어 동네 사람들과 함께 시체를 옮겨 갔다.

다음 날 동사무소에 매장허가서를 받으러 갔다. 지난번 살리는 증명서 받으러 갔을 때는 절대 안 된다고 거절하더니 죽은 증명서 해 달랄 때에는 두말없이 끊어 주었다. 산 사람에게는 무정해도 죽은 사람에게는 너그러운 것이 세상 인심이었다.

벽제 화장터에서 돌아오는 길로 따끈한 호빵을 사다가 세 아이를 먹였다. 훈이는 엄마가 죽었어도 호빵을 받아 쥐고는 깔깔거리며 먹었다. 할머니는 손주들 곁에서 울음을 속으로 삼킨 채 눈물만 훔쳤다. 그 마을 20여 세대에서 누구도 말하는 사람이 없었다. 모두가 한꺼번에 벙어리가 되어 있었다. 내가 들은 단 한마디의 말은 어느 할머니가 한 말이었다.

그 할머니는 나를 외면한 채 하늘을 쳐다보며 말했다.

"이눔의 시상 망해야디여. 폭싹 잿더미가 돼야 된당께."

나는 교회로 들어가 멍청히 서서 강대상 위를 한참 올려다보다가 말했다.

"주님, 너무하셨습니다."

나는 지친 몸을 끌다시피 방에 들어가 그대로 쓰러져 버렸다. 이대로 잠이 깨지 말고 영원히 잠들었으면 싶었다. 요한계시록 21장을 암송했다.

"내가 새 하늘과 새 땅을 보니 처음 하늘과 처음 땅이 없어졌고 바다도 다시 있지 않더라 또 내가 보매 거룩한 성 새 예루살렘이 하나님께로부터 하늘에서 내려오니 그 예비한 것이 신부가 남편을 위하여 단장한 것 같더라 내가 들으니 보좌에서 큰 음성이 나서 가로되 보라 하나님의 장막이 사람들과 함께 있으매 하나님이 저희와 함께 거하시리니 저희는 하나님의 백성이 되고 하나님은 친히 저희와 함께 계셔서 모든 눈물을 그 눈에서 씻기시매 다시 사망이 없고 애통하는 것이나 곡하는 것이나 아픈 것이 다시 있지 아니하리니 처음 것들이 다 지나갔음이러라 보좌에 앉으신 이가 가라사대 보라 내가 만물을 새롭게 하노라."

다음 날부터 온몸이 쑤시고 아파 일어나지를 못했다. 사나흘을 계속 40도 고열에 시달리며 먹지를 못했다. 몸이 병약해지니 마음도 극도로 약해졌다.

이 일을 계속할 수 있을까? 승산 없는 싸움이라면, 지금 초장에 그만두는 것이 좋을까? 여러 가지 생각이 떠올랐다. 창백해진 얼굴의 아내와 결핵에 걸린 아들, 체중 50킬로 아래로 떨어진 나 자신, 주위의 환자, 실업자, 술주정뱅이들, 철거반 등 온갖 것들이 떠올라 병중의 나를 괴롭혔다.

며칠이 지나 열이 내리고 병이 나으니 식욕이 왕성해졌다. 자꾸만 무엇이든 먹고 싶었다. 그러나 먹을 수가 없었다. 다시 넝마주이를 나가 몇백 원이든 손수 벌어오기 전에는 배고픈 것을 면할 길이 없었다. 하는 수 없이 일을 나가려고 신발 끈을 묶었으나 맨몸으로 걷기에도 비틀거릴 지경이었다. 리어카를 끌 만한 힘은 더더욱 없었다.

나는 기진하여 다시 누웠다. 그리고 생각했다. 활빈선교를 계속하려다가는 가정도 내 몸도 남아나지 않겠다. 이 정도에서 마무리하고 몸을 빼야겠다. 무리에 무리를 더하다가 가정이 깨지고 건강도 잃으면 아니함만 못하겠다는 데까지 생각이 미쳤다.

그러면 이 일을 마무리한다면 어떻게 마무리할 것인가? 이대로 두고 나만 사라지면 될 것인가? 그럴 수는 없다. 적당한 후임을 물색하여 이 일을 맡겨야 할 것이다. 그렇다면 과연 누가 이 일을 맡으려 하겠는가. 나 같은 바보가 또 하나 더 있을까? 이도 저도 안 되면 어떻게 하나? 주민 자치로 할 수 있게 조직을 만들어 주고 떠난다? 아직은 시기상조이다.

나는 뚜렷한 방법을 찾느라 고심했다. 그러나 뾰족한 묘수가 나올 턱이 없었다. 궁리하다가 잠 속에서 꿈을 꾸었다. 내가 설교대에 서서 설교를 하는데 교회 출입문 쪽에서 불이 났다. 불길이 온 교회에 가득했다. 나는 도망치려 했으나 모든 교회 문은 밖에서 잠겨져 있어 도망칠 수가 없었다. 애타게 이 문 저 문의 문고리를 틀며 문을 열려고 애쓰던 중에 잠을 깼다.

이상한 꿈이라 생각됐다. 평소에 꿈이나 환상 등을 대수롭지 않게 여겨온 나로서도 하필 이런 때에 그러한 꿈을 꾼 것에 자못 심각해지지 않을 수 없었다. 교회에 불이 났는데 내가 도망갈 수가 없었다는 것은 내가 활빈교회에서 도망치지 못한다는 뜻인가? 그 불은 무슨 불인가? 판자촌에서 종종 일어나는 화재인가, 아니면 성령의 불인가? 그냥 꾸는 개꿈을 가지고 내가 너무 신경과민인가? 그러나 생각할수록 뜻이 있을 것 같은 꿈이었다.

꿈풀이를 하다가 허기가 져서 밖으로 나왔다. 교인 집을 찾아가 라면이라도 삶아 달래려고 몇 집 돌았으나 그날 따라 다들 집에 없었다.

교회당으로 도로 돌아오는 길에 한 집 앞에 발이 멈췄다. 아이들이 많아 언제나 시끌벅적하던 집인데 오늘 따라 방문 앞에 아이들 신발만 흩어져 있고 조용했다. 큰 아이들은 학교에 있을 시간인데 신발들이 있는 것도 또 조용한 것도 이상하여 다들 낮잠을 자나 하며 문을 두드렸다.

노크 소리에 아무런 답이 없어 기침을 하며 문을 열었다. 채광창이 없어 컴컴한 방에 다섯 아이가 키순서로 도레미파솔로 누워 있었다. 다들 핏기 없는 얼굴로 지친 듯 누워 있었다.

방으로 들어가 "애들아, 낮에 왜 다들 누워 있냐? 어디가 아프냐?" 하며 머리를 짚어 나갔더니 한 아이가 "배고파요" 하며 앙 하고 울음을 터뜨렸다. 한 아이가 우니, 네 아이도 따라서 울기 시작했다. 어린 아이들은 소리 내어 울고, 큰 아이들은 흐느껴 울었다.

"엄마 아빠 어디 가셨느냐?" 물었더니 3일 전에 장사 나가시고 아직 안 들어오셨다고 했다. "그럼 삼 일간 내내 굶었느냐?" 물으니 첫날은 있는 양식으로 끓여 먹고 어제 오늘은 굶고 있다고 큰 아이가 말했다. 나는 귓속에서 윙 소리와 함께 어지러움을 느끼며 벽에 등을 기댔다. 조용히 아이들의 눈을 보았다. 그 눈물 속에서 나는 예수 그리스도를 보았다. 배고파 우는 아이들의 눈물 속에 계시는 주님은 내게 말씀하셨다.

"진홍아, 내가 이 아이들의 눈물 속에 갇혀 있다. 나를 여기서 좀 해방시켜 달라"고 주님은 내게 애원하고 계셨다.

나는 이 땅 위에 배고파 우는 어린아이가 한 명이라도 남아 있는 한 활빈선교는 중단할 수 없음을 깨달았다. 나는 내가 배고픈 것은 이미 잊어버리고 다섯 아이들 먹이는 일에 골몰했다. 가게에 가서 물

국수 50원어치를 외상으로 가져다 아이들과 함께 끓여 먹었다.

허기를 면하게 한 후 나는 큰아이에게 엄마 아빠가 어디에 계실 것 같으냐, 전에도 들어오시지 않았던 적이 있느냐고 물었더니 엄마나 아빠 한 분이 안 들어오신 적은 가끔 있었어도 한꺼번에 안 들어오신 적은 처음이라 했다. 전에 엄마나 아빠 중에 안 들어오셨을 때는 왜 안 들어오셨던 것이냐고 물으니 순경이 데려가서 못 들어온 적도 있었다고 했다.

나는 아이들의 부모가 을지로 6가에서 손수레에 음식 장사 하는 것을 알았기 때문에 잡상인 단속에 걸려 유치장에 있을지도 모른다는 생각이 들었다. 엄마 장사하는 데 가 본 적이 있다는 큰아이만 데리고 아이들의 부모를 찾아 나섰다.

마을 입구를 벗어나는데 우체부 아저씨가 나를 보고 아는 체하면서 교회로 가는 등기 편지가 있으니 도장이 있으면 달라고 했다. 발신인의 주소 성명도 없는 편지 안에는 만 원짜리 송금환과 함께 '좋은 일에 써 달라'는 편지가 들어 있었다. 뜻밖의 거금을 받고 감사의 기도를 드렸다.

을지로 6가와 서울운동장 사이에 아이들의 엄마가 포장마차를 했었다는 장소로 갔더니 아무것도 없었다. 부근 담배 가게에 가서 이곳에서 포장마차 장사하던 아줌마 어디로 갔느냐고 물었더니 "그 사람들 요즘 단속이 심해 못 나올 거예요" 했다. 그런데 이 아이 엄마가 며칠째 안 들어오셔서 찾으러 다닌다고 했더니 "그래요? 며칠 전에 후리가리(경찰의 일제단속)로 잡아들일 때 잡혀 갔나?" 하며 고개를 갸우뚱했다.

나는 관할 파출소로 갔다. 파출소에서는 이야기를 듣더니 일전에 리어카 몇 대를 단속하여 리어카는 압수하고 사람들은 즉결로 넘긴 적이 있으니 경찰서로 가 보라 했다. 아이와 함께 경찰서로 가서 엄마 아빠를 한꺼번에 만나게 되었다. 둘 다 같은 날에 일제단속에 걸려 즉결로 넘어왔던 것이다.

즉결재판에서 도로교통법 위반으로 4천 원씩 벌금형을 받고 물 돈이 모자라 몸으로 때우고 있었다. 유치장에 살며 하루에 5백 원씩 까나가는 것이다. 둘이 받은 벌금이 8천 원인데 3일은 지났으니 3천 원이 줄었다. 5천 원만 물면 나갈 수 있게 된다. 나는 아이와 함께 우체국에 가서 송금 받은 돈 만 원을 찾아 다시 경찰서로 갔다. 5천 원을 내고 아이들의 엄마 아빠를 나오게 했다.

저녁에 임 씨 부인이 찾아왔다. 약 보름 전에 밀가루 한 포를 가져다 드린 집이다. 양식 떨어진 줄을 알고 넝마주이 수입에서 한 포를 사서 밤중에 갖다 주었던 것이다. 낮에 갖다 주면 이웃 사람 보기에 자존심이 상할 것 같아 아무도 보지 않는 밤중에 가져다준 것이다.

그런데 찾아와서는 하는 말이 "전도사님, 죄송합니다. 그간에 떨어져서 다시 한 번만 더 은혜를 입었으면 해서 찾아왔습니다"고 했다. 무슨 말인지 파악이 안 되어 "예? 뭣이 떨어졌다고요?" 하고 물었더니, 부인은 난처한 듯이 지난번 가져다준 밀가루가 떨어졌다는 것이다. 평균적으로 5, 6명의 식구가 밀가루 한 포로 수제비를 끓여 먹으면 10일 가량 먹을 수 있다. 임 씨 가정에 보름 전에 갖다 주었으니 이미 떨어졌을 기간이 지났다. 그러니 나에게 또 한 포 더 도와 달라는 모양이다.

나는 속으로 화가 치밀었다. 욕을 해 주고 싶었으나 꾹 참았다.

'이 사람들이 내가 약한 체력에 죽자 사자 넝마를 주워 판 돈으로 도와준 것을 알기나 하고 이러는가?' 나는 자기네들 도와주고 나서 식은땀을 흘리며 쓰레기통을 뒤지는 동안에 자기네는 부부간에 다 일할 수 있는 분들이 그냥 어영부영 시간만 보내고 있었을 것을 생각하니 미운 생각이 들었다.

나는 화가 나거나 짜증이 나면 얼굴에 표시가 두드러지게 나는 성격이어서 화를 삭이며 표시가 나지 않게 하려고 잠깐 기다리라 하고는 부엌으로 가서 냉수를 한 컵 들이켜고 마음을 가라앉혔다. 그리고 생각했다.

'이것은 화낼 일이 아니다. 이것이 빈민선교의 요점이 아닌가. 빈민들의 가장 두드러진 공통적인 심리가 의타심, 나태, 그리고 낭비가 아닌가. 이 사람들은 이러한 심리적 정신적 바탕 때문에 이 생활 속에 빠져 있는데 내가 화를 낸다고 해결될 일이 아니다. 이 문제에 대하여 구체적으로 연구하고 대책을 세워야겠다. 지금까지처럼 개개인에게 구제해 주는 방법으로는 서로 간에 좋지 못할 것 같다'는 생각을 했다.

이런 생각을 하는 사이에 마음이 가라앉아 부인에게로 가서 말했다. "예, 사정은 알겠습니다. 그러면 저에게 한 가지 생각이 있으니 가셔서 임 선생님을 좀 보내 주십시오. 제가 바깥어른과 상의하겠습니다"고 말했다.

부인은 놀란 표정을 지으며 "아이 아버지하고 의논하시겠다고요?" 하며 말끝을 흐렸다. 나는 단호하게 "예, 아이 아버님과 만나서 의논할 테니 가시는 즉시 좀 보내 주십시오"라고 말했다. 부인은 알 겠노라고 하고서는 돌아갔다.

두어 시간이나 기다렸으나 임 씨는 오지 않았다. 하는 수 없이 내 가 임 씨 댁으로 갔다. 일단 도와 달라고 말을 끄집어내었다가 이 상 태로 끝나 버리면 관계가 어색해질 것 같아서 내가 찾아간 것이다.

임 씨는 방에 있었다. 내가 찾아가자 멋쩍은 표정을 지으며 허리를 굽실굽실했다. 나는 그가 너무 저자세로 굽실거리는 것이 또 못마땅 했다. 그가 얼굴에 비굴한 웃음을 띠고 아첨하는 자세로 나를 맞는 것이 참으로 비위가 상했다. 나는 그때 확실히 깨달았다.

내가 밀가루 한 포로 이 사람들을 병신으로 만들었구나. 이분들이 밀가루 한 포 얻어먹은 것이 쥐약 먹은 것 이상으로 인격에 해독을 입었구나. 나는 이분들을 도와준 것이 아니고 상처를 입혔다. 밀가루 한 포 받아먹고 이렇게 비굴해지고 치사스러워지다니 참으로 한심스 러운 노릇이다. 가난이라는 것은 치욕스러운 것이요, 체신 떨어지는 일인 동시에 당사자들에게 미끼를 던지는 자에게는 이렇듯 무방비 상태가 되어 버리는 것이구나. 이들 자신에게 마지막 남은 재산인 자 존심마저 당장의 끼니 앞에 이렇게 팽개쳐지는 것이구나 생각하고 나는 이 문제 해결에 빈민선교의 핵심이 들어 있음을 깨달았다. 이 가정에서부터 다시 시작해야겠다고 생각했다.

나는 머리가 천장에 닿는 임 씨네 방에 들어가 앉아 기도하며 생 각을 정리했다. 임 씨는 결과적으로 나에게 중요한 것을 가르쳐 준 선생이다. 예수님께서 이분을 통해 선교 원리와 방법을 배우라고 보 내신 분이다. 그러니 진지하게 정직하게 대해야 한다. 임시방편으로 문제를 쉽게 해결해 버리거나 감상주의에 빠져서는 안 된다. 냉철하게 문제의 뿌리를 밝혀 해결해야 한다. 임 씨네 가정이 새 출발의 첫 본보기이다. 이렇게 마음으로 다짐한 나는 마음이 안정되어 차분해졌다.

나는 임 씨에게 정직하게 말했다.

"조금 전에 임 선생님 부인께서 저를 찾아오셔서 식량이 떨어졌다고 말씀하시고 한 번만 더 협조해 달라고 말씀하셨습니다. 솔직히 말씀드리면 저는 퍽 기분이 나빴습니다. 왜냐 하면 지난번에 가져다 드린 것도 제가 손수 넝마주이를 하여 번 돈에서 쪼개어 사다 드린 것이고 저의 아들이 밥이 먹고 싶다고 울어도 쌀은 비싸다고 못 사고 밀가루만 사다가 먹이면서 도와 드린 것이기 때문입니다. 제가 오늘 이렇게 터놓고 말씀드리는 것은 임 선생님 가정으로부터 제가 크게 배운 바가 있어 임 선생님을 앞으로 나의 동지로 생각하고 드리는 말씀입니다.

제가 이 마을에 와서 살게 된 지도 반년이 지났습니다. 그간에 살피건대 이 마을에 사는 분들은 게으르고 내일이 없습니다. 단 하루 먹을 양식만 있어도 일하지 않고 놀고 있습니다. 이래서는 아무런 변화나 해결책이 있을 수 없습니다. 그냥 가난 속에 빠져 버릴 뿐입니다. 다른 외부의 도움을 받는 것은 임시방편이지 근본 해결은 되지 못합니다. 문제해결의 열쇠는 자기 속에서만 나올 수 있습니다. 자기 정신 속에서 내 가난, 내 운명, 내 팔자를 내가 고쳐 보겠다고 나설 때 고쳐지는 것입니다."

나는 안타까운 마음에 넘쳐 열변을 토했다. 임 씨는 가만히 듣고 있었다. 나의 말이 끝나고 잠깐 동안의 침묵이 있었다. 이윽고 임 씨가 말했다.

"전도사님 말씀이 옳습니다. 우리는 게으릅니다. 팔다리가 멀쩡한 장정들이 사시사철 방 안에 들어앉아 새끼가 벌어 오는 푼돈을 뜯어 먹고 있습니다. 몰라서가 아닙니다. 우리도 야마리(염치의 경상도 사투리)가 빠르니까 다 알고 있지요. 근데 '뭘 좀 해야겠다' 전도사님 말마따나 '팔자를 고쳐서 살아야겠다'고 생각을 하면서도 당장 어쩔 수 없어 세월만 보내고 있는 거지요. 말하자면 앉은뱅이 용쓰기로 마음 속으로 궁리만 있지 실천으로 나서지를 못하고 있는 겁니다."

나는 그가 내 말을 반박하지 않고 나의 뜻을 받아들인 것이 퍽 기뻤다. 그리고 가능성이 있음을 파악했다. 나는 그에게 부탁조로 협조를 구했다.

"내가 임 선생님에게 부탁드리고 싶습니다. 임 선생님께서 용기를 내셔서 이 마을에서 시범으로 한번 일터로 나가 보지 않으시겠습니까?"

임 씨가 말했다.

"내일 당장이라도 나설 마음이 있는데, 어디 마땅한 일감이 있을까요? 전도사님께서 좋은 생각이 있으시면 좀 일러 주십시오. 내가 할 수 있는 일이라면 뭔 일이든 하겠습니다."

"좋습니다. 임 선생님께서 자신이 할 수 있다고 생각되시는 일이 무엇입니까? 예를 들면 무슨 기술이나 장사나 노동이나 뭐든지 임 선생님이 할 수 있다고 생각되시는 일이 있다면 그 일부터 하는 것이 순서가 아니겠습니까?"

그는 대답했다.

"기술은 없고 처음 서울 올라와서 고물장사꾼을 따라다녔는데 그 일이라면 지금이라도 나서면 아쉬운 대로 푼돈은 만질 수 있을 것 같습니다."

"그러시다면 고물장사를 개업하는 데 준비해야 할 것들이 무엇입니까?" 하고 물으니 고물장사가 자기 처지에 좋은 건, 다른 준비가 필요 없고 신발이나 질긴 걸로 신고 주머니에 기천 원 준비해서 다니다가 헌 물건들을 싼 값에 사서 다시 비싼 값에 팔면 된다는 것이었다. 예를 들면 고물 시계, 다리미, 전기기구 등을 각 가정에서 사서 필요한 가정에 다시 팔거나 고물상에 넘긴다는 것이다.

그 일이 임 씨에게는 가장 적당한 일감으로 생각되었다. 나는 경험 삼아 얼마간 따라다니며 각종 고물들의 시세를 알아보고, 장사 요령을 배우고 싶은 생각이 들어 우리는 동업자가 되기로 했다. 나는 필요한 자본금을 마련하고 임 씨는 장사 기술을 맡기로 했다.

며칠 후부터 다니기로 임 씨와 약속을 하고 교회로 돌아왔다.

# 시련과 회복

그날 이후 나는 판자촌 내에서의 선교활동을 전면적으로 변경했다. 개개인을 도와주던 구제형(救濟型)에서 주민의 조직된 힘으로 문제들을 자기네들 자체의 힘으로 해결하도록 유도하려 애썼다.

나는 마을에서 발언깨나 하는 사람들을 찾아다니며 설득하기 시작했다. '함께 뭉쳐서 서로 돕고 살자'했다. '혼자서는 실패했지만 뭉치면 성공할 수 있다'고 했다. 대폿집에도 찾아가고 화투판에도 끼어들고 개인별 접촉도 하며 아침부터 저녁까지 사람들이 모인 곳이면 어디든 가서 이야기했다. 우리 주제에 나서 봐야 별 볼일 있겠냐면서 자리를 피해 버리는 사람도 있었지만 열성껏 호응하는 분들도 있었다. '활빈교회 전도사는 술 받아 먹여 주며 예수 믿으라 한다'든지 '평양서 온 사람처럼 수상하다'든지 여러 잡음이 들렸으나 나는 개의치 않았다.

드디어 때가 되었다고 판단되었을 때 교회당에 주민들을 모으고 주민회를 조직했다. '송정동 판자촌 주민회관'이라고 이름을 정하고 회장 1명, 부회장 2명, 총무 1명 그리고 5개 분과위원장을 민주적으로 선출했다. 5개 분과위원회란 그간의 경험에서 판자촌 내의 해결되어야 할 문제점들을 분류하여 정한 위원회이다. 첫째 주민교육부, 둘째 건강관리부, 셋째 협동조합부, 넷째 생활안정부, 다섯째 개발봉사대 이상 다섯 부로 나누고 각 부에 7-9명의 분과위원을 선임하고 그 중에서 분과위원장과 간사를 뽑았다.

다음 날부터 교회당 건물에 '송정동 판자촌 주민회관' 간판을 걸고 조직을 확대하여 전 세대를 회원으로 가입시키는 작업을 했다. 주민회를 중심으로 온 동리에 협조 분위기가 일어나기 시작했다. 주민회 임원들은 매일 저녁 교회당에 모여 여러 가지 지역 문제들을 의논했다. 또 분과별로 사업 계획들을 세웠다. 활빈교회는 조직된 주민회와 협력하여 공동의 노력으로 지역 문제를 해결하는 방향을 취하였다. 중요한 것은 각 분과위원회의 활동이었다. 5개 분과위원장은 지역 내의 성실한 분들로 선임하고 각 분과의 간사는 교회 청년들 중에서 봉사심이 있는 청년들을 배치했다.

기본조직이 정비되자 분과별로 사업을 추진했다. 주민교육부는 어린이학교, 지역사회학교, 청년강좌, 엄마교실, 사랑방모임, 새마을강연 등을 두기로 하고 건강관리부는 영·유아 건강관리, 임산부 건강관리, 결핵퇴치사업, 가족계획, 보건교육 일반진료, 치과진료를 실시키로 했다. 생활안정부에서는 직업보도와 직업훈련 그리고 마을에 가내공업을 유치하는 사업을 추진키로 했다. 후에 실업자조합이 생기고 자활회가 창설되면서 생활안정부는 가장 활발한 분과가 되었다.

협동조합부에서는 신용조합과 소비조합을 설립하고 다음 단계로 사정이 허락되면 생산조합까지 만들자고 꿈에 부풀었다. 빈민지역에서 신용조합은 중요한 사업이다. 주민들의 공통된 병폐의 하나는 내일에의 설계가 없고 생활에 규모나 계획성이 없다는 점이다. 그리하여 있을 때는 낭비하고 없을 때는 굶주린다. 이에 저축심을 기르고 생활의 규모를 갖게 하며 서로 돕는 공동체 정신을 훈련시킴에 가장 효과적인 방법이 신용조합인 것이다. 특히 판자촌에서 성업 중인 것이 달러 빚이라고 하는 월 30퍼센트 이상의 고리채이다. 이 달러 빚을 추방하는 데는 신용조합이 꼭 필요하다.

끝으로 개발봉사대는 마을 청년들로 조직되어 도로관리, 청소소독, 장례, 방범, 방화 등의 일을 맡는 특별 조직이다. 이 조직은 지원자들로 구성된 기동봉사대이다.

주민 조직이 완비되고 조직의 각 부서가 기능을 발휘하게 되자 마을은 달라지기 시작했다. 싸움 횟수가 줄어들고, 술 먹고 화투놀음으로 소일하던 분들이 주민회에 직업소개를 의뢰해 왔다. 동리에서 진저리를 내던 불량배들이 개발봉사대 대원이 되더니 마을질서를 지키는 일에 앞장서고, 방범을 맡아 사고가 자주 일어나는 골목을 밤늦게까지 지키기도 했다. 그들 중에는 전과 3, 4범은 평균이고 전과 13범까지 있었다. 그러나 마주 앉아 이야기해 보면 선량한 바탕이 있는 청년들이었다. 얼마든지 개조되어 가치 있는 일에 몸을 던질 가능성 있는 젊은이들이었다.

그들 중에 밤늦게 지나가는 처녀를 덮쳐서 몸도 돈도 뺏는 일에 베

테랑인 녀석이 있었다. 나는 많은 처녀들이 그에게 당한 것을 알고 그에게 말했다.

"자네는 왜 그렇게 죄 없는 처녀애들을 욕보이느냐? 네 자신도 위험한 일이 아니냐? 그만 손을 씻어라. 꼭 여자 생각이 나서 못 참겠으면 종삼이나 양동에 가서 몸 풀고 오면 되지 않겠느냐?"고 했다. 그는 답하기를 "아이고 성님, 내가 머 여자 생각이 나서 여자를 덮치는 거 아닙니다. 심심해서 그럽니다. 사는 기 하두 갑갑증이 나서 한두 번 그러다가 그만 맛을 들인 거지요. 팔다리에 피가 뛰는 젊은 놈이 할 일은 없고 눈에 뵈는 건 많고 빈둥거리고 있으니 좀이 쑤셔서 그러지요"라고 했다. 내가 "그러면 나하고 넝마주이 나가자"고 했더니 그는 말했다.

"가만 계십쇼. 그 동안엔 뚝방에 지나다니는 불쌍한 공순이들 건드렸는데요. 요사이 생각하니 그기 마음에 걸린다 이겁니다. 잘 먹고 잘 사는 삼삼한 범털가시나(잘 사는 여자) 한탕만 하고 나서 손 씻을랍니다."

얼마 후 그가 감방으로 끌려갔다는 소식이 들렸다. 범털가시나에게 한탕 하려다가 실수가 있었던 모양이다. 나는 좀더 일찍 잡았으면 좋은 일꾼 될 사람을 버린 것이 애석했다.

한국 교회는 너무 고상하고 문화적인 교회가 돼서 이런 거친 혼들을 잘 포용하지 못하고 있다. 이들이 새롭게 살아 보고 싶은 절실한 마음을 가지고 교회로 찾아갈 때가 있다. 그러나 교회는 지레 겁을 먹고 이들에게 벽을 쌓고 경계한다. 이들은 그런 반응을 느끼면 자격지심으로 더욱 거친 행동을 나타낸다. 이래서 교회는 항상 모범생들만 적응되어 남고 문제아들은 교회에 발을 붙이지 못하게 된다.

어느 날 서울대학교 의과대학의 김상현이란 학생이 찾아왔다. 빈민들에 대한 봉사심으로 가득 찬 젊은이였다. 그는 주님께서 활빈선교를 위해 특별히 뽑아 보내 주신 젊은이였다. 그와 나는 지역 내의 환자들을 하나하나 방문하며 위로하고, 김상현 군이 진찰하고 처방하는 동안 나는 옆에서 기도했다. 의과대학 재학생이라 아직은 돌팔이 중에 돌팔이 의사인데도 그가 투약하는 대로 병이 잘 나아 주었다. 그리하여 그는 판자촌에서 명의로 소문나게 됐다.

하루는 30대의 앉은뱅이 부인을 가정방문에서 만났다. 남편은 전직 경찰관으로 무기력한 분이었고 네 살, 두 살 두 아이의 어머니였다. 지난 해 아기 낳을 때 출혈이 심하더니 그 후로 일어서지 못하고 앉은뱅이가 되었다는 것이다. 두 손으로 짚고 엉덩이로 다니며 아기를 키우고 가사를 돌보는 것이 너무 딱해서 김상현 군과 나는 치료해 보기로 결심했다. 우선 중앙의료원에 가서 진찰을 했다. 여러 장의 엑스레이 촬영을 하고 검사를 하더니 치료 불능이라 했다. 우리는 의사에게 그래도 치료해 볼 어떤 방도가 있지 않겠느냐고 물었더니 "글쎄요, 이병철의 딸이나 된다면 돈으로라도 한번 시도는 해 보겠지만 현 상태로는 회복 불가능한 상태입니다" 했다.

우리는 택시에 앉은뱅이 부인을 태우고 돌아오면서 우리 힘으로 치료해 보기로 했다. 나는 김상현 군에게 "내가 기도할 테니 상현 군은 적합한 약을 지어 주시오" 했다. 돌팔이 김상현 군은 "글쎄요, 그런 약이 있을 것 같지 않은데요" 하고 자신 없어 했다.

"어차피 중앙의료원에서 못 고치는 병이라 했으니 우리가 한번 부덮혀 봅시다. 소화제든 아까징끼든 약이라고 처방만 해 주면 됩니다. 나머지는 기도로 해결합시다"라고 했더니 김상현 군은 소화제 비타민 등등을 섞어 큼직한 약봉지를 만들어 하루 세 번 드시라고 말하며 주었다. 나는 부인에게 말했다. "아기엄마, 이 병은 약으로 고친다고 생각해선 안 됩니다. 의사선생님이 주시는 이 약을 잡수시면서 기도를 드립시다. 병은 의사나 약이 고쳐 주는 것이 아니라 하나님께서 고쳐 주시는 겁니다. 약을 드실 때마다 기도드리세요" 하고는 셋이서 함께 기도했다. 나는 새벽마다 그 부인을 위해 기도드리고 자주 가서 격려도 했다.

그러던 얼마 후에 그 앉은뱅이 부인이 일어서게 되었다. 처음에는 무릎을 손으로 잡고 힘겹게 일어서기만 하더니 다음은 한 발짝씩 걸음마를 하다가 나중에는 정상적으로 걷게 되었다. 이 일로 활빈교회와 김상현 의사는 앉은뱅이를 고치는 신통한 능력이 있는 것으로 소문이 나게 되어 곤혹을 치렀다. 불광동에서까지 소문을 듣고 앉은뱅이들이 치료받으러 찾아오는 것이었다. 우리는 질겁을 해서 설득하여 보내느라 진땀을 뺐다.

김상현 군의 활약으로 의사, 약사, 의과대학생, 치과대학생, 간호대학생, 약대생들이 모여 진료팀이 이루어졌다. '송정의료봉사회'라 이름한 진료팀은 토요일마다 일반진료와 치과진료를 실시했다. 진료반의 치료를 받고는 어쩐 일인지 병들이 잘 나았다. 종합병원에 다니며 못 고친 병들이 진료반에서 학생들이 처방한 싸구려 약들로 낫곤 했다.

기독교 의료선교협회의 도움으로 영·유아 건강관리와 임산부 건강관리 사업도 실시하게 되었다. 매주 화요일에 기독교 의료선교협회에서 간호사가 와서 영·유아들에게 각종 예방주사를 놓고 진료를 했고 수요일에는 산부인과 전문의가 와서 임산부들에게 건강지도를 하고 영양제를 공급했다. 목요일엔 보건소 주도로 결핵환자 치료를 했다. 이와 같이 건강관리 사업이 궤도에 오르자 이번에는 주민교육 사업에 집중하기 시작했다. 주민교육 사업은 지역 사업에 있어 가장 중요한 사업이다.

빈민촌에서의 빈곤은 물질적인 문제이기 이전에 정신적인 문제이다. 물론 경제 사회적인 원인도 중요한 것이긴 하나 그보다 더욱 중요한 것은 정신적인 원인이요, 문화적인 원인이다. 빈곤 문제는 내적인 정신 질서의 문제이기에 의식개조의 차원에서 그 해결책을 찾아야 한다. 주민들이 빈민촌에 들어와 10년이 지나도 빈곤을 벗어나지 못할 뿐만 아니라 사태가 점점 더 악화되어 가는 것은 경제 사회적인 원인과 함께 그러한 상태에 빠질 수밖에 없는 정신적인 원인을 가지고 있기 때문이다. 그러므로 빈곤의 해결은 경제 사회적인 조건의 개선 이전에 정신적인 각성, 다시 말해 의식의 개편이 선행해야 한다. 이러한 점에서 지역사회활동에 있어서 주민교육이 차지하는 비중은 커지는 것이다.

여기서 주민교육이라 함은 넓은 의미의 의식화작업을 뜻한다. 주민 스스로의 주체적 결단을 통해 빈곤을 벗어나 바람직한 생을 영위할 수 있게 유도하는 것이 의식화의 과제이다. 이러한 주민 의식화의 작업은 교육을 통해서 이루어진다는 것이 그간의 체험에서 얻어진 결론이다. 또한 의식화를 위한 주민교육은 민주사회 건설의 기초단계로서 시민의식의 고취가 요청된다. 이를 위해 주민의 민주적인 능력 배양과 그 실제적 훈련을 제공하는 내용을 갖추어야 한다. 이러한 점을 감안하여 우리는 주민교육 프로그램을 세우고 단계적으로 실시해 나갔다.

4월 6일, 주민교육 사업의 일환으로 지역사회 학교인 배달학당을 설립하고 지역 내의 청소년 56명을 모집하여 야간 중학과정의 교육을 시작했다. 4월 15일에는 20대의 청년지도자 20명을 선발하여 주 6시간씩 6개월 과정의 청년지도자 훈련과정을 시작했다. 매주 3회로 주부교실을 개설하고 지역 내의 주부들에게 육아법, 위생요리, 그리고 부업을 위한 기술교육을 시켰다. 어린이들을 위해 어린이학교를 열어 주 3회로 동화, 노래공부, 자치활동 등의 교육을 실시했다.

이러한 프로그램들이 하나씩 실시되어 나가면서 지역사회는 활기를 더해 갔다. 그러나 갑작스런 시련이 닥쳤다. 정말 예상도 못했던 기습이었다. 모든 프로그램을 실시해 나가던 장소인 교회당이 철거반에 의해 산산조각이 난 것이다.

1972년 4월 24일이었다. 오전 9시 30분경 나는 지역 내를 순방하고 있었다. 일터가 있는 주민들은 이미 나가고 일터가 없는 주민들은 아직 가정에서 나오지 않고 있는 시간이었다. 한 아이가 헐레벌떡 달려와서 "목사님, 교회집 뜯어예" 했다. 무슨 말인지 몰라 되물으니 철거반이 교회를 철거한다는 것이다. 깜짝 놀라 달려가 보니 이미 철거작업은 시작되고 있었다. 교회당 내의 기물들이 밖으로 마구 팽개쳐지고 있었다. 철거할 때엔 건물 내의 기물을 밖으로 내어놓고 철거를 한다. 상하지 않게 하기 위해서다. 그런데 그들은 마구잡이로 팽개치고 있는 것이었다. 기물들이 밖으로 떨어지면서 와장창 깨어지고 쭈그러졌다. 진료반의 의료기구들이 깨어져 흩어졌다. 철거반은 25명 정도였다. 그들이 타고 온 스리쿼터 두 대가 둑 위에 세워져 있었다.

주민들이 모여들기 시작했다. 청년들은 흥분하기 시작하고 부인들은 욕설을 퍼붓기 시작했다. 최 군이 와서 "목사님, 이거 너무 하잖습니까? 한판 붙읍시다" 하더니 젊은이들을 불러 모으기 시작했다. 힘으로 대결하자는 것이다. 나는 망설였다. 성동구청에서도 교회당 철거에 주민들의 극심한 반발이 있을 것을 예상하고 평소의 3배나 되는 인원의 철거반을 편성하여 아침 일찍이 기습한 모양이다. 9시가 공무원 출근 시간인데 9시 30분에 이미 철거가 시작되었다는 것은 이 철거가 반발을 예상한 기습작전임을 증명해 주는 것이다. 주민들 중에 삽, 괭이 등을 들고 나오는 사람들이 생기기 시작했다. 누군가 고함을 질렀다.

"야! 이 ×새끼들아, 너희들 오늘 잘 만났다. 오늘이 너희들 장례식날인 줄 알아라!"

철거반원들도 사태가 험악해지는 것을 깨닫고 대비하기 시작했다. 그들은 대개가 주먹깨나 쓰는 자들이다. 듣기로는 시내 뒷골목에서 주먹 쓰는 자들을 철거반원으로 모집해서 일당을 주고 쓴다는 말이 있었다. 이미 철거반원을 향해 돌멩이 몇 개가 날아가고 있었다. 철거반원들 역시 흥분하여 사정없이 건물을 부숴 대기 시작했다. 나는 생각했다. 어떻게 할 것이냐? 주민들의 움직임을 그냥 둘 것인가? 만류할 것인가? 조직적으로 대항할 것인가? 아니면 그냥 당할 것인가?

나는 주민들을 제지하기로 결심했다. 일단 철거당한 뒤에 다시 세우는 과정에서 좋은 결과를 얻을 수 있을 것으로 판단되었기 때문이다. 철거된 뒤의 복구 작업에서 그간의 봉사사업과 조직활동의 성과를 측정할 수 있을 것이고 의식화 교육에도 절호의 기회가 되리라고 판단되었다. 몇 사람의 지도급 주민들을 불러 나에게 계획이 있으니 주민들의 반항을 저지시키라 했다. 나의 신호를 받은 그들은 비록 속으로는 불만을 품었겠지만, 거칠어진 주민들에게 '전도사님이 가만있으라 한다'는 뜻을 전했다. 이윽고 주민들이 쥐었던 돌들을 놓아버리고 몇 발자국씩 뒤로 물러서는 것이 보였다. 반면에 욕설은 더 거세지기 시작했다.

드디어 교회 지붕이 기우뚱 내려앉았다. 피땀 흘려 세운 집이 내려앉는 것을 볼 때 온몸에 고통이 일었다. 그러나 그 기분을 밖으로 나타내지 않고 숨겼다.

쓰러진 지붕 위에 개발봉사대 대장 김종길 집사가 올라가 삽을 높이 흔들며 소리쳤다. "활빈교회 건물은 쓰러졌으나 활빈교회가 쓰러진 것은 아니다. 승리는 우리에게 있다!"고 고함치고 있었다. 나는 멀리 서서 그에게 내려오라고 손짓했다. 잠시 후 한 청년이 와서 말하길, 철거반원 중 한 명이 의료기구실에서 주머니에 무엇을 집어넣는 것을 최 씨가 보고 항의하다가 집단 구타당했다는 것이다.

"도저히 참을 수 없는 일입니다. 이 새끼들이 차에 탈 때 조져야겠습니다"

청년의 말에 나는 "그러면 안 된다. 그냥 보내라. 지금 건드리면 불리하다. 인마들이 이번에 교회를 뜯은 건 우리에게 이익이다"라고 설명했다. 그러나 그들은 알아듣지 못하고 "전도사님께 책임이 돌아가지 않게 할 테니 안심하소" 하고서는 뛰어다니며 청년들에게 스리쿼터가 있는 쪽으로 모이라고 지시했다.

철거반원들은 언덕을 올라가고 있었다. 욕설이 다시 퍼부어지기 시작했다. 나는 청년들에게 엄격하게 말했다.

"가만있어!"

그들은 풀이 죽어 행동을 중지했다. 철거반을 실은 차가 사라진 후 나는 자리를 피했다. 몇 시간 후에 돌아오니 박살이 난 교회당 옆에 주민 수십 명이 모여 회의를 하고 있었다.

"활빈교회는 이 지역의 은인이요 지도자다. 이제 교회가 이렇게 된 것은 바로 우리들 자신의 일이요 자기 집이 철거된 거나 같다. 그러니 온 동민이 힘을 합쳐 다시 세우자"고들 이야기하고 있었다.

그 자리에서 활빈교회 재건 대책위원회를 조직하고 재건사업을 담당할 모금위원, 건축위원, 섭외위원, 동원위원들을 정했다. 전 동민에게 알리는 공고문이 게시되고 진정서가 작성되었다. 모든 작업이 나의 지시나 의견 제시 없이 주민 자체로 진행되고 있었다. 일부는 진정서에 서명날인을 받으러 다니고 모금도 시작되었다. 건축위원들은 새로 지을 예배당의 설계와 자재 조달방법에 대해 논의했다. 공사 일자도 짜여졌다. 이렇듯 새로운 교회당 건축을 위해 온 동민이 호흡을 같이하는 모습을 보니 나는 흐뭇했다. 교회당을 철거해 준 서울시장님이 고맙기까지 했다.

560명의 서명날인이 첨부된 진정서가 성동구청장과 서울시장 앞으로 발송되었다. 서명날인을 받으러 다닐 때 그 서류를 국비장학생

지원서라 했다. 교회 재건을 위한 진정이 받아들여지지 않으면 감방 생활도 불사하겠다는 각오들이었다. 5월 2일까지 이 진정서에 대한 만족할 만한 회신이 없을 시 온 동민이 단체로 시청을 방문하겠다는 단서가 붙어 있었다.

그날 저녁엔 교인들이 모였다. 열띤 토론이 붙었다. 대체로 세 그룹이 있었다. 강경파는 성동구청으로 내일이라도 가서 우리도 성동구청을 파괴하자는 것이다. 저희들이 이유 없이 우리 교회를 부쉈으니 우리도 가서 부수자는 것이다. 중도파는 시한을 정해서 통보하고 그 기간 내에 건축해 주지 않으면 시청 광장에 가서 데모를 하자는 것이었다. 온건파는 주민들이 이번 교회 재건에 적극적으로 나오는 것은 교회로 봐서 굉장히 좋은 현상이니 주민들의 활동을 뒤에서 협조만 하자고 했다. 나의 의견을 물었다.

나는 "주민들이 진정서를 시장 앞으로 보냈으니 활빈교회 신도명의로 좀더 강경한 내용의 진정서를 한 통 더 보내고, 주민들의 재건 활동을 뒷받침하는 것이 좋겠고, 신도 여러분도 교인으로서가 아니라, 같은 주민의 일원으로 교회 재건에 참여하는 것이 좋지 않겠습니까" 하고 말했다. 이번에 교회가 교인들에 의해서가 아닌 주민들의 손으로 지어진다는 것은 참 뜻 깊은 일이니 교인들은 동민들의 손이 미처 못 미치는 곳을 찾아 배후에서 일하자고 했다.

활빈교회가 무너진 소식이 알려지자 각계각층에서 호응이 왔다. 성동구청장 앞으로 여기저기서 항의 전화가 걸려 오고, 기자들이 바쁘게 구청을 드나들었다. 불과 며칠 사이에 새 교회를 건축하고도 남을 비용이 모금되었다. 주민 1천6백 세대가 한 세대 백 원 이상의 건축비 헌금과 하루 이상의 노력 봉사를 내걸고 일사불란하게 움직여 나갔다.

주민회에서 구청장 앞으로 알린 5월 2일이 다가오고 있었다. 그날까지 교회 건축허가 통보가 없을 때의 행동계획이 확정되었다. 대책위원회의 동원위원들은 국비장학생 지망자들의 명단을 작성해 두고 있었다. 사태가 원만히 해결되지 않을 경우 시청에 가서 데모를 할 자원자들이다. 이에 발맞추어 활빈교회 신도 일동이 보내는 다음과 같은 내용의 진정서가 다시 서울시장 앞으로 발송되었다.

## 진정서

○○○ 귀하

국가발전과 새마을사업을 위해 분투하시는 ○○○님께 문안을 드립니다. 저희들 활빈교회 신도 일동이 ○○○님께 이러한 진정서를 올릴 수밖에 없게 된 사실을 유감스럽게 생각하는 바입니다. 다름이 아니옵고, 지난 4월 24일 오전 10시경 성동구청 철거반이 저희 활빈교회당을 납득할 만한 이유 없이 깡그리 부숴 버린 데 대해 이 사건이 단순한 행정 사무의 과오인지 아니면 고의적인 종교 박해인지 알고 싶습니다.

이에 이미 저희들 활빈교회 신도 일동은 상부기관인 대한기독교교회연합회 및 각 언론기관에 지원 요청을 한 바 있거니와, 이번 사건의 집행기관이라 생각되는 성동구청의 청장님께 정식 항의를 제출하오며 아울러 이에 대응할 만한 보상을 청구하는 바입니다.

본 활빈교회당은 7년 전부터 내려온 기존 건물로 무허가 건물 인정번호 24-24622호의 인정번호가 있는 건물입니다. 그럼에도 지난 71년 9

월 29일에는 아무런 예고도 없이 성동구청 철거반에 의해 부당하게 철거 당하였고, 72년 1월에 계고장이 발부되었을 때 주민들이 활빈교회당이 기존 건물이요 24-24622라는 번호까지 있는 건물일 뿐 아니라, 활빈교 회가 빈민촌인 이 지역사회에 지대한 영향을 끼치고 있으니 계고장 발부 사실을 시정해 달라는 진정서를 제출한 바 있사온데 지난 2월에 이 건물 로 인해 저희 김진홍 교역자님이 고발을 당해 동부경찰서 유치장에서 고 생하기까지 하셨습니다.

그럼에도 지난 24일 철거반이 아무도 없는 빈 교회에 입회인도 없이 교회 간판을 뜯고 교회를 박살내자고 소리 지르며 부수었으며 더욱이나 철거반원 중의 하나가 귀중한 의료기구들이 보관되어 있는 비품실에서 호주머니에 무엇을 집어넣는 것을 보고 신도 최일진(52세)씨가 항의하다 가 철거반원 5, 6명에게 집단으로 구타당한 사실에 대해 저희 신도 일동 은 물론 전 주민이 분노하고 있습니다.

현하 대통령 각하의 지대한 관심 아래 전국적으로 추진되고 있는 새 마을사업에 발맞추어 저희 활빈교회는 빈민촌인 지역사회에서 청소년 선 도와 주민교육 및 주민의 건강증진 등을 내용으로 하는 지역개발사업에 전력을 기울여 왔습니다(활빈교회 지역개발사업 실적 : 별지참조). 한데 당국에 서 협조는커녕 수차에 걸쳐 건물을 부수고 저희 교역자님을 투옥까지 했 음에 대해 이 이상 신도 일동은 앉아서 당하고만 있을 수 없다는 결론을 내렸습니다. 이에 저희 상부기관인 대한예수교장로회총회에서도 이는 분 명한 기독교에의 도전 행위요, 새마을사업에의 역행 현상이니 강경한 대 책을 세우겠다고 언급했거니와 저희 신도 일동도 일치단결하여 이 문제 를 해결하고자 합니다.

조속한 시일 내에 일련의 교회핍박 행위에 대한 납득할 만한 해명과 파괴된 건물에 대한 복구 대책을 내놓지 않으신다면 저희 신도 500여 명은 성동구청으로 청장님을 방문하겠으며 계속하여 서울시청으로 시장님을 방문하겠습니다.

1972년 4월 27일

활빈교회 신도 일동

활빈교회 재건 대책위원회의 주도 아래 주민들은 5월 2일까지 구청의 통보를 기다리면서 만일의 경우에 대비한 만반의 준비를 착착 진행하고 있었다.

5월 2일을 하루 앞둔 1일 오후였다. 성동구청에서 연락이 왔다.

성동구청장님이 나를 만나자는 것이다. 나는 말했다. 나를 만날 필요가 없다. 주민들이 주인이니 주민 대표들을 만나라고 했다. 구청장이나 나나 다 주민들을 섬기는 심부름꾼이요, 주인은 주민들이다. 할 이야기가 있으면 주민들과 이야기하라, 구청에 앉아서 보자고 하지 말고 여기로 와서 실정을 보고 주민들과 대책을 의논하라고 했다.

다음 날 구청에서 지프차가 한 대 와서 주민들과 이야기하고 있었다. 주민 중 하나가 우리가 청장님을 파면시킬 수도 있고 시장으로 영전되게 할 수도 있다고 했다. 우리가 성동구청장님이 훌륭한 청장님이라고 청와대에 감사장을 올리고 하면 영전되어 서울시장까지 될 수도 있을 것이요, 또 우리가 무능 공무원이라 규탄하면 그 자리에서 떨어질 수도 있지 않느냐는 것이었다.

나는 그 말에 퍽 놀랐다. 평소엔 소박한 시민이나 한번 분위기가 조성되자 사람이 달라지는 것을 보았기 때문이다. 나는 주민들의 슬기와 민주국가 실현의 가능성을 확신케 되었다.

오후에 대책위원회의 임원들이 오더니 구청에서 수차 들어와 달라고 한다는 것이다. 나는 태도로 미루어 봐 성의가 있는 것 같으니 가보라고 했다. 단 내가 갈 필요는 없겠고, 여러분이 가서 처리하라고 하니 그럴 수 있느냐, 구청에서 그 전도사가 같이 와야 이야기가 된다고 거듭 같이 오란다는 것이다. 주민들의 뒤에서 그 전도사가 다 조종하고 있으니 주민들과 이야기해 봐야 헛일이다, 전도사가 틀어버리면 일은 그만이라고들 이야기한다는 것이다.

나는 그들과 같이 성동구청으로 갔다. 동장이 우리를 택시에 태워 안내했다. 구청장은 출장 중이니 민원담당인 부청장을 만나라 했다. 나는 응하기로 했다. 부청장과 주민들 간에 설왕설래 이야기가 오가는 동안 나는 기다렸다. 주민들은 철거의 부당성을 주장하고, 교회당이자 주민회관인 그 건물의 재건축을 서울시가 인정할 것이며 보상으로 자재공급을 요청했다. 부청장은 행정상의 고충을 이야기하고 활빈교회 철거는 절대로 고의가 아니며 건축법과 무허가 건물 단속법에 의거한 것이라 했다.

그러나 주민대표들은 지금 그걸 따질 것이 아니라 사건을 원만히 해결하자고 거듭 주장했다. 건축을 허락하고 그 건축자재를 공급하라, 그러면 주민들의 힘으로 세우겠다고 말했다. 부청장은 불가함을 이야기했다. 주민들은 그러면 그만두라 우리도 생각이 있다, 지렁이도 밟으면 꿈틀거린다면서 자리에서 일어서려 했다. 부청장은 타협안을 내놓았다. 다시 건축하되 천막을 치라 했다. 천막은 구청에서 사 주겠다고 했다. 천막 칠 수 있으면 집을 지으면 될 것 아니냐고 주민들이 말하며, 천막 안 줘도 좋다, 우리가 모금하여 루핑 지붕으로 덮겠다고 했다. 부청장은 그러지 말고 우리의 행정적인 고충을 이해하라고 하면서 나를 향해 그렇게 하는 것으로 받아들여 달라고 했다. 나는 모른다, 주민들이 결정할 문제라 했다.

옆에 앉아 있던 동장이 그러면 집을 짓되 지붕을 구청에서 주는 천막으로 덮으면 될 것 아니냐고 하자, 부청장은 대답을 안 했다. 주민들은 나를 보았다. 나는 그런 선에서 결정지으라는 뜻으로 오른손 엄지를 들어 올렸다.

주민들이 구청의 뜻이 그렇다면 그 선에서 양보하겠다고 말했다. 부청장이 3일 내로 천막을 보내 주겠다고 했다. 주민들은 집을 짓고 그 뒤에 천막을 덮겠다고 다시 말했다. 부청장은 그 말은 못 들은 체하고는 나에게 앞으로 무슨 일이든지 협조하고 의논해서 하자고 했다. 나도 그걸 원한다고 했다.

건축이 본격적으로 시작되었다. 노력봉사자들이 날마다 조를 짜서 열심히 일해 공사는 급진전되었다. 주민 중엔 건축에 필요한 모든 기술자가 있었다. 목수, 벽돌공, 미장이, 페인트공, 모두가 하루씩 자원봉사했다. 일할 수 없는 가정은 현금을 냈다.

드디어 공사는 끝이 나고, 5월 22일 성대한 입당식이 열렸다. 입당축하예배 때 김상현 군이 서울대학교 의과대학의 깽깽이부대(현악단)를 동원해 와서 주민들에게는 큰 구경거리를 마련해 주었다. 동네는 축제 분위기로 달아올랐다. 나는 주민들의 성의에 감격했다. 이들을 위해 뼈를 깎는 아픔이라도 견디리라 다짐했다. 교회당이 재건되자 그동안 중단되었던 모든 프로그램이 다시 진행되었다. 나는 교회 철거와 재건 과정을 통하여 보여 준 주민들의 협조에 답하는 마음으로 한층 더 열심히 일해 나갔다.

# 사람이 떡으로만 살 것이 아니요

지역 내의 청년 110명을 대원으로 자활회를 조직했다. 대원들은 전과자들과 불량배들이 주가 되었다. 넝마주이, 폐품 재생산, 식품가공 등의 사업으로 자활의 길을 스스로 개척하려는 것이었다. 다음이 자활회의 설립 취지문이다.

### 송정동 판자촌 주민자활회
자활하려는 뜻

청계천 하류 송정동 74번지의 판자촌에 살고 있는 우리 1천6백 세대는 대다수 이농민들로 극심한 가난과 질병, 무지와 좌절 속에서 허덕여왔다. 잔혹한 현실 속에서 일하려야 일터가 없고 일어서려야 아무런 기반이 없었던 우리들은 주민 70퍼센트 이상이 실직자라는 상황에서 좌절 속에 도박과 음주에 묻혀 살아왔다. 억압된 감정을 발산시킬 길이 없어 폭력을 휘두르다가 전과자란 오명이 붙게 된 사람도 있다.

이에 우리는 이 이상 인간 실격의 상태에 머무를 수 없음을 깨닫고 우리의 살 길은 우리 스스로가 찾는 길밖에 없음을 알게 되었다. 우리는 일어서서 굳게 뭉쳐 자활의 길을 찾고자 한다. 이 길은 순탄한 길이 아닐 것이다. 피와 땀과 고통의 길일 것이다. 그러나 허리를 굽히고 사느니 서서 죽기를 택하는 결단으로 우리는 일어서서 뭉쳐 우리의 운명을 우리 스스로가 결정하고자 한다.

지난날 혼자서 졌지만 이제 뭉쳐서 이기려 한다. 이러한 결단을 하는 우리 앞에 새로운 삶이 열릴 것을 확신한다. 신은 스스로 돕는 자를 돕는다는 성경의 말을 우리는 믿는다.

1972년 6월 9일
송정동 판자촌 주민 일동


지난날 주먹을 휘두르다가 감옥을 드나들었던 대원들은 새로운 결심으로 넝마주이, 고물수집, 수집된 폐품의 재생, 식품 가공 등의 분과 중에서 자기의 적성과 취미에 따라 정해진 부서에서 열심히 일했다.

자활회에 이어 실업자조합을 결성했다. 세대주들의 높은 실업률과 이들 실업자들의 화투놀이, 음주, 싸움 등의 자기 파멸을 재촉하는 생활에 자극을 받아, 이들을 조직화된 협동활동을 통해 새로운 생활을 유도해 보기로 계획한 것이다. 3, 40대의 세대주로서 실업자인 분들을 설득하여 조합을 결성하고 조직된 힘으로 취업활동을 전개하여 많은 성과를 거두었다. 조합을 통하여 일자리를 얻게 된 조합원은 수

입의 5퍼센트를 조합에 납부하고, 이 기금으로 가족의 건강관리와 실직시의 생활보조금으로 쓰기로 했다.

송정동 판자촌에 들어온 지 일 년이 가까워 오자 나는 그간에 이룬 일들을 살펴보고 크게 만족하게 되었다. 처음 들어올 때의 초라하고 고립무의하던 때와는 달리 활빈교회와 주민회가 양날개가 되어 지역 내의 선교활동은 하루가 다르게 발전해 가는 것 같았다. 나는 자신감을 가지고 매사를 박력 있게 밀고 나갔다. 이대로 나가면 나는 큰일을 성취할 것만 같아 우쭐해졌다.

그런데 이러한 외형의 발전 속에 안으로 곪아들고 있는 줄은 나는 꿈에도 생각하지 못했다. 활빈교회 교인들은 판자촌에서 전도된 초신자들이기 때문에 교회 생활에 경험이 없었다. 어려서부터 교회를 다니며 훈련된 교인들이 있어야 교회 행정이나 관리를 맡길 수 있는데 거의가 초신자들이어서 일을 맡길 만한 일꾼이 없었다.

가장 곤란을 느낀 것은 재정관리를 담당할 교인이 마땅치 않다는 점이었다. 활빈교회의 헌금제도는 헌금시간에 헌금을 걷는 방식이 아니라 헌금함에 각자 준비한 대로 넣는 제도이다. 처음 교회를 열었을 때는 한 주일 헌금이래야 고작 450원에 지나지 않았으나 교인 수가 불어나고 신앙이 자리 잡혀 나가자 헌금이 점차 불어났다. 우리는 교인 중에 셈이 밝고 성실해 보이는 분에게 재정관리를 맡겼다.

처음 헌금관리를 맡은 분은 고물수집상을 하는 이 씨였다. 처음에는 곧잘 맡아 했으나 3,4개월 지나니 재정보고를 회피하고 교회에 필요한 물자를 구입하려고 돈을 타러 보내면 돈이 없다고 했다. 어느 날, 재정 장부와 헌금을 대조하며 조사를 하였더니 그간 매주일 헌금을 들어오는 대로 써 버린 것이었다.

나는 어처구니없어 그를 힐책했다. 어쩌려고 하나님의 돈을 썼느냐고 했더니 그의 대답이 걸작이었다. "전도사도 예배당 돈 쓰는데 나는 쓰면 안 되나요?" 하고 당당하게 맞섰다. 나는 할 말을 잃고 장부만 회수했다.

다음 주일부터 그는 교회 출석도 하지 않았다. 돈 잃고 사람 잃고 양쪽으로 손해를 보았다. 이렇게 한 번 혼이 난 후인지라 이번에는 민주적으로 한답시고 교인 전체가 투표하여 헌금관리인을 선출했다. 당선된 분은 건축업에 종사하는 최 씨였다. 건축업이래야 노가다판의 감독 정도였지만 마을에서는 건축업자로 대접받고 있었다.

최 씨가 교회 재정을 담당하게 되고 얼마 지나지 않아, 또 쓰고 다닌다는 소문이 돌았다. 얼마 후에 최 씨를 만났다. "소문이 이상한데, 재정관리가 정상적으로 되고 있습니까? 금주 내로 장부를 정리하여 주일예배 때 발표하도록 하고 그 전에 정리가 끝나는 대로 나에게 먼저 보여 주시오" 하고 당부했다.

토요일에 최 씨를 다시 만나 내일 예배 때 보고할 장부 정리가 다 되었으면 지금 둘이서 먼저 검토하자고 하였다. 그러자 그는 주저하면서, 끝수 계산이 조금 덜 되었는데 마치는 대로 저녁에 전도사님 댁으로 가져가 보고하겠노라고 했다. 나는 그러려니 생각하고 기다렸으나 저녁에 그는 오지 않았다.

다음 날 예배시간에 설교하고 있는데 최 씨가 갑자기 벌떡 일어났다. 그리고 좌중을 둘러보며 말했다.

"여러분! 제가 몇 가지 드릴 말씀이 있어 예배시간인데도 불문하고 일어났습니다. 저 김진홍 전도사는 사기꾼이올시다. 여러분 속지 마세요. 설교하는 말과 실제 행실이 다른 위선자올시다. 설교 때는 사랑, 사랑하면서 우리 빈민을 팔아 재물을 뒤로 빼돌리고 있습니다. 여러분 제가 아무 근거 없이 이런 말 하는 게 아닙니다. 다 근거가 있어요. 궁금하신 분은 나에게 오시면 증거를 다 내드리겠습니다. 내가 하늘을 두고 맹세합니다" 하고서는 강대상에서 설교하다가 멍하니 서 있는 나에게 삿대질을 하며 말했다.

"김진홍 전도사! 거짓말 그만하고 내려와, 내려오라고."

교인들이 소란해지기 시작했다. "뭐 저 따위가 있어. 끌어내라!" 고 한쪽에서 소리 지르니 다른 한쪽에서 "왜 그래? 한번 들어 보자고. 증거가 있대잖아!" 하고 고함을 지르니 예배당이 순식간에 시장 바닥처럼 와자지껄해졌다. 내가 "조용하세요, 조용하세요" 소리해 봤자 조용해질 턱이 없었다. 나는 "찬송가를 부릅시다" 하고서는

내 주를 가까이 하려함은 십자가 짐 같은······

찬송가를 선창하니 교인들이 하나 둘 따라 부르고 곧 합창이 됐다. 찬송을 부르며 어떻게 처리해야 될까 생각했다. 나는 '하던 지랄도 멍석 깔아 주면 안 한다'는 옛말이 생각나서 최 씨를 제지할 것이 아니라 말을 하라고 부추기기로 마음먹었다. 찬송 소리에 소란은 멈추었다. 찬송이 끝나자 나는 틈을 주지 않고 말했다.

"최 씨, 꼭 하고 싶으신 말씀이 있다면 충분한 시간을 드릴 터이니 앞으로 나와서 조리 있게 말씀하십시오. 여러분, 우리는 다 한 식구

니까 무슨 문제든 터놓고 알고 지내야 됩니다. 최 선생이 하시고 싶은 말을 이 시간에 충분히 듣고 또 증거가 있으시다니 어떤 내용인지 서로 묻고 답하고 알아봅시다" 하였더니 최 씨는 입장이 난처해진 모양이었다. 내가 말 못하게 막거나 비난할 것으로 생각했는데, 막상 말하라고 권하니 난감해진 것 같았다. 그는 일어서서 말했다.

"예, 지금 내가 다 공개하면 당신은 이 동리서 쫓겨 나갈 거요. 내가 오늘은 참소. 여러분 궁금하신 것은 나에게 개인적으로 오시오" 하더니 횅하니 나가 버렸다. 나는 설교를 계속했다.

저녁 예배 후에 회의를 열었다. 낮 예배에서의 최 씨 발언 건에 대한 논의가 시작되자 의외로 두 패로 갈라졌다. 최 씨 쪽으로도 상당한 동조자가 있는 것이었다. 한 패에서 "최가 그 녀석, 미친 녀석이다. 지가 교회 돈을 쓰고 급해지니 되레 무는 거다. 그냥 둬선 안 된다"고 주장하니 다른 한 패에서는 "아니다, 근거 없이 그런 말을 하겠는가? 진상을 밝혀야 한다. 교회 건축 때 외부 성금이 겁나게 많이 들어왔다는데 우리는 한 닢 만져 본 거 없잖은가" 하고 주장했다. 말하자면 주류, 비주류가 형성된 것이다. 여기저기서 불끈불끈 발언하니 정상적인 토론이 안 되고 길게 끌다가는 치고받는 패싸움이 되기 꼭 알맞았다. 나는 교회 분쟁이 이렇게 일어나는구나 싶었다. 참으로 치사한 일이었다.

나는 "저녁 예배에 불참한 최 씨를 데려오라, 그를 데려와 공개 토론을 하자" 하고 사람을 보냈다. 심부름 간 사람이 돌아와서 최 씨는 안 오겠다며 장부만 주더라면서 금전출납부를 내밀었다. 최 씨가 말하기를 "그런 사기꾼 밑에서 예수 믿을 생각 없다"며 장부만 주었다는 것이다. 나는 교인들에게 물었다.

"여러분 어떻게 할까요? 일단 장부는 왔으니 장부 정리도 하고 사건진상도 조사하게 몇 사람 위원을 뽑아 일을 맡기는 것이 어떻겠습니까?"

그렇게 하자는 의견이 돌아, 다섯 명의 위원을 뽑아 조사와 정리를 맡기고 회의는 끝났다. 조사위원회의 조사 결과 최 씨가 교회 공금을 유용한 사실이 드러나 사건은 일단락되었다. 장부상의 부족한 금액은 결손으로 처리하고, 가장 충실한 김영준 군에게 당분간 재정업무를 맡기기로 했다.

그런데 나쁜 일은 한꺼번에 오는 것인가? 이번에는 주민회의 생활안정부에서 재정사고가 터졌다. 얼마 전에 지역주민들의 소득증대사업을 위해 식품가공, 폐품재생, 부녀부업 등의 사업계획을 세우고 생활안정부에서 맡아 추진키로 했었다. 처음에는 소규모로 시작하여 점차 확장키로 했다.

식품가공이란 명태를 찢어 맥주 안주를 만들어 비닐에 포장해서 맥줏집에 직접 소매로 파는 일이고, 폐품재생 사업은 우리가 수집해 온 넝마주이 물건 중에서 활용할 만한 것을 골라 상품을 만들어 파는 일이었다. 예를 들면 깡통을 모아서는 기계로 펴서 연탄아궁이에 쓰는 연통을 만드는 일이나 헌 옷가지를 모아 빨아서 깨끗한 걸레를 만들어 파는 일 등이다. 부녀부업은 청계천 평화시장 내의 봉제공장을 찾아가 단추달기, 버클 달기 등의 일감을 얻어다 부녀자들에게 주는 일 등이다.

이런 일은 추진하는 데도 자금이 필요한지라 나는 전남 광주에서

초등학교 교사생활을 하는 누나에게 가서 50만 원을 빌려 왔다. 봉급
생활에 푼푼이 모은 돈이니 그냥 줄 수는 없고 원금은 갚으라는 당부
를 듣고 가져다가 각부 담당자들에게 배분했다. 그들이 제출한 사업
계획서에 의하면 3개월 내로 원금 회수가 가능하게 짜여져 있었다.
나는 길게 잡아 6개월 후면 누나에게 원금을 상환할 수 있을 것으로
생각했다.

그런데 자금을 분배한 지 며칠 뒤부터 말썽이 많아지기 시작했다.
몇 명이서 들어먹는다는 것이었다. 나는 그런 말을 하는 사람에게
"그렇게 못 믿고 사니 늘상 못 산다"고 타박을 주었다. 그는 "전도사
님, 두고 보세요. 다 전도사님 맘 같은 줄 아시면 큰코다칩니다" 하고
서는 삐쭉해서 돌아가 버렸다.

20일 후에 담당자들을 소집하여 사업 진척 상황과 자금 사용 관계
를 물었더니 하나같이 묵묵부답이다. 나는 모임을 해산시킨 후 일대
일로 조용히 물었다. 모두들 급한 개인 빚을 갚았거나 생활비로 썼거
나 아니면 흐지부지 소모해 버린 것을 알게 되었다. 나는 믿었던 도
끼에 발등 찍힌 격이라 배신감이 들어 그들이 보기도 싫어졌다. 그러
나 이미 없어진 돈을 두고 더 추궁해 보았자 다시 사람까지 잃을 뿐
이었다. 나는 그들을 불러 말했다.

"여러분께서도 그 돈의 출처는 아실 겁니다. 나는 긴 말을 하고 싶
지 않습니다. 이제 와서 내가 왈가왈부해 보았자 아무 이득이 없을
것입니다. 우리는 신앙으로 뭉쳐 가난을 정복하는 신화를 창조하자
고 모인 활빈가족입니다. 우리의 인격과 신앙과 장래가 이번 기십 만
원 돈으로 계산될 성질의 것은 아닙니다. 없었던 일로 치고 더욱 열

심히 일합시다. 누나에게 진 빚은 내가 맡기로 하고, 주민들에게는 내가 돈을 여러분들로부터 받아, 빌린 분에게 되돌려 준 것으로 발표하는 것으로 수습합시다. 각자 능력껏 일하여 살 길을 찾기로 합시다. 아직 공동사업으로 일할 단계라기엔 이른 것 같습니다"고 말하고 종결지었다. 모두들 입이 열이 있어도 할 말 없는 사람들이었다. 이 사건은 나에게 큰 충격을 주었다. 믿고 무슨 일을 추진할 자신감이 흔들렸다.

오후에 트레일러를 단 지프차 한 대가 오더니 교회당 뒤에 멈춰 섰다. 미군들이 고기 통조림을 싣고 왔다. 선교사의 이야기를 듣고 빈민촌 아이들의 영양공급을 위해 가져왔다는 것이다. 이미 지프차 주위에는 수십 명의 아이들이 둘러서서 군침을 흘리고 있었다. 나는 외국 군인들에게 고기 깡통을 얻어 아이들을 먹이는 것이 도무지 마음에 내키지 않았다.

6·25전쟁이 남긴 폐해 중의 하나는 '구호물자 공해'였다. 전쟁기간동안 숱한 구호품이 미국에서 들어와 산골 구석 마을까지 얻어먹게 되었다. 여기서 생긴 심리적 공해로 공짜 좋아하고 남에게 쉽게 의지해서 살려는 우리 국민의 나쁜 근성이 생긴 것일 게다. 특히나 교회 계통은 그 구제품 공해가 더욱 심한 곳이었다. 선교사들에게 보조받는 것이 습관화되어서 외국 원조 많이 받는 것이 큰 재주나 되는 양 거들먹거리는 것을 보노라면 참으로 소화가 안 될 지경이었다.

그런데 이 순진한 미국 군인들이 그런 깊은 차원까지는 생각하지를 못하고 고기 깡통을 저렇게 싣고 왔으니 참으로 처치 곤란이었다. 만약 저 고기를 여기서 받아서 아이들에게 나누어 준다면 이 아이들의 인격 성장에 해롭지나 않을까 염려되었다. 나중에 성장해서도 미국인을 볼 때 고기 깡통 가져다주던 사람들로 인식하면 민족주체성 확립으로 보아서나 개인 자립정신의 확립으로 봐서나 유익할 것이 없다. 또 이 많은 아이들에게 한 트레일러의 고기 깡통을 풀어 나눠 준댔자 새발의 피다. 그렇다고 계속 얻어 먹일 수도 없고 또 계속 줄 사람도 없을 게다. 나는 미군에게 이렇게 말했다.

"No, thank you. We think we must stand for ourselves, so you may go back with your cans. We are very very sorry, and great thank you."(고맙지만 거절한다. 우리는 우리 힘으로 일어서야 하기 때문에 너희 깡통을 받지 않는 것이 좋을 것 같다. 그러니까 그 깡통을 도로 갖고 가 달라. 대단히 대단히 미안하고 고맙다.)

미군은 눈을 동그랗게 뜨곤 "What?"(뭐?) 하며 긴장을 했다. 같은 말을 반복하였더니 겨우 진의를 파악하였는지 미안하다는 말을 남기고 되돌아갔다.

고기 통조림이 되돌아가자 군침을 흘리며 고대하던 아이들은 못내 애석해하며 통조림이 눈에서 사라질 때까지 바라보고 있었다. 여기저기서 목에 침 넘어가는 소리가 꼴깍꼴깍 났다. 나는 아이들의 표정을 보는 것이 민망스러워 서둘러 들어와 버렸다.

저녁 잠자리에 들려는데 원 씨 부인이 왔다. 눈자위에 푸른 멍이들어 퉁퉁 부은 얼굴을 싸쥐고 방에 앉기가 바쁘게 꺼이꺼이 울며 하소연을 늘어놓았다. 먼저 하는 말이 "전도사님 덕택에 우리 집은 이제 망했습니다"는 것이었다. 나는 어처구니가 없어 쳐다보고만 있었더니, 전도사님이 원수 같은 놈을 살려 놔서 자기 집이 못살게 되었다는 것이었다. 자기 남편을 두고 하는 말이었다.

남편 원 씨는 결핵 3기에 간질까지 겹쳐 자리에서 일어나지도 못하고 지내며 하루에도 몇 차례씩 간질 증세를 보였었다. 활빈팀은 그를 살리느라고 지난 몇 개월을 무던히도 애를 썼다. 그는 글자 그대로 천신만고 끝에 건강을 회복한 사람이다. 건강이 회복되자 엿장사를 시작했다. 아침마다 엿판을 끌고 우리 집 앞을 지나가며 아들 동혁이에게 엿을 주고 가던 분이다. 얼마간 교회 앞을 지나다니지 않기에 궁금히 여기던 터였다. 특히나 동혁이는 아침마다 먹던 엿 맛이 생각나서 "이상한데, 엿장수 아저씨는 이사가셨나" 하며 은근히 기다리고 있던 참이었다.

그 원 씨에게 무슨 문제가 생긴 모양이었다. "부인, 차분히 말씀해 보세요. 나 때문에 망하게 됐다는 말씀이 뭔 말인지 통 짐작이 안 가네요" 하고 달랬다. 그녀가 울며 말하기를, 전도사님이 그렇게 애써서 고쳐 놓으니 팔다리에 힘이 올라 자기를 얼마나 때리는지 그 매에 도저히 이기지 못해 이제 어디로 가 버리려고 한다는 것이다. 병을 고쳐 주지 말고 그냥 두었으면 제풀에 이미 죽었을 테고, 죽었으면 남은 자식들하고나 편하게 살 텐데 괜히 살려 줘서 이도 저도 안 되고 집안이 풍비박산됐다고 하며 꺼이꺼이 울었다.

참으로 난감했다. 병을 고쳐도 문제, 안 고쳐도 문제, 인간 세상은 왜 이리 문제가 많은 것인가. 이런 일은 어떻게 처리해야 하는지 나로서는 통 지혜가 떠오르지를 않았다.

부인을 우리 방에서 쉬라 하고 나는 원 씨에게 갔다. 원 씨네 집에 당도하니 마당에 큰딸과 애들이 나와 서 있고 원 씨는 방 안에서 고

래고래 고함을 지르며 소주잔을 기울이고 있었다. 나를 보고 원 씨는 "아, 예수 선생! 들어오시오. 저하고 한잔 나눕시다" 하고 혀 꼬부라진 소리로 말했다. 너무 취해 이야기가 될 것 같지도 않았다.

지난 몇 개월간 넝마주이를 한 수입금으로 각종 약을 사다 먹이고 주사 놓고 또 원기를 돋우느라고 그의 아들을 시켜 개구리 잡아다 삶아 먹이던 일들을 생각하니 낙심이 이만저만이 아니었다. 이제 건강이 회복되어 힘이 생기니 술에 빠져 마누라를 때려 내쫓고 자식들을 밖에서 떨게 하고 전도사한테 맞잔 나누자고 소리 지르니 참으로 난감하고 어려운 문제가 아닐 수 없었다. 그의 육신의 병은 치료하였으나 마음의 병은 더욱 심하게 만들었구나 생각하니 잘못되어도 뭔가 크게 잘못된 것 같았다.

– 원 씨도 잘못돼 가고 있고

– 나도 잘못돼 가고 있고

– 마을도 잘못돼 가고 있고

– 활빈교회도 잘못돼 가고 있고

– 나라도 잘못돼 가고 있고

– 세계도 잘못돼 가고 있는 거다

나는 그 잘못돼 가고 있는 실체를 파악하여야겠다고 생각했다. 잘못된 환부를 찾아내어 메스를 가해야 한다. 그런데 '그 잘못된 부분이 어디일까'를 생각하며 원 씨네 집을 물러났다.

얼마 후 그의 아내는 마을에서 자취를 감추었고 그의 딸도 사라졌다. 그의 건강은 다시 기울어져 기동도 할 수 없게 되자 열한 살 난 그의 아들이 초등학교를 중퇴하고 공장에 다녀 받는 일당 230원으로 끼니를 이어가게 되었다. 원 씨를 몇 차례 찾아가 권면해 봤으나 소용없었다. 이미 광기가 뻗혀 눈에 핏발이 선 채 도망간 아내 욕만 하고 있었다. 나는 그러는 그를 보며 생각했다.

여기에 한 인간의 생이 서서히 무너져 내리고 있구나.

스스로가 만든 지옥에 빠져 죽어 가고 있구나.

누가 인간 생명이 천하보다 고귀하다 했는가? 여기에 소똥보다 값싼 생명이 있지 않은가?

그를 보며 나는 나의 한계를 느꼈다. 내가 그를 위해 할 수 있는 것은 그냥 지켜보는 일밖에 없었다. 이미 그에게는 기도도 위로도 아무것도 미치지 않았다.

마지막으로 원 씨를 만나고 돌아온 날, 집에 와 보니 또 일거리가 기다리고 있었다. 무당 아줌마의 딸이 위독하니 전도사님께서 좀 봐 달라는 것이다. 무당 아줌마의 딸이라면, 얼마 전 열다섯 살 나이에 아비 모르는 딸을 낳은 소녀이다. 그 소녀가 어디가 잘못되었는가 싶어 가서 보았더니 안타깝게도 이미 시기를 놓친 것 같았다. 눈자위에 거무스레한 죽음의 그늘이 깃들고 있었다.

빈민촌은 각종 병의 유엔 본부인가? 별스런 병도 다 있었다. 소녀는 피부병인 것 같은데 살갗이 어디에고 닿는 자리는 야구공같이 동그랗게 패여 썩어 들어가고 있었다. 썩은 자리에 고름이 끼거나 염증이 나지도 않은 채 말간 살갗이 패여 들어가면서 투명한 진물만 흘렀다. 나는 그 엄마에게 화를 내며 "어떻게 된 거요?"라고 물었다. 산후에 저런 증세가 나서 별일 없으려니 하고 두었더니 갑자기 심해졌단다. 왜 지금까지 그냥 두었다가 뒤늦게 알렸느냐고 다그쳐 물었더니,

"아비 없는 자식 놓은 걸 뭐 곱다고 동네방네 병 자랑 하겠느냐"고 했다. 화가 나서 그 엄마를 한 대 때려 주고 싶은 것을 참았다.

소녀를 뒤집으니 하도 끔찍한 광경이라 나는 뒤로 확 물러앉았다. 등 밑에는 구더기가 바글거리는데 방바닥에 닿은 척추 부분의 살이 썩어 척추뼈가 훤히 노출되어 있었다. 나는 놀라기에 앞서 무서워서 몸이 떨렸다. 나는 소녀를 보았다. 고통이 한계를 넘었는지 도무지 무표정이었다. 그 무표정한 모습에 더욱 연민의 정이 갔다.

너는 왜 어린 나이에 남자를 알아 아비 없는 아기를 낳고 이렇게 병을 얻어 고통의 극으로 지나가는가? 나는 그녀의 손을 잡고 기도했다.

'주님, 이 소녀를 빨리 죽게 해 주세요.'

기도드린 후에 보니 그녀의 눈동자에 비치는 것이 있었다.

물기였다.

그 물기는 한참 후에 방울을 이루어 낮은 곳으로 굴러 내렸다.

눈물이었다.

벌을 받아야 할 사람은 그 엄마인데 엉뚱하게 죄 없는 그 딸이 벌을 받고 있다고 생각했다.

무당인 그 엄마는 원래는 간호사였다. 결혼하여 아이들을 낳고 남들처럼 단란한 가정을 이루고 살았다. 그런데 남편이 불의의 사고로 팔다리를 쓰지 못하고 누워만 있는 폐인이 되었다. 전직 간호사였던 이 부인은 자기 남편의 상태를 알아차리고는 남편을 방 안에 홀로 둔 채 아이들만 데리고 종적을 감추었다. 부인과 아이들은 서울 시내 이곳저곳을 거쳐 끝내는 송정동 판자촌까지 이른 것이었다.

남편은 친척들의 도움을 받아 명을 부지하면서 오매불망 자기를 버리고 간 아내와 그 자식들을 찾았다. 친척들이 부인의 간 곳을 수소문하던 끝에 뚝방촌에 있는 것을 알고는 살고 있는 집을 확인만 하고는 돌아갔다. 그러고는 남편을 택시에 싣고 와서 집 근처까지 데려와 멀찍이서, "저 집이 너의 처자식이 살고 있는 집이다"라고 손가락으로 가르쳐 준 뒤에 돌아가 버렸다.

남편은 배로 기어서 처자식이 살고 있다는 방까지 왔다. 팔을 못 쓰니까 이마로 방문을 쿡쿡 들이받아 방문을 두드렸다. 그리고 아이들의 이름을 부르며 "○○야, ○○야 아빠가 왔다" 하며 울먹였다.

방 안에 있던 부인은 방문을 열어 보고는 기겁을 하고 문을 닫아 안으로 걸고는 아이들에게도 열어 주면 안 된다고 말했다. 그러고는 밖을 향해 소리쳤다.

"이 병신아, 왜 여기까지 왔냐. 자식들 맡아 키우는 것만 해도 고맙지, 너까지 내가 맡으란 말이냐. 꾸물대지 말고 돌아가!"

아이들이 울며 아빠를 모셔들이자고 애걸했으나 그 엄마는 끄떡도 하지 않았다.

그럴 수밖에 없었던 이유인즉 십 년 연하의 서방을 얻어 단칸방에서 함께 살던 때였다. 그 서방이 방에 앉아 있던 판국에 병신 남편이 찾아왔으니 그렇게 표독스레 거절했던 것이다. 말하자면 지금 쓰고 있는 성능 좋은 신품이 있는데 고장 난 폐품은 필요 없으니 꺼지라는 것이었다.

밤이면 년과 놈이 어찌나 씨근덕거리며 가쁜 숨을 몰아대는지 판자 한 장을 사이로 하고 있는 이웃집에서 밤마다 잠을 설친다는 것이었다. 이웃 아줌마들은 그 애들을 걱정하여 "세상에, 그 좁은 방에서 자식들 앞에서 뭣이 그리 좋은 거라고 그래 쌌노. 저 애들이 불쌍하지" 하며 쯧쯧 혀를 차곤 했다. 그런 때에 병든 남편이 몸뚱이로 기어왔으니 환영받을 턱이 없었다. 남편은 이틀간을 문간에서 기다리며 울었다. 아이들이 들며 날며 음식을 입에 물려 주었다.

이틀 후, 여기까지 데려다 준 친척들이 어떻게 되었나 궁금하여 왔다가 방 안에 들어가지도 못하고 문간에 엎드려 있는 그를 보고는 기가 차서 다시 데려갔다. 그를 데려가면서 그들은 마구 욕을 퍼부었다.

"이 짐승만도 못한 계집아, 니년은 사람 탈을 쓴 마귀새끼다. 니년이 이 벌을 어떻게 받는가 두고 볼끼다."

그런 일이 있은 지 달포나 지나 부인이 중병에 걸려 죽게 되었다는 소문이 마을에 쫙 퍼졌다. 이웃에서는 남편을 괄시한 죄로 그 남편의 맺힌 한에 살을 맞아 든 병이라고들 했다. '여자가 한을 품으면 오뉴월에도 서리가 온다 했고 남자가 한을 품으면 오뉴월에 동상 걸린다' 했는데 그렇게도 몹쓸 짓을 하고 온전할 리 있냐고들 했다.

그러던 얼마 후 부인은 병에서 회복되더니 엉뚱하게 무당으로 변신했다. 무슨 병을 어떻게 앓았는지 성하던 발이 병 후에는 병신이 되어 걸을 때면 절름절름 절면서 걸었다. 요즘 말로 표현하면 디스코 걸음이 되었다. 병들었을 때 고열에 들떠 소리 지르면서 신이 자기에게 내렸다고 하더니 병 후에는 족집게 귀신이 자기를 인도한다면서, 그래서 무엇이든 족집게같이 알아맞힌다면서 자기선전을 하고 굿을 하러 다녔다.

그런데 그 딸이 아비를 모르는 자식을 낳고 몹쓸 병을 얻게 된 것이다. 들리는 말로는 아이의 아버지는 바로 그 엄마가 밤마다 안고 구르고 해서 이웃방 사람들에게 수면장애를 일으켰던 그 정부라는 것이었다. 그 환장한 녀석이 엄마가 푸닥거리 나간 사이에 어린 딸을 집적거려 아기를 배게 했다는 것이다.

산모가 그런 고약스런 피부병에 걸린 것도 그 녀석 탓이라고들 했다. 출산하고 며칠 지나도 안 될 걸, 그 환장한 녀석이 다시 올라타서 상처에 병균이 들어가서 걸린 병이라고들 했다. 모두가 확인할 수 없는 떠도는 소문들이었다.

나는 그 사내가 어떤 녀석일까 궁금했다. 마침 그 집에 두 번째 갔을 때 환자 곁에 그가 앉아 있었다. 생기기도 하마같이 미련스레 생긴 녀석이 숨소리는 높아서 그냥 앉아서도 씩씩거리는 숨소리가 들렸다. 나는 속으로 '녀석이 꼴값하느라고 물건을 아무 데나 휘둘러 생사람 죽이네. 병신도 가지가지라더니 물건도 가지가지로구먼' 하고 욕하며 그를 노려보았더니 그는 얼굴을 슬쩍 돌렸다. 그러고는 담배를 피워 물었다. 나는 그가 미워 못 견디겠는지라 트집 잡을 것을 찾던 참이었는데 그가 담배를 피워 무는 것을 보고는 "여보, 환자 앞에서 무슨 짓이오. 담뱃불을 끄시오. 어찌 사람이 그렇게 상식이 없소" 하고 인상을 팍 썼더니 그는 머쓱해져서 담뱃불을 껐다. 내가 계속 노려보았더니 그는 눈길을 둘 데가 마땅찮아 두리번거리다가 천장을 한참 쳐다보고 있다가는 나가 버렸다.

나는 소녀를 병원에 데려가고 싶으니 준비해 달라고 무당엄마에게 말을 했다. 그녀는 고분고분했다. 병원에 데려가 봐야 희망도 없을 것을 수고만 하시지 않겠느냐고 했다. 나는 "좀더 깨끗한 곳에서 편하게 죽게 하고 싶습니다"고 말했다. 그 무당엄마는 고개를 돌린 채 끄덕끄덕했다. 소녀를 택시에 싣고 남부시립병원으로 갔다. 차 안에서 계속 기도를 했다.

'주님, 입원시킬 방을 꼭 하나 마련해 주십시오. 이 영혼을 어둡고 더러운 방에서 죽지 않게 도와주세요.'

남부시립병원에서는 입원시킬 방도 없고 그럴 필요도 없다고 했다. 나는 아는 의사를 붙들고 통사정했다. "제발, 제발 침대 하나만 내주십시오" 애걸했더니 조금 기다려 보라고 했다. 3시간을 복도에서 기다린 후 겨우 입원이 됐다. 어머니를 옆에 있게 하고 나는 마을로 돌아왔다.

그날은 초저녁부터 비가 내렸다. 잠자리에 들어서도 나는 루핑 지붕에 쏟아지는 빗소리를 들으며 잠을 이루지 못하고 소녀의 일과 원 씨의 일을 생각하며 엎치락뒤치락했다.

다음 날 새벽에 원 씨의 아들이 옷이 흠뻑 젖은 채 찾아왔다. 밤에 아버지가 죽었다는 것이다. 아들을 앞세우고 시체 있는 방엘 갔더니 온 방 가득히 피를 토해 놓고 눈을 뜬 채 죽어 있었다. 뜬 눈에 드러나 보이는 흰자위가 보는 이의 간담을 서늘하게 하였다. 그가 몸담고 살던 지옥의 주인이 와서 데려간 것 같았다.

벽제 화장터에서 한 줌의 잿봉지를 만들어 그의 아들과 함께 돌아오는 길로 바로 남부시립병원으로 갔다. 소녀를 위해 사탕과 주스를 사들고 병실로 들어갔다. 그녀가 누웠던 자리에는 이미 다른 환자가 있었다. 간호사에게 물었더니 오전에 죽어서 시체실로 갔다고 했다.

시체실에 가서 흰 천이 덮인 머리맡에 알사탕을 놓아 주고 장례식 준비를 서둘렀다.

다음 날도 비는 그치지 않고 내렸다. 빗속에 벽제 화장터로 가서 화장을 치렀다. 이틀 사이에 두 번의 장례를 치른 나는 지치고 허전하여 세상만사가 뿌옇게 보였다. 옆구리에 큰 구멍이 뚫어져 그리로 바람이 통하는 것 같았다. 생각할수록 애달픈 사연들이었다. 왜 와서 진창을 헤매다가 한을 품은 채로들 갔는가? 부는 바람 소리는 한 맺힌 울음소리로 들렸고 길가에 자라는 풀잎 하나에도 혼의 아픔이 깃들어 있는 듯하였다.

화장터에서 돌아오는 길에 늘상 가는 제2한강교로 갔다. 다리 밑으로 흐르는 물에 소녀의 재를 뿌리며 중얼거렸다.

"소녀야, 넓은 태평양으로 가그라이. 거기에 우리 마을 사람들 여럿이 가 있다. 가서 한 마을에서 살아라. 땅 위에서는 15년을 살았지만 거기서 오래오래 살아라. 예수님 오실 때까지 거기서 살아라. 예수님 오실 때는 하늘나라에서 다 함께 모여 살자꾸나……."

잿가루가 다 쏟아지고 재를 담았던 봉지마저 강물에 띄워 보낸 후에 나는 다리 위를 걸어 시내 쪽으로 나왔다. 비가 오는 탓인지 울적하고 쓸쓸하여 죽어 버리고 싶었다. 미국 시인 로버트 프로스트의 시 '눈 내리는 밤 숲가에 서서'를 읊었다.

**눈 내리는 밤 숲가에 서서**

이 숲의 주인이 누구인지 나는 알지만

그의 집은 마을에 있어,
여기 서서 그의 숲에 눈이 쌓이는 것을
지켜보는 나를 그는 알지 못하리라.

내 작은 말은 이상히 생각하리라.
일 년 중 가장 어두운 밤, 가까이에 농가도 없는
숲과 얼어붙은 호수 사이에
왜 내가 멈춰 서 있는지를.

말은 뭔가 잘못된 것이 아니냐는 듯
방울을 한 번 흔든다.
방울 소리 외에 들리는 소리라곤
가벼이 스치는 바람 소리와
사그락 쌓이는 눈 소리뿐.

숲은 아름답고 어둡고 깊지만
나에겐 지켜야 할 약속이 있고
잠들기 전에 가야 할 먼 길이 있다.
잠들기 전에 가야 할 먼 길이 있다.

이 시에서 나오는 숲은 죽음의 세계다. 죽음의 세계인 숲은 아름답
고 어둡고 깊은 세계다. 그 세계로 들어가서 아름답게 어둡게 깊게
푹 쉬기를 원한다. 그러나 인생은 엄숙한 것이다. 죽음의 세계가 아

름다운 세계라 해서 어느 때나 자기 마음대로 갈 수 있는 것이 아니다. 그 세계에 가기 전에 지켜야 할 약속이 있고 가야 할 길이 있는 것이다. 그 약속은 누구와의 사이에서 이루어진 약속이냐? 신과 맺은 약속이기도 하고 이웃과 맺은 약속이기도 하고 역사와 맺은 약속이기도 하다. 여하튼 우리 각자에게는 죽기 전에 맺어 놓은 지켜야 할 약속이 있고 반드시 가야 할 길이 있는 것이다.

나는 한강교를 빗속에 걸으며 내가 지켜야 할 약속을 생각했고 죽기 전에 가야 할 길을 생각했다. 그리고 기도했다.

'주여, 나로 하여금 주님과 맺은 약속을 지킬 힘을 주시고 내 앞에 놓인 길을 갈 용기를 주시옵소서. 그리고 주여! 속히 오셔서 이 땅의 슬픈 역사가 끝나게 하소서. 다시 오시마 하신 주님의 이름 받들어 기도드리옵나이다. 아멘.'

나는 며칠간을 방에 들어앉아 생각했다. 뿌리에서부터 다시 생각하며 씨름했다. 야곱이 얍복 강 나루터에서 하나님과 씨름하였다는 구약성경의 기사가 실감 나는 씨름이었다.

도대체 내가 이 빈민촌에서 할 수 있는 일이 무엇인가?

빈민선교?

빈민구원?

누구를 어떻게 얼마만큼 구원시킨단 말인가?

내가 할 수 있는 힘의 한계는 너무나 분명하다. 보고만 있으니 안타깝고 해결하려니 힘이 없다. 해결할 능력도 없고 외면할 배짱도 없다. 진퇴양난이었다. 어떻게 하여야 하는가.

굶을 때 양식을 주니 비굴해진다. 자립해야 된다고 돈을 빌려다 주니 자취도 없이 사라진다. 개인으로 실패하였다고 조직을 만드니 그 조직체는 단체로 타락한다. 병 고쳐 힘 얻으니 마누라 때리는 데 그 힘을 쓴다. 인격을 존중하여 재정을 맡겼더니 돈도 사람도 잃었다. 민주적으로 선출하여 맡기니 더 단수 높게 횡령했다. 장례식 치르느라 세월 가고, 중환자 업고 병원 다니느라 기력을 소모했다. 병자는 많고 치료는 어렵다.

폐병, 성병, 피부병, 영양실조, 실업자, 어린이노동, 굶주린 눈, 싸움질, 술주정, 겨울추위, 여름더위, 연탄가스, 습기 찬 방, 악취, 오물, 철거반, 절도, 강간, 게으름, 무기력…….

예수는 이러한 문제들을 해결할 능력이 있는가? 능력이 있으면 왜 보고만 있는가? 왜 침묵하는가? 능력이 없는 건가? 실제는 아무것도 없는데 마치 무엇이 있는 것처럼 장식만 한 것인가? 신기루 같은 허상인가? 예수께서 만일 그런 능력이 없다면 나는 어떻게 되는 건가? 나는 어떻게 해야 되는 건가? 따져들면 따져들수록 모든 것이 모호하고 의심스럽기만 했다.

근세 철학의 아버지라 불려지는 데카르트는 일체를 의심함으로써 가장 확실한 것을 인식하려 했다. 그는 일단 모든 것에 대해 의심했다. 일체의 권위와 전통, 모든 가치와 개념에 대해 의심했다. 그런데 최후에 의심할 수 없는 한 가지가 남았다. 그것은 '데카르트가 일체를 의심하고 있다는 사실 그 자체'였다. 그리하여 그의 유명한 말 '나는 생각한다. 고로 나는 존재한다'(Cogito ergo sum)는 말이 탄생했다. 데카르트는 이 명제로부터 출발점을 삼았다.

스위스의 신학자 칼 바르트는 이 데카르트의 명제에 대해 이렇게 말하고 있다.

"'나는 생각한다. 고로 나는 존재한다'는 것은 웃기는 소리다. 나라는 인간 존재가 워낙에 좀스럽고 유치해서 무얼 생각한다고 해 봤자 뻔한 노릇이다. 무슨 신통한 생각이 나오겠는가? 그러니 '나는 생각한다. 고로 나는 존재한다'가 아니라, '나는 생각되어진다. 고로 나는 존재한다'(Cogitur ergo sum)이다. 유한한 나는 무한하신 절대자 하나님으로부터 생각되어짐으로써 존재하게 된다."

말하자면 인간 김진홍의 능력은 너무나 뻔하다. 그야말로 제로에 가깝다. 그러니 김진홍이가 빈민선교를 생각해서 활빈선교가 존재하는 것이 아니다. 능력이 많으신 주님에 의해 빈민선교가 생각되어지므로 활빈선교는 존재한다고나 할까? 그렇다고 주님의 존재는 확실한가? 지금 내 숨이 끊어져도 '신이 있다'고 정직하게 말할 수 있겠는가? 나는 전부를 부정하고 의심해도 한 가지 부정할 수 없는 사실을 확인했다.

그것은 '예수는 나의 구주'란 사실이었다. 예수가 나를 죄와 허무, 방황과 무의미에서 구원하셨다는 사실은 절대로 부인할 수 없는 사실이었다. 이 고백은 나의 몸을 이루는 전 세포 속에 들어 있는 확신이었다.

나는 믿는다. 고로 나는 존재한다.

나는 예수께서 나를 구원하셨음을 믿는다. 고로 나는 존재한다.

나는 예수께서 나를 사랑하심을 믿고, 그 사랑을 힘입어 나도 빈민을 사랑한다. 고로 나는 존재한다.

나는 빈민을 사랑하되 행동으로 사랑한다. 고로 나는 존재한다.

그리하여 결론은 이것이다.

나는 나의 믿음에 따라 사랑으로 행동한다. 고로 나는 이 빈민촌에서 일한다.

이와 같이 나의 내면의 갈등이 정돈되어지면서 다시 의문이 떠올랐다. 그런데 왜 매사가 잘못되어 가는가? 나는 잘못되어 가는 원인을 나 자신 속에서 찾아야 한다고 생각했다. 내가 일하고 있는 의도나 자세가 바르지 못하거나 활용하는 방법에 큰 오류가 있을 것 같았다.

나는 성경을 펴고 복음서를 정독하기 시작했다. 내가 무언가를 잘못하고 있다면 그 해답을 성경 속에서 찾아야 한다고 생각했기 때문이었다. 마태복음 4장 4절을 읽었다.

"사람이 떡으로만 살 것이 아니요 하나님의 입으로 나오는 모든 말씀으로 살 것이라"

나는 빈곤 문제를 떡 문제로만 인식하고 있지는 않은가? 빈민문제를 경제문제로만 파악하여 인간의 영혼을 살리는 말씀 선포를 등한히 하고 있지 않은가? 나는 반성하지 않을 수 없었다.

나는 굶주린 가정에 밀가루를 가져다주는 일에 열성이었으되 그들에게 하나님의 말씀을 나누는 일에는 등한하였었다. 개인과 조직의 자립과 소득증대를 위해 동분서주하였으되 그들의 영혼 속에 생명을 불어넣어 거듭나게 하는 일을 나는 도외시했다. 그들의 물질적, 사회적 조건의 개선에 집착하여 그들이 살아 계신 예수의 인격에 부딪혀 그 힘에서 오는 능력으로 스스로 일어서게 하는 일에 게을렀다. 어느 책에서 읽은 일화가 생각난다.

미국의 어느 공원에서 공산주의자가 연설을 했다. "여러분, 실업자들이시여! 칼 막스는 여러분에게 새로운 옷을 주고 새로운 일터를 줄 것입니다. 칼 막스를 따르시오"라고 연설하니, 지나가던 한 크리스천이 연설했다.

"여러분, 칼 막스는 여러분에게 새 옷 새 일터를 준다지만, 예수 그리스도는 새 옷 속에 새 사람을 주실 것입니다."

그렇다.

사람들은 항상 새 옷, 새 직장, 새 조직 등의 새로운 것을 찾지만 문제의 뿌리는 새로운 사람, 새로운 영혼이다. 예수의 복음으로 가난한 자를 가난에서, 아픈 자를 아픔에서, 착취당하는 자는 그 눌림에서 해방시키는 동시에 한 영혼 한 영혼에게 본질적인 변화를 일으켜야 한다.

한 인간의 정신세계에 혁명을 일으켜 그로 하여금 지금까지의 잘못된 존재 방식을 전면적으로 폐기하고 새로운 삶을 살 수 있는 강력한 에너지를 투입해야 한다. 그리하여 그로 하여금 고린도후서 5장 17절의 말씀을 따라 "그런즉 누구든지 그리스도 안에 있으면 새로운 피조물이라 이전 것은 지나갔으니 보라 새 것이 되었도다"라고 환희를 느끼게 해야 한다.

나는 죽은 자를 장례 지낼 때마다 느꼈던 무언가가 빠진 것 같은 느낌의 원인을 알게 되었다. 나는 환자를 살리기 위해 숱한 노력을 하면서도 그들과 삶의 가치와 죽음의 의미에 대해 대화하지 않았다. 나는 그들의 영혼의 구원에 대해 안타까워하지 않았다. 그리하여 병에서 치료된 자는 육신의 병은 치료되었으나 마음의 병은 그냥 남아 있었고, 치료되지 못하고 죽은 자는 영혼의 해방을 누리지 못한 채 한을 품고 죽어 갔다. 일터를 얻게 되고 굶주림은 벗어나게 되었어도 인간 내면에 깃든 문제는 그 모양만이 바뀌었을 뿐 더욱 심각한 증세를 나타내었던 것이다.

마을에서의 또 다른 한 가정의 경우를 보자.

굶주릴 때 서로를 위로하며 오순도순 살던 부부였다. 남편이 직장을 얻게 되고 생활의 여유가 생기게 되었다. 그러자 남편이 술을 먹고 늦게 들어오는 날이 늘어났다. 처음에는 조용조용하던 말다툼이 일취월장 발전했다. 얼마 후에는 몇 가지 안 되는 세간이 와장창 와장창 부수어져 나가고 부인의 "날 죽여라"는 외마디 소리가 이웃에 울려 퍼졌다. 아이들이 자지러질 듯이 울어 댔다. 부인은 화가 나서 아이들을 방에 둔 채 나가 버렸다. 술에 취한 남편이 세상모르고 곯아떨어져 있는 동안 이제 막 기어 다니기 시작한 아이가 문지방에서 부엌 연탄불 위로 떨어졌다. 화상을 입은 그 아이를 병원에 데리고 다니면서 나는 아이의 아비에게 직장을 구해 준 것을 후회했었다.

나는 나의 주인 예수님에게 나의 과오를 용서해 주십사고 기도했다. 나는 빈민을 선교한다는 거창한 슬로건을 내걸고 내가 해야 할 직무의 가장 중요한 부분에 태만했었다. 내가 해야 할 가장 큰 부분은 주민 한 사람 한 사람에게 예수를 소개하는 일이다. 주민들이 예수를 만나 은혜로 죄 사함 받고 예수를 주인으로 모시고 성령의 인도하심을 받는 하나님의 백성이 되게 해야 한다. 나는 이제부터 '떡과 말씀'이 균형 있게 추진되도록 활빈선교의 방향을 전환하기로 했다.

그 첫 사업으로 활빈교회는 1973년 1월에 들어서면서 집중전도운동을 시작했다. 이 운동은 지역 복음화와 평신도 훈련 그리고 지역사회 개발을 주목적으로 하고 지역사회 선교의 전략과 기동력을 개발하기 위한 시도였다.

1개월을 기간으로 정하고, 평신도들 중에서 요원들을 뽑아 십 일간 철저한 합숙훈련을 시킨 다음 20일을 자기가 배당된 지역 내에 거주하면서 구역 내의 전 세대를 방문하며 전도하는 것이었다. 물론 재래식으로 '예수 믿고 천당 갑시다' 식의 전도가 아니다. 활빈교회가 발전시켜 온 D.D.T. 작전으로 각 가정에 파고들어 그 가정이 당면한 문제들을 찾아내고 그 문제들의 해결을 위해 최선을 다하면서 복음을 전하는 방법이었다. 다음 글은 집중전도운동을 시작하던 때의 취지문이다.

## 송정동 판자촌지역 집중전도운동
### 취지문

1971년 10월 3일 창립 예배를 보게 된 이래 활빈교회는 지역 사회 활동에 최선을 다해 왔고 또한 놀랄 만한 열매를 거두어 왔다. 주민봉사와 지역사회개발을 통한 복음선교를 위해 주민교육, 복음관리, 생활안정 및 주민조직 활동 등으로 주민생활 전반에 파고들어 추진해 온 활동은 이제 주민들의 적극적인 호응과 참여를 얻게 되었다.

그러나 반성해 볼 것은 그리스도 교회의 모든 활동의 초점은 그리스도를 전파함에 있다는 가장 기본적인 사실이다. 그간의 체험에서 느끼게 된 것은 빈민촌에서의 빈곤은 경제적인 문제가 아니라 영적인 문제요, 일종의 질병이란 사실이다. 이 빈곤이라는 질병의 근본적인 치료는 그리스도를 만남에서 이루어진다. 신앙화가 인간화의 첩경이다.

이 점에서 금번 활빈교회가 전도운동을 실시하는 뜻이 있다. 교회는 그 교회가 속한 지역사회를 복음화함에 전략과 기동력을 가져야 한다. 성령이 역사하시는 교회는 항상 살아 움직여 확장되며 지역사회 주민의 전 생활에 활기를 불어넣어야 하다. 주민의 가슴 가슴에 그리스도를 심어야 한다.

이를 위해 노심초사하는 우리들에게 임마누엘 하나님이 함께하실 것을 확신한다.

1973년 1월 ×일

활빈교회 김진홍

한 달간 계속된 이 기간 중에 많은 열매가 있었다. 대원들은 자신들을 통해 얻어지는 열매에 스스로 놀라 기뻐들했다.

어느 날 저녁에는 지역 내의 한 집에서 도박이 벌어지고 있다는 정보가 집중전도운동 본부로 들어왔다. 지난날 도박으로 많은 세월을 보냈던 요원이 그리로 보내졌다. 그는 도박장에 들어가 얼마 전까지만 해도 함께 화투짝을 만지던 지난날의 친구들을 설득했다.

"이전에 나도 너희들같이 살아갈 때에 내 인생이 어떠했으며 그때에 아내와 자식들이 얼마나 고생하였는지 잘 알거라 생각하네. 그러나 지금의 나는 다르다네. 지금 나의 내면세계가 얼마나 알차게 이루어져 있는가를 여러분에게 알려 주고 싶네. 친구들, 공허한 생을 청산하고 하나님을 섬기는 사람이 되어 굶주리는 가정을 다시 일으키세."

그들은 그 친구의 간곡한 권면과 증언에 감동했고 도박판이 변하여 기도회가 되었다. 그는 돌아올 때 그 화투를 가져왔다.

활빈교회 집중전도요원들인 D.D.T. 요원들이 지역을 누비고 다니는 동안 활빈교회는 큰 발전을 이루어 교회로서 흔들리지 않는 터전을 닦게 되었다. 거기에다 주님께서 귀한 일꾼들을 보내 주셨다.

서울대학교 국문학과 학생인 서종문 군이 배달학당을 맡아 지성껏 일했고, 서울대학교 정치학과의 제정구 군이 지역에 들어와 한 식구가 되어 살면서 청년지도와 생활안정사업을 도왔다. 제정구 군은 몸소 넝마주이를 나가면서 실천함으로써 안팎으로부터 칭송과 존경을 받는 일꾼이 되었다. 이화여대 사회학과생들이 와서 지역 내에 배꽃유치원을 운영했다. 사회학과팀은 수업 틈틈이 시간을 내어 아주 수준 높은 어린이교육을 실시하였다. 그들의 성실성과 열성은 아무리 칭찬하여도 지나칠 수 없었다.

한 지역에 어린이집을 잘 운영하니까 이웃 지역에서 주민들의 진정과 원망이 쇄도했다. 왜 그쪽 지역에만 유치원을 운영하고 이쪽은 못 본 체하느냐. 여기도 실시해 달라고 성화가 심했다. 그리하여 그 지역은 숙명여대 유아교육과 학생들이 와서 유치원을 운영하게 되었다.

그러나 그 많은 청계천 1만 2천 세대의 자녀들을 다 돌볼 수는 없는 일이었다. 마음은 간절하지만 일꾼, 시설, 예산, 모든 것이 엄두를 낼 수 없는 터였다.

1973년 여름 어느 날, 일본인 노무라 목사가 활빈교회를 방문했다. 그의 가족과 함께 한국을 방문하였다가 산업선교의 대선배이신 조승혁 목사님의 소개로 방문하게 된 것이다. 노무라 목사는 첫 방문에서부터 활빈선교에 크게 공감하여 시작부터 지금까지 한결같은 정성으로 활빈선교사업을 후원하고 있다. 그는 순수한 신앙과 열렬한 봉사심을 지닌 사랑의 사람이다. 그간에 쏟은 그의 사랑과 정열은 주님으로부터 반드시 보답받을 것이다.

73년 가을로 접어드는 어느 날 활빈교회 D.D.T. 요원이 박 씨라는 젊은이를 교회로 데려왔다. 결핵이 말기에 이르러 피골이 상접해 있었다. 전직이 박수인 30대의 미남자였다. 그는 박수생활을 하면서 무질서한 생활에 체력을 너무 소진하여 병을 얻었다고 했다.

나는 그에게 예수를 이야기했다. 그는 역시 종교성이 강한 사람이었다. 질병과 회한에 시달렸던 그의 혼에 예수의 복음이 심어졌다. 그는 기쁨의 사람이 되어 날마다 찬송하고 기도하며 성경을 읽었다.

우리는 그의 결핵을 고치려 애썼으나 병세가 심하여 일차약은 이미 효력이 없고 비싼 이차약을 사용하여야 했으나 우리는 모두가 가난했다. 지역 내에서 정기진료를 실시하던 것도 약값을 마련하지 못해 중단되고 있는 실정이었다. 수소문한 결과 시립결핵요양원에 입원하면 이차약까지 투약해 준다는 소식을 들었다.

나는 그와 함께 먼 길을 찾아갔다.

그러나 시립결핵요양원측은 "이곳은 항상 만원이라 현재 입원이 불가능하다. 단 3만 원 정도의 커미션이 있다면 입원이 가능하다"고 하는 것이었다. 무료입원이 규정이었으나 들어오려는 환자는 많고 수용능력은 한정돼 있어 어느 틈에 커미션을 내는 사람부터 들어가게 된 것 같았다. 우리는 실망에 실망을 하고 돌아섰다. 그는 건강이 회복되면 신학을 해 나의 일을 돕는 사람이 되겠다고 늘상 말했다. 그러나 가슴 아픈 운명의 날이 왔다.

그는 숨을 몰아쉬며 찬송을 불러 달라 했다. 무슨 찬송을 원하느냐 물으니 실낱같은 소리로 '내 영혼이 은총 입어(현 495장)'를 원했다.

내 영혼이 은총 입어
중한 죄짐 벗고 보니
슬픔 많은 이 세상도
천국으로 화하도다

오 할렐루야 주 예수
지난 죄는 사함 받고
주 예수와 동행하니
그 어디나 하늘나라

주의 얼굴 뵙기 전에
멀리 뵈던 하늘나라
내 맘 속에 이뤄지니
날로 날로 가깝도다

그는 마지막 숨을 몰아쉬고 안식의 세계로 들어갔다. 73년이 저무는 때였다. 그의 얼굴은 죽은 후에도 화평의 기운이 감돌고 있었다. 아내와 두 아기를 남기고 그는 앞서 갔다.

그의 아내가 부엌으로 나가더니 손이 피투성이가 되어 들어왔다. 죽은 사람의 입에 손가락에서 뚝뚝 떨어지는 피를 흘려 넣었다. 그러나 피는 목으로 넘어가지 않고 입에서 흘러 방바닥에 떨어졌다. 임종 때에 죽은 사람의 입에 손가락의 피를 흘려 넣어 주면 다시 소생한다는 예부터의 이야기를 믿었던 모양이다. 그러나 앞서 간 자는 부인의 그런 애틋한 사랑도 아랑곳하지 않고 전신이 굳어지기 시작했다.

그의 시신을 염하면서 나는 그의 밝은 얼굴을 보고 기뻤다.

옛날 대학에서 철학을 배울 때 한 교수님께서 하시던 강의가 기억났다. '철학이란 무엇인가? 철학이란 어떻게 죽느냐를 공부하는 학문이다'고 하던 말씀이 기억났다.

웃으며 죽을 수 있다는 것은 크나큰 축복이라고 생각했다. 나는 웃으며 죽은 그가 부럽기까지 했다. 죽음이란 영원한 안식이다. 이렇게 문제 많은 세속을 떠나 안식의 세계로 옮겨 간다는 것은 신이 베푸신 축복이다. 나는 하나님께서 그러한 축복의 시간을 나에게 허락하실 때까지 열심히 일해야겠다고 다짐했다.

벽제 화장터에서 한 줌의 잿봉지를 만든 후 나는 그의 아내와 함께 늘 찾아가는 한강교로 갔다. 다리 위에서 재를 뿌리며 다시금 맹세했다.

'약값이 없어 죽는 사람이 없는 사회를 건설해야 한다.'

빈익빈 부익부 현상이 날로 심화되어 부자는 약한 감기가 걸려도 호화로운 병실에 입원하고 가난한 자는 한 대의 주사도 맞아 보지를 못한 채 죽어 가는 현실에 도전해야 한다.

1961년 5월 16일 혁명군이 이 다리를 넘었듯이 언젠가는 평화군이 이 다리를 넘어야 한다. 이 땅 위에 진정한 복지를 실현할 평화의 군대가 이 다리를 넘어야 한다. 총을 들고 탱크를 앞세운 군대가 아니라 예수님이 실천하신 사랑으로 무장한 군대가 혁명을 일으켜야 한다고 생각했다. 활빈교회는 예수 혁명을 준비해야 한다고 뜻을 세웠다.

다음 날 새벽 나는 일어나 냉수마찰을 마치고 구약성경 시편에 있는 다윗의 시를 읽었다.

> "하나님이여 내 마음이 확정되었고
> 내 마음이 확정되었사오니
> 내가 노래하고 내가 찬송하리이다
> 내 영광아 깰지어다
> 비파야 수금아 깰지어다
> 내가 새벽을 깨우리로다"
> (시 57:7-8).

청년 다윗은 그의 마음이 어떤 사명 완수에 확정되었다고 하나님께 아뢰었다. 자기의 사명을 깨닫게 해 주신 하나님께 감사의 찬양을 드렸다. 그는 그 기쁨을 노래하며 그가 즐겨 타는 악기를 향하여 깨어나라고 했다. 그가 마음에 확정한 사명은 이스라엘 민족의 새벽을 깨우는 사명이었다.

나는 기도하고 명상하였다.

새벽을 깨우는 일이 나의 사명이다.

어둠에서 잠자고 있는 민중들에게 새벽을 알리는 것은 위대한 사명이다. 이를 위해 일생을 살아야 한다.

한밤중에 잠들어 있는 한국 교회에 새벽이 다가옴을 알려야 한다.

가난과 질병에 잠들어 있는 청계천 판자촌의 6만 형제들에게도 새벽을 알려야 한다.

가난한 자들의 아픔을 모른 채 호화로운 주택에 잠들어 있는 부자에게도 새벽을 알려야 한다.


나는 밖으로 나가 새벽을 알리는 종을 울렸다.

땡그랑 땡– 땡그랑 땡–

종소리에 일어난 듯 가까운 집의 창문에 등불이 밝혀지고 있었다.

# 쓰고 나서

강한 사람이 되기를 원하는 자는
사랑의 사람이 되어야 한다.
사랑은 강하기 때문이다.

이 말을 찾고 행하기를 거듭하면서 많은 사람들을 만나고 그들 마음속에 자리하고 있는 사랑과 진리의 문을 열어 보이기 위해 스스로 온갖 노력과 인내로 임하면서, 아이스케키통을 메기도 하고 철공소 화부(火夫)로 일도 해 보았으나 그들 마음의 문을 쉽게 열 수가 없었습니다.

결국, 조용히 밝아 오는 아침 해의 부드러운 흔들림처럼, 굳게 닫힌 그들 마음의 문을 하나씩 열어 줄 수 있는 힘은 나에게는 없다는 사실 앞에 무릎을 꿇었습니다.

그리고 오직 그리스도의 사랑만이 그들의 눈을 뜨게 하실 수 있다는 명료한 진리를 깨달았습니다.

　캄캄한 어두움 뒤에 숨겨져 있는 태양을 볼 수 있는 마음으로 하나님을 보고, 또한 그들 마음의 모습을 바라볼 수 있다면 이 글을 쓴 작은 뜻이 살아날 수 있으리라 믿습니다.

　그들과 함께 지내면서 배운 사랑과 진리의 실천법을 변변찮은 글로 옮기면서 부끄러운 마음이 앞서기도 했습니다. 그러나 이 부끄러움이 그리스도의 이름을 더욱 빛낼 수 있는 거름이 되기를 간절히 바라는 마음입니다.

1981년 10월 3일

김 진 홍

**새벽을 깨우리로다**

I Will Awake the Dawn

지은이 김진홍
펴낸곳 주식회사 홍성사
펴낸이 정애주
국효숙 김의연 박혜란 송민규 오민택 임영주 차길환

1982. 1. 20. 초판 발행   2006. 3. 10. 99쇄 발행
2006. 6. 30. 개정판 발행   2025. 3. 20. 20쇄 발행

등록번호 제1-499호 1977. 8. 1.
주소 (04084) 서울시 마포구 양화진4길 3
전화 02) 333-5161   팩스 02) 333-5165
홈페이지 hongsungsa.com   이메일 hsbooks@hongsungsa.com
페이스북 facebook.com/hongsungsa
양화진책방 02) 333-5161

ⓒ 김진홍, 1982

ISBN 978-89-365-0721-3 (03230)